鄭達龍 師父께

이 책을 바칩니다.

차라투스트라는 무엇을 말하는가

- 모든 사람을 위한 그리고
그 누구를 위한 것도 아닌 책 -

이경희

이문출판사

차라투스트라는 무엇을 말하는가

펴낸곳/이문출판사 ‖ 변경등록:1994. 6. 3. 제7-20호
발행인/지경원 ‖ 지은이•이경희 ‖ 초판 발행/2021년 12월 5일
주소/42425 대구시 남구 중앙대로 40길 11-14 ‖
03728 서울 서대문구 모래내로24다길 15-5
전화/02) 359-8250, 053) 624-3113 ‖ 팩스/02) 359-8251

값 18,000 원

ISBN 978-89-7334-248-8 03160

• 이 책은 2020년 한국연구재단의 지원을 받았습니다.
과제번호 : 2020S1A5B5A17089556.

Friedrich Nietzsche(1844-1900)

이 책에서 표기된 한자 9개

- **신**(**神**-초인간적 · 초자연적 존재, 귀신 신)
- **선**(**善**-착할 선)
- **악**(**惡**-악할 악)
- **덕**(**德**-올바르고 어진 마음과 행위, 덕 덕)
- **대지**(**大**-큰 대, **地**-대지 · 땅 지)
- **행복**(**幸**-행복 · 다행 행, **福**-복 복)
- **자유**(**自**-스스로 자, **由**-따르다. 말미암을 유)
- **주인**(**主**-임금, 핵심 · 주인 주, **人**-사람 인)
- **초인**(**超**-오르다. 뛰어나다. 넘을 초, **人**-사람 인)

◈ 읽어두기

- 책 《차라투스트라는 무엇을 말하는가》는 원전 《차라투스트라는 이렇게 말했다》를 요약정리한 글 1편과 원전의 이해를 돕기 위한 글 2편으로 구성되었다.
- 책 《차라투스트라는 이렇게 말했다》를 《차라투스트라》로 약칭한다.
- 니체 텍스트에서 진한 글씨는 니체에 의한 것이다. 그 외는 필자가 했다.
- 단행본과 정기간행물은 《 》, 논문과 잡지 글 등은 〈 〉로 표기했다.
- 《차라투스트라》는 주로 정동호(책세상, 2015)와 이진우(휴머니스트, 2020)의 번역서를 참고했다.
- 오해를 살 수 있는 어휘나 핵심어휘는 한자와 영어로 병기했다. 영어판은 Walter Kaufmann, *Thus spoke Zarathustra*, Penguin Books를 사용했다.

저자 머리말

니체의 《차라투스트라는 이렇게 말했다》는 해방 이후 한국에서 가장 많이 번역된 책입니다. 그 종류도 문고판에서 소장용 양장본까지 다양하여 독자가 취향에 따라 선택할 수 있습니다. 이 책의 해설서 또한 번역서만큼이나 많습니다. 각기 다른 번역서나 해설서를 접하다 보면, 이것이 과연 같은 책인가라는 의문이 들 만큼 각양각색입니다.

이는 니체가 의도한 것이기도 합니다. 그는 세계를 "하나의 눈"으로 보고 평가한다면, 마음은 더 협소해지고 몸은 더 왜소해질 것이라 경고했습니다. 그도 역시 자신과 세계에 대한 해석을 멈추지 않았습니다. 그러면서도 그는 "더 많은 눈"에 의한 더 많은 해석을 기대했습니다. 선택하기 어려울 만큼 많은 해석서가 있다는 사실은 아직도 니체 사상이 생생하게 살아있다는 증거가 아닐까요. 니체가 살아있기에, 적재적소에서 다양하게 변신하는 그의 모습을 우리가 보게 되는 것이 아니겠습니까.

이 책 《차라투스트라는 무엇을 말하는가》는 많은 해석서 중 하나입니다. 본서의 특징은 니체의 말로 텍스트를 요약했다는 점입니다. 필자의 해설은 최소한으로 했으며, 그것도 모두 각주 처리했습니다. 각주까지도 가능한 한 니체의 말로 풀었습니다. 그런 까닭에 본서를 접하는 독자는 원전을 읽는 것과 유사한 효과를 얻을 수 있을 것입니다.

짧지 않은 기간 동안 필자는 니체 철학을 공부해 왔습니다. 그의 작품을 접하면서 특히 《차라투스트라》를 읽으면서, 이를 쉽게 전할 수는 없을까 생각했습니다. 동시에 차라투스트라의 말을 가볍게 그렇지만 온전하게 전할 수는 없을까 고민했습니다. 사실 필자의 본심은 이 좋은 것을 다른 사람도 음미하여 함께 건강해지고 싶었습니다.

모든 일이 다 그러하지만, 이 또한 생각처럼 되지 않았습니다. 먼저 재미와 이해를 위해, 이 책은 차라투스트라의 이동 경로에 따라서 이야기를 전개했지만, 독자는 여전히 철학의 장벽에 부딪히게 될 것 같습니다. 그리고 부담 없이 읽을 수 있는 얇은 책을 구상했지만, 엮어 보니 분량이 늘어났습니다. 나름대로 필요할 듯해서 더 줄일 수는 없어 유감일 뿐입니다. 그런데도 본서는 텍스트 요약정리 외에 필자가 공부하면서 궁금했던 점, 그리고 아쉬웠던 점을 중심으로 구성했습니다.

《차라투스트라》는 먼저 전체 개요를 정리하고 이어서 차라투스트라의 이동 경로를 따라서 발생하는 이야기를 풀었습니다. 3장에서는 차라투스트라의 가르침을 보다 세부적으로 정리했습니다. 본문 중 중요하고 애매한 구절은 각주에서 필자가 보충설명 했습니다. 제1편에서 《차라투스트라》를 3가지 방식으로 정리한 이유는 이렇게 저렇게 읽다보면 무엇인가 감을 잡을 수 있지 않을까 해서입니다.

2편에서는 니체가 《차라투스트라》의 입문서와 주석서라고 한 《즐거운 학문》과 《선악을 넘어서》를 차라투스트라의 관점에서 발췌 정리했습니다. 이어서 자서전 《이 사람을 보라》에서 《차라투스트라》와 관련된 부분을 요약했습니다. 마지막으로 니체 철학이 제대로 녹아있는 문학작품 3편을 소개합니다. 독자가 소설의 응접을 받으면 차라투스트라가 좀 더 쉽고 재미있게 이해할 수 있을 것 같습니다.

지금까지 공부하면서 참 많은 분의 도움을 받았습니다. 특히 정달용 교수신부의 격려와 지원이 없었다면, 이 출간 역시 가능하지 않았을 것입니다. 사실 필자는 공부하는 법을, 텍스트를 발췌하고 정리하는 법을 선생님께 배웠습니다. 선생님은 은퇴 후에도 학자로서 참모습 그 자체입니다. 오늘의 저를 있게 우리 사부師父께 이 책으로 감사를 표합니다. 다른 한편 형제자매의 응원과 지원이 없었다면 이 역시 가능하지 않았던 일입니다. 늦게까지 공부하는 필자를 대신하여 집안의 크고 작은 일들은 모두 그들의 몫이었습니다. 형제자매께 깊은 감사와 사랑을 전합니다. 그리고 필자의 영원한 옹호자, 어머니와 아버지께 크게 말합니다. 고맙습니다! 모두가 사랑입니다!

2021년 늦가을에
앞산 자락에서 **이경희**

목 차

목차

제1편

차라투스트라는 이렇게 말했다.

Thus spoke Zarathustra.

제1장

차라투스트라 개요

《차라투스트라》의 기본개념인 **영원회귀**라는
최고의 긍정형식은 1881년 8월에 쓰였다.
어느 날 나는 실바플라나(Silvaplana) 호수를 따라 걷고 있었다.
숲속에 거대한 바위 앞에서 나는 우뚝 섰다.
바로 그때, 나에게 이 생각이 떠올랐다.
그리고 1883년 2월,
즉 바그너(R. Wagner)가 죽은
그 시각과 꼭 같은 시간에
《차라투스트라》1권 피날레 부분을 완성했다.
따라서 이 책의 잉태기는 18개월이다.

-《이 사람을 보라》-

머리말

차라투스트라가 30살이 되었을 때, 고향을 떠나 높은 산으로 올라갔다. 그곳에서 10년 동안 수련을 쌓은 후, 그는 떠오르는 태양을 향해 말했다. "위대한 별이여! 만일 너에게 햇살을 비출 상대가 없다면, 네 행복幸福은 무엇이겠는가! 이제 나도 내 지혜를 선물하고 싶다." 이리하여 차라투스트라는 하산하기 시작했다.

산자락 있는 장터에 이르자, 차라투스트라가 사람들에게 말했다. "神은 죽었다. 이제 大地(the earth)에 충실하라!" 사람들은 그의 말을 이해하지 못하고 그는 비웃음거리가 되었다. 그리하여 그는 사람들 사이에서 죽은 광대를 숲속에 묻고 그 옆에서 오랫동안 잠을 잤다.

정오의 태양이 빛나고 있을 때, 그는 마음으로 말했다. "추종자나 신앙인이 아니라, 차라투스트라와 더불어 창조하는 자, 새로운 가치를 새 서판에 써넣을 자를 찾고 있다." 그는 자신의 과업에 동참할 친구: 뱀과 독수리를 동반하고 하산을 시작했다.

Ⅰ부

얼룩소 마을에서 차라투스트라는 이렇게 말했다.

- 神(God)은 인간의 창조물이다. 자기자신이 만물의 척도이자 가치다. 정신은 육체의 도구이며 장난감일 뿐이다.
- 민족마다 각각의 선善과 악惡이 있다. 그것은 각 민족이 자신들을 보존하기 위해 만물에 각기 다른 가치를 부여했기 때문이다.
- 형제들이여, 너희도 나처럼 德(virtue)을 大地로, 육체의 삶으로 끌어오너라. 이제 너희의 德과 정신이 大地의 의미에 봉사하게 하라. 그리하여 모든 가치가 너희에 의해 새롭게 확립되어야 한다. 이제 나를 버리고 자기자신을 찾아라.

차라투스트라가 궁극의 진리를 밝히기에 제자들이 충분히 성숙하지 않았다는 것을 깨닫고, 그들을 남겨두고 동굴의 고독으로 돌아갔다.

Ⅱ부

산속 동굴에서 차라투스트라는 씨를 뿌린 농부처럼 때를 기다렸다. 마침내 그는 자신의 가르침이 왜곡되고 위험에 빠졌음을 알았다. 그는 새로운 이야기를 들려줄 친구와 적이 있는 幸福의 섬들(the blessed isles)을 찾아 길을 떠났다.

幸福의 섬에서 차라투스트라는 이렇게 말했다.

- 너희는 이 세계를 새롭게 창조해야 한다.
- 돌 속에 하나의 상(image)이 잠들어 있다. 너희는 그 상이 잘 드러날 수 있도록 망치로 이 돌을 파내어야 한다.
- 내가 진심으로 사랑하는 것은 삶뿐이다. 삶은 항상 스스로 극복해야 하는 그 무엇이다. 삶이 있는 곳에 오직 권력의지가 있다.

어느 날 "모든 것이 공허하다. 모든 것은 이미 끝났다!"라는 예언자의 말을 듣고, 차라투스트라는 3일 동안 식음을 전폐하고 깊은 잠에 빠졌다. 그는 다시 고독 속으로 돌아가야 함을 깨달았다. 정말 내키지 않았지만, 제자들을 두고!

그때 어떤 소리가 말했다. "위대한 일을 하는 것은 어려운 일이다. 그러나 더 어려운 일은 그것을 명령하는 것이다." 차라투스트라가 대답했다. "나는 명령에 어울리는 사자의 목소리가 아니다." 그날 밤 차라투스트라는 말할 수 없는 고통을 안고 홀로 길을 떠났다.

Ⅲ부

차라투스트라는 幸福의 섬을 떠나는 배를 탔지만 슬픔에 겨워 입을 다물었다. 항해 4일째, 그는 확신에 차 말했다. “우선 나 자신을 극복하게 되면 나는 위대한 것에서도 나를 극복하게 되리라.”

육지에 오른 차라투스트라는 성문에 이르러 혼자 말했다. “이 세계는 너무도 훌륭한 것이다. 인간은 하나의 다리(bridge)이지 목적(end)이 아니다. 인간은 극복되어야 할 존재다. ‘모든 것은 헛되다!’라는 헌 서판을 부숴버려야 한다. 한 번도 웃음을 가져다주지 않는 진리는 거짓 진리다.”

동굴로 돌아온 후, 차라투스트라는 인간에 대한 혐오로 7일간 쓰러져 있었다. 그가 깨어나자 제자들이 말했다. “당신의 운명은 영원회귀를 가르치는 교사입니다.” 그러자 차라투스트라가 말했다. “만물과 더불어 가장 비천한 인간조차 영원히 회귀한다는 것, 그것이 모든 존재에 대한 혐오였다.” 이렇게 하여 차라투스트라의 하산은 끝났다.

마침내 차라투스트라는 “나, 너를 사랑하기 때문이다. 오, 영원이여!” 이 말을 일곱 번이나 반복할 만큼 차라투스트라는 大地와 삶을 있는 그대로 긍정하게 된다.

Ⅳ부

세월이 흘러 차라투스트라의 머리가 백발이 되었다. 동굴 앞에서 그는 짐승들에게 말했다. "내가 애쓰고 있는 것은 幸福이 아니라 내 과업뿐이다. 나는 내 운명에 감사한다."

차라투스트라는 더 높은 인간; 예언자, 왕들, 정신의 양심가, 마술사, 실직한 교황, 가장 추악한 인간, 자진하여 거지가 된 자, 그림자를 차례로 만나 그들을 자신의 동굴로 초대했다.

차라투스트라는 손님들과 만찬을 즐기며 말했다. "너희는 춤추는 법을 배워라. 자신을 넘어서 웃는 법을 배워라!" 그러자 가장 추악한 자가 화답했다. "차라투스트라와 함께 지낸 '하루'가, 단 한 번의 축제가 내게 大地를 사랑하도록 가르쳐 주었다. 그것이, 삶이던가? 좋다! 삶이던가?"

차라투스트라가 말을 이었다. "현재의 네가 되어라! 모든 것은 사슬로 서로 연결되고 사랑으로 이어져 있다. 너희는 이런 세계를 사랑한 것이다."

다음날 차라투스트라는, 더 높은 인간들이 잠자고 있는 것을 확인한 후, 태양을 향해 말했다. "저 더 높은 인간들은 내 길동무가 아니다. 때가 왔다. 이제 내 과업(my work)을 향해 가련다." 그리고는 솟아오르는 태양처럼 늠름하게 동굴을 나섰다.

제2장

차라투스트라의 이동 경로를 따라서

《차라투스트라》는 내가 쓴 것이 아니다.
당시 나와 친한 루 살로메라는 젊은 러시아 여인에게
받은 영감(inspiration)이 쓴 것이다.
영감은 말로 다할 수 없을 정도의 확실성과 미묘함으로,
갑자기 무엇인가가 보이고, 무엇인가가 들리고,
무엇인가가 자기자신을 저 깊은 곳까지 뒤흔들어 놓고
감동시킨다.
번개처럼 "하나의 생각"이 번쩍 떠오른다.
그리고 눈물이 비 오듯 하고, 황홀경에 이르며,
무아경에 빠져 버린다.
이제, 모든 것은 가장 가깝고, 가장 명백하고,
가장 단순한 표현으로 나타난다.
이것이 영감에 대한 내 경험이다.

-《이 사람을 보라》-

차라투스트라의 이동 경로

《차라투스트라는 이렇게 말했다》 이해를 돕기 위해, 먼저 차라투스트라의 이동 경로를 추적해 보자. 머리말은 차라투스트라가 하산을 결심하고 산자락에 있는 장터에서, Ⅰ부는 얼룩소 마을에서, Ⅱ부는 행복幸福의 섬으로 가는 배에서 그리고 幸福의 섬에서, Ⅲ부는 귀향하는 배에서, 그리고 동굴로 돌아가는 길에서, Ⅳ부는 동굴이 있는 자기 영역에서, 차라투스트라는 여기저기서 여러 부류의 사람들을 만나고 그들에게 삶의 지혜; 神의 죽음과 초인超人, 권력의지, 영원회귀 그리고 더 높은 사람들에 대해 말했다.

머리말 : 하산하는 차라투스트라

동굴에서 10년간 수행 후 하산을 결심➜ 장터에서 사람들의 비웃음거리가 됨➜ 죽은 광대를 매장하고 깊이 잠이 듦➜ 새로운 진리를 발견➜ 그의 동물들과 하산을 시작➜

1. 높은 산 동굴에서 10년간 수행 후 차라투스트라는 하산을 결심했다.➜
2. 하산하는 길에서 차라투스트라는 神을 찬양하는 늙은 성자를 만났다.➜
3. 산자락에 있는 장터에서 차라투스트라가 말했다. "**나 너희에게 超人을 가르치려 한다.** 神은 죽었다. **大地에 충실하라!**"1)
4. 비웃음거리 된 차라투스트라가 죽어가는 광대를 위로했다. "걱정하지 마라. 지옥은 없다."➜
5. 숲에 사는 은둔자에게 빵을 얻어먹은 후, 광대의 시신을 묻고 차라투스트라도 지쳐 깊은 잠에 빠졌다.
6. 한숨 자고 일어난 차라투스트라는 함께 축제를 벌일 수 있는 길동무를 찾았다. ➜
7. 정오쯤 목에 뱀을 휘감은 독수리가 날아오자, 차라투스트라가 말했다. "내 짐승들아, 나를 인도해다오!"

이렇게 차라투스트라의 하산이 시작되었다.

---

1) 《차라투스트라》에서 굵은 글씨체는 니체에 의한 것이다.

I부 얼룩소 마을에서

➜ 얼룩소 마을에서 가르침: 인간 정신의 변화, 육체의 중요성, 자기자신 되기➜ 얼룩소 마을을 떠남

1. 얼룩소 마을에서의 첫 가르침: 인간의 정신은 무던히 복종(obedience)을 하며 공경하고 두려워하는 낙타에서, 새로운 가치를 창조하기 위해 自由(freedom)를 쟁취하는 사자가 되고, 사자에서 최종적으로 창조의 놀이(game)를 위해 신성하게 긍정(Yes)하는 어린아이가 되어야 한다.

   -세 가지 변화에 대하여-

2. 德(virtue) 있는 현자가 말했다. "잠을 잘 자기 위해서는 낮 동안 깨어 있어야 하며, 神과도 악마와도 잘 지내야 한다. 설령 부정한 관리일지라도 존경하고 복종해야 한다."

   -덕의 가르침에 대하여-

3. 神은 인간의 망상이다. 인간의 고통과 무능이 神과 저 세계를 창조했다. 그래서 병약한 자들은 神이 없으면 살아갈 수 없다.

   -저 세계를 믿는 자들에 대하여-

4. 육체를 경멸하는 자들에게, 차라투스트라가 말했다. "정신은 작은 이성이며, 육체의 도구이자 장난감이다. 육체가 커다란 이성이다."

   -육체를 경멸하는 자들에 대하여-

5. 한 젊은이와 산책하며 차라투스트라가 말했다. "넌 自由를 찾고 있지만, 아직 自由를 꿈꾸는 포로다. 정신의 해방자는 자신을 정화해야 한다. 아직도 그 내면에 찌꺼기가 남아있기 때문이다. 그러나 네 최고 희망을 신성시하라!"

-산비탈의 나무에 대하여-

6. 죽음을 설교하는 자들이 말했다. "삶은 부정되었다. 삶은 고통일 뿐이다." 이들은 삶의 일면만 본 것이다. 너희 또한 죽음의 설교를 들을 만큼 삶에 지쳐있는 것은 아닌가?

-죽음의 설교자들에 대하여-

7. 삶에 대한 사랑이 최고 희망에 대한 사랑이 되게 하라. 그리고 최고 희망이 삶에 대한 최고 사상이 되게 하라. 내 최고의 이념: 사람은 극복되어야 할 그 무엇이다.

-전쟁과 전사들에 대하여-

8. 민족마다 각기 다른 善과 惡이 있다. 여기서 善이 저기서는 惡이다. 그것은 민족이 지닌 **권력의지**(will to power)**의** 목소리다. 그런데도 그 善惡이 더 큰 힘을 갖고 있다. 지금까지는 천 개 민족에 의한 천 개 목표가 있었다. 천 개의 목표를 통합할 하나의 목표가 없다.

-천 개의 목표와 하나의 목표에 대하여-

9. 이웃 사랑은 나쁜 자기 사랑이다. 그것은 자기를 못 견디어, 이웃에게 도피한 것이다. 그러면서도 그것을 德으로 삼고자 한다.

-이웃 사랑에 대하여-

10. 고독 속에서 자신에 이르는 길을 찾아라. 인간은 자신의 불길로 자신을 불태워야 한다. 먼저 재가 되지 않으면 새로워질 수 없다.

-창조하는 자의 길에 대하여-

11. 삶을 완성하는 죽음을 배워라. 삶을 완성하는 죽음을, 내가 원하기 때문에 나를 찾아오는 자유로운 죽음을 배워라.

-자유로운 죽음에 대하여-

12. 얼룩소 마을을 떠나며 차라투스트라가 말했다. "大地에 충실하라! 大地의 의미에 봉사하라! 그리하여 모든 가치가 너희 자신에 의해 새롭게 정립되기를! 神은 죽었다. 이제 우리는 超人이 나타나기를 바란다."

-베푸는 德에 대하여-

Ⅱ부 幸福의 섬에서

➜ 幸福의 섬에서 가르침; 모든 생명체는 권력의지의 산물➜ 악몽으로 정신이 혼미해짐➜ 자신의 부족함을 깨닫고 다시 동굴로 돌아감.

1. 차라투스트라는 동굴로 돌아와, 오랫동안 공부했다. 그의 가르침이 위험에 처하게 되자, 그는 새로운 길을 가려 한다. 친구들이 있는 幸福의 섬들을 발견할 때까지.

-거울을 든 아이-

2. 神은 존재하지 않는다. 바위 속에 최고의 형상이 잠들어 있다! 망치로 바위를 두드려 내어 超人을 드러내야 한다. 먼저 너희가 세계라고 불러온 것, 너희의 이성과 의지 그리고 너희의 사랑이 세계 그 자체가 되어야 한다! 너희 福을 위해.

-幸福의 섬에서-

3. 사제의 동굴인 교회는 영혼이 자신의 높이로 비상하는 것을 용서하지 않는다. 사제들은 자신들을 인정하지 않고 괴롭혀 온 존재를 神이라 부른다.
나, 사제들이 발가벗은 모습을 보고 싶다. 옷을 벗으면 가장 위대한 사람과 가장 비천한 인간은 영락없이 닮았다. 이들은 매우 인간적이다! -성직자들에 대하여-

4. 너희가 가장 사랑하는 자기自己, 그것이 너희의 德이다. 네 德은 네 행위 안에 있다. 어머니가 아이 안에 있듯, 네 자아도 네 행위 안에 있다.

-덕스러운 자들에 대하여-

5. 지금껏 나는 코를 막고 살았다, 천민의 악취가 가득하여. 나는 오랫동안 귀먹고 눈멀고 말 못하는 장애인처럼 살았다. 권력의 천민, 문필의 천민 그리고 쾌락의 천민과 함께 살지 않기 위해서.

-천민에 대하여-

6. 복수의 굴레로부터 해방되는 것, 그것이 나에게 최고 희망에 이르는 다리이며 폭풍우 뒤에 뜨는 무지개다. 하지만 독거미의 바램은 복수의 물길에 휘말리는 것이다.

-독거미에 대하여-

7. 내가 진심으로 사랑하는 것은 삶뿐이다. 삶을 증오할 때조차 나는 삶을 가장 사랑한다. 나는 지혜도 좋아한다. 그것이 종종 삶을 상기시키기 때문이다.

-춤의 노래-

8. 저기 내 청춘의 무덤이 있다. 무덤에서 내 영혼이 다시 살아났다. 내게는 상처 입힐 수 없는 것, 묻어버릴 수 없는 것, 바위라도 뚫고 나오는 것이 있다. 그것이 바로 내 의지다. 그것은 자신의 힘으로 자신의 길을 가고자 한다.

-무덤의 노래-

9. 너희의 의지는 존재하는 모든 것을 사유 가능한 것으로 만들려고 한다. 그것이 곧 권력의지이다. 모든 생명체는 권력의지를 갖고 있다. 심지어 봉사하는 자에게도 명령하고 지배하려는 권력의지가 있다. 삶이 있는 곳에는 언제나 권력의지가 있다.

-자기 극복에 대하여-

10. 나는 동경을 품고 너희가 사는 교양의 나라로 돌아왔다. 그런데 너희는 온통 알록달록하게 색칠하고 있다. 자신의 얼굴보다 더 나은 가면이 없음에도 불구하고, 매력적인 너희가 이제 조롱거리일 뿐이다.

-교양의 나라에 대하여-

11. 순수한 인식자여! 너희 정신은 大地(the earth)를 경멸하도록 세뇌되었지만, 내장까지 세뇌되지 않았다. 내장이 너희에게 가장 강한 것이다! 먼저 너희 자신과 내장을 믿어라.

-순수한 인식에 대하여-

12. 幸福의 섬과 멀지 않은 곳에 화산섬이 하나 있다. 그곳에 닻을 내렸을 때 차라투스트라가 사라졌다. 닷새 만에 차라투스트라가 나타나 그동안 불개(the fire hound)와 나눈 대화를 이야기했다. "가장 큰 사건은 요란한 시간이 아니라 가장 고요한 시간에 발생한다. 새로운 가치를 창출하는 사람을 중심으로 세계는 **소리 없이** 돌고 있다."

-큰 사건에 대하여-

13. "모든 것은 공허하다!"는 예언자의 말에, 차라투스트라는 슬퍼하며 깊은 잠에 빠졌다. 악몽에 시달렸지만, 그는 모든 일을 알아차리고 예언자까지 초대하여 잔치를 열었다.

-예언자-

14. 차라투스트라가 다리를 건너가는데, 장애인들과 거지들이 그를 둘러쌌다. 그는 말했다. "오늘날 커다란 눈 또는 커다란 주둥이를 가진, 그래서 다른 모든 것이 너무 작은 장애인이 많다." 그리고는 제자들을 향해 말했다. "지상에서 현재와 과거, 이것이 가장 참기 어려운 것이다. 지나간 일, '그랬었다.'를 '내가 그렇게 되기를 원했다.'로 바꾸는 것, 이것이 구원이다."

-구원에 대하여-

15. 차라투스트라는 고독 속으로, 자신의 동굴로 돌아가야 한다. 무언가가 그에게 속삭였다. "폭풍우를 몰고 오는 것은 가장 조용한 말이다. 비둘기 걸음으로 오는 사상이 세계를 움직인다. 차라투스트라여, 네 과일은 익었으나, 넌 그 과일에 어울릴 만큼 성숙하지 못했구나!" 이 말에 차라투스트라가 대성통곡하며 홀로 길을 떠났다.

-가장 고요한 시간-

Ⅲ부 귀향하는 차라투스트라

➜ 운명을 각오➜ 향해 중, 영원회귀를 깨침➜ 자신을 극복하자 幸福이 찾아옴➜ 육지에 올라 여기저기를 방랑➜ 동굴로 돌아온 후, 자신의 운명을 깨달음, 하산이 끝남➜ 최후의 명령: 노래하고 춤춰라.

1. 한밤중에 항구로 가며, 차라투스트라는 지난날을 회상하며 중얼거렸다. “나는 방랑자이며 등산가다. 지금까지 일 중에서 나 자신의 것이 아닌 것이 없다. 내 운명은 이제 더 깊은 심연으로 **내려가는** 것이다.” 그리고는 그는 친구들을 생각하며 비통하게 울었다.

-방랑자-

2. 배를 탄 차라투스트라는 슬픔으로 말을 잃었다. 2일 후 그가 본 수수께끼와 환영에 대해 말하기 시작했다. “모든 것은 서로 굳게 연결되어 있어서, 이 순간은 다가올 모든 일을 자신에게로 끌어당기고 있다. 우리는 영원히 되돌아올 수밖에 없는가? 모든 진리는 굽어 있고, 시간 자체도 원(circle)이다.”

-환영과 수수께끼에 대하여-

3. 수수께끼와 비통함을 품은 채 차라투스트라는 항해를 계속했다. 4일 후, 그는 자신의 운명을 밟고 섰다. 기쁨에 찬 차라투스트라는 혼잣말을 했다. “더 충만한 완성을 위

해, 내 의지를 내 서판書板에 써넣을 자가 되기 위해, 나는 나 자신을 완성해야 한다. 그러자 뜻하지 않은 幸福이 나를 찾아왔다."

–의지에 반하는 幸福에 대하여–

4. 육지에 오른 차라투스트라는 여기저기 돌아다녔다. 그는 사람들의 德이 더 왜소하여 볼품이 없음을 보며 탄식했다. "언제든 너희가 원하는 것을 행하라. 하지만 먼저 너희가 무엇을 원하는지 알아야 한다. 이웃을 너 자신처럼 사랑하라. 하지만 먼저 자신을 사랑하는 자가 되어라!"

–왜소하게 만드는 德에 대하여–

5. 더는 사랑할 수 없는 곳이라면 **그냥 지나가야 한다!** 역겨운 대도시를 지나쳐 차라투스트라는 동굴이 있는 높은 산으로 돌아갔다.

–스쳐 지나감에 대하여–

6. 푸르고 다채로운 초원이 잿빛 들판이 되었다. 강인한 정신을 가진 용감하고 자유분방한 자는 드물다. 나머지 인간, 언제나 다수이고 쓸모없는 인간, 이들은 비겁하다.
귀향이 가까워지자 차라투스트라의 영혼은 마냥 기뻤다.

–변절자들에 대하여–

7. 고향에서는 모든 사물이 기꺼이 차라투스트라의 말에 귀를 기울인다. 여기서는 모든 존재가 활짝 열려있어 모든 것을 솔직하게 다 말할 수 있다. 다른 곳에서는 모든 말

이 헛되어 잊어버림과 스쳐 지나감이 최선의 지혜다.

-귀향-

8. 차라투스트라의 본성은 새의 본성이다. 새가 되기를 바라는 자는 자신을 사랑해야 한다. 인간은 온전하고 건강하게 자신을 사랑하는 법을 **배워야 한다.** 이는 자신을 견뎌내고 방황하는 일이 없도록 하기 위해서다.

-중력의 영에 대하여-

9. 차라투스트라는 헌 서판書板(tablet)과 새 서판에 둘러싸인 채, 때를 기다리고 있다. 그는 자신에게 말했다. "사람들은 무엇이 善이고 惡인지를 알고 있다고 믿었다. 하지만 창조하는 자가 아니라면 **그 누구도** 그것을 **모른다!** 창조하는 자가 大地에 그 의미와 미래를 부여한다.

삶을 부정하고 불신하는 헌 서판을 부숴버려라! 결코, 즐거워할 줄 모르는 자들의 서판을 부숴버려라! 내가 너희 머리 위에 새 서판을 내건다."

-헌 서판과 새 서판에 대하여-

10. 동굴로 돌아온 차라투스트라는 갑자기 쓰러져 꼼짝도 하지 못했다. 7일 후 정신을 차리자 그의 짐승들이 말했다. "모든 것은 죽고 또다시 살아난다. 존재의 바퀴는 영원히 굴러간다. 만물은 영원히 회귀하고 우리 자신도 회귀한다. 회복자여! **당신은 영원회귀(the eternal recurrence)를 가르치는 선생입니다.** 이것이 **당신의** 운명입니다." 이렇게

하여 차라투스트라의 하산은 **끝난다**.

-회복되고 있는 자-

11. 오, 내 영혼이여, 난 너에게 '언젠가'와 '이전에'처럼 '오늘'을 말하도록 그리고 여기와 저기 또 거기를 넘어서 춤추도록 가르쳤다. 너에게 모든 것을 주었기에 내 손은 비어 있다. **노래하라, 그것이 내 마지막 명령이다!** 노래를 불러라. 그리하여 내게 감사하게 하라!

-위대한 동경에 대하여-

12. 무거운 것이 가벼워지고, 몸이 춤추는 자가 되고 정신이 새가 되는 것, 이것이야말로 나의 알파요 오메가다.

내 어찌 영원을, 회귀의 반지를 갈망하지 않을 수 있겠는가! **나 너를 사랑하기 때문이다. 오, 영원이여!**

-일곱 개의 봉인-

Ⅳ부 동굴이 있는 높은 산에서

➜ 백발이 된 차라투스트라가 자기 영역에서 사람들을 보살핌➜ 도움을 청하는 더 높은 인간들을 만나 그들을 모두 동굴로 초대➜ 9명의 손님들과 즐거운 만찬➜ 손님들이 다시 우상을 숭배➜ 손님들이 영원회귀를 깨달음➜ 차라투스트라가 다시 하산

1. 세월이 흘러 차라투스트라의 머리도 백발이 되었다. 어느 날 그의 동물들이 물었다. "당신은 幸福(happiness)을 기다리고 있나요?" 차라투스트라가 웃으며 대답했다. "내 관심은 내 과업뿐인데, 어느새 幸福이 나에게 달라붙었다."

-꿀 공양-

2. 다음날 늙은 예언자가 말했다. "모든 것은 같다. 幸福의 섬은 없다." 차라투스트라가 호언장담했다. "幸福의 섬은 있다." 그때 절박한 외침이 울렸다. 그러자 차라투스트라는 그를 자신의 동굴로 보내고, 소리를 향해 달려갔다.

-절박한 외침-

3. 차라투스트라가 절규자를 찾다가 왕 2명, 거머리에 물린 자, 거짓말쟁이인 마술사, 실직한 교황, 더없이 추악한 자, 자발적으로 거지가 된 자, 그리고 차라투스트라의 그림자를 만났다. 이들을 모두 자신의 동굴로 초대하고 차

라투스트라는 홀로 숲을 걸었다.

–마술사에서 그림자까지–

4. 정오(at noon)쯤 포도 덩굴 아래 잠들면서 차라투스트라가 중얼거렸다. "다행히도, 가장 적은 것, 가장 조용한 것, 가장 가벼운 것, 도마뱀의 바스락거림, 한 번의 숨결, 순간의 눈길, 이처럼 작은 것이 최고 幸福을 만든다. 조용! 세계는 방금 완전해졌다. 황금의 둥근 고리여! 나, 뒤를 따라가리라!" 태양이 머리 위에 있을 때, 그는 잠에서 깼다.

–정오에–

5. 헛걸음 끝에 차라투스트라가 동굴로 되돌아온 것은 늦은 오후였다. 동굴에는 **더 높은 인간**(the higher man) 9명과 나귀 한 마리가 차라투스트라를 기다리고 있었다. 그가 말했다. "내 동굴이 너희의 안식처가 되기를 바란다. 하지만 내가 기다리는 것은 **너희가** 아니라 더 즐거운 자, 더 강한 자, 심신이 반듯한 자들, 즉 웃는 사자들이다."

–환영 인사–

6. 먼길을 온 더 높은 사람들은 먹고 마시는 만찬(the last supper)을 준비했다. 차라투스트라가 말했다. "나처럼 기분을 내라. 너희의 관습대로 하라. 나는 나를 따르는 자들을 위한 율법일 뿐, 만인을 위한 율법은 아니다." 이 잔치에서 **더 높은 인간에 관해서**만 이야기했다.

–만찬–

7. 차라투스트라가 말했다. "더 높은 인간들이여, 장터를 떠나라! 너희가 실패했다고 하여 용기를 잃지 마라. 얼마나 많은 일이 아직도 가능한가. 너희 자신을 넘어서 웃는 법을 **배워라.**"

–더 높은 인간에 대하여–

8. 차라투스트라가 동굴을 빠져나갔다. 그러자 늙은 마술사가 우울한 노래(the song of melancholy)를 불렀다. 모두 그 노래에 빨려 들어갔지만, 차라투스트라가 들어오자 마술사가 말했다. "우리, 마음을 풀고 다시 즐겁게 지내자." 그러자 더 높은 인간들이 박수로 호응했다. 차라투스트라는 손님들과 일일이 악수하고는 다시 동굴을 빠져나가려 했다.

–우울한 노래–

9. "떠나지 마라! 그렇지 않으면 오래된 슬픔이 다시 우리를 덮칠 것이다." 차라투스트라의 그림자가 요청했다. 그리고는 그는 일찍이 사막의 딸들과 지낼 때 지은 옛 노래를 힘차게 불렀다.

–사막의 딸들 틈에서–

10. 노래가 끝나자 손님들은 왁자지껄 떠들어 댔다. 동굴을 빠져나온 차라투스트라가 안도하며 말했다. "저들은 자신을 웃어넘길 줄 아는, **치유되고 있는 자들**이다! 오늘은 승리의 날이다." 하지만 곧 동굴에서 연기와 향내가 피어올랐다. 더 높은 인간들이 나귀에게 경배를 드리자 그는 아-아 하고 화답했다. –각성–

11. 이쯤에서 차라투스트라는 뛰어 들어가 소리쳤다. "神은 살해되고 배척되지 않았던가? 이제 **우리는 대지(the earth)를 원한다.** 친구들이여, 너희를 위해 **새로운 축제**(new festival)가 필요하다."

-나귀의 축제-

12. 더 높은 인간들은 달빛 아래로 걸어 나왔다. 그들은 지상에서 이렇게 幸福할 수 있다는 사실에 놀랐다. 그때, 가장 추악한 자가 말했다. "차라투스트라와 함께한 축제가 大地를 사랑하도록 만들었다. 이것이 삶이던가? 좋다! 다시 한번!" 이 말을 듣자 더 높은 인간들은 자신들이 치유되고 있음을 깨닫고 감사하며 웃고 춤을 추었다.
차라투스트라가 말했다. "너희가 쾌락(pleasure)을 좋다고 했다면, 온갖 불쾌(displeasure)를 좋다고 말한 것이 된다. 모든 것은 사슬과 사랑으로 연결되어 있다."

-몽유병자의 노래-

13. 아침이 되자, 차라투스트라는 태양을 향해 처음에 했던 말을 했다. "幸福에 찬 눈이여, 네 햇살을 비춰줄 상대가 없다면, 네 幸福이 무엇이겠는가! 나도 **幸福**이 아니라 내 과업을 위해 애쓰고 있다. 그때 웃는 사자가 왔다. **이제 솟아올라라, 너, 위대한 정오여**!" 이렇게 말하며 차라투스트라는 동굴을 나섰다.

-징조-

제3장

차라투스트라의 가르침

그 해 여름, 차라투스트라의 사상이 최초로 번개 쳤던 곳,
실즈 마리아로 가서, 《차라투스트라》 Ⅱ부를 썼다.
열흘로 충분했다.
그것은 Ⅰ부나 Ⅲ부나 Ⅳ부에서도 그 이상의 시간은
필요하지 않았다.
Ⅲ부는 니스(Nice)의 맑은 하늘 아래서 끝냈다.

-《이 사람을 보라》-

1. 차라투스트라의 머리말

1.

차라투스트라는 30살이 되자[1] 고향을 떠나 높은 산[2]으로 올라갔다. 그곳에서 그는 10년 동안 지치지 않고 공부했다.[3] 마침내 떠오르는 태양을 향해 그가 말했다.

"위대한 별이여! 만일 그대에게 그 햇살을 비추어 줄 것들이 없다면, 그대 幸福은 무엇이겠는가![4]

이제 나도 내 지혜를 선물하고 싶다. 그대처럼 **내려가야**

---

1) 인류의 스승; 석가모니, 공자, 노자, 소크라테스, 예수 등은 대략 30세 전후로 깨달음을 얻어 더 높은 존재로 거듭났다. 석가모니가 출가한 것도 예수가 세례를 받고 활동을 시작한 것도 30세 전후다. 공자가 나이 30이면 '입지立志' 즉 뜻을 세우는 시기라고 했다.

2) 성경에서 산은 하느님이 자신을 나타내는 곳으로, 하늘의 하느님과 땅의 인간이 만나서 소통하는 장소이다. 모세가 하느님을 만나서 율법을 받은 것도 "시나이 산"이다. 이슬람의 선지자, 마호메트가 천사 가브리엘의 계시를 받은 곳도 메카에 있는 "빛의 산(Jabal al-Nur)"이다. 가장 중요한 최후의 설교도 "아라파트 산"에서 했다. 이처럼 산은 神이 또는 깨달은 자가 자신을 드러내는 장소인 동시에 가르침을 전하는 거룩한 공간이다. 차라투스트라의 동굴도 높은 산에 있다. 그는 아무도 없는 높은 산에서 도道를 닦았으며, 자신의 부족함을 느낄 때마다 다시 산으로 들어갔다.

3) 공부工夫: 무언가를 익히고 터득하는 수련 과정 또는 좋은 뜻을 품고 심신을 연마하는 과정과 행위를 말한다. 달리 말해 도道를 구하는 과정이다.

4) 이 구절은 Ⅳ장 마지막 단락, "징조"에서도 똑같이 반복되는 부분이다. 이 책의 구성도 같은 것이 반복되는 영원회귀 형식이다.

한다. 보라! 잔은 다시 비워지고자 하고, 차라투스트라는 다시 인간이 되고자 한다."[5]

이렇게 하여 차라투스트라의 하산은 시작되었다.

2.

하산하던 차라투스트라가 숲에서 늙은 성자를 만났다. 성자가 말했다. "이름이 차라투스트라라고 했던가? 어린아이가 되었군. 그런데 각성한 자가 잠든 자에게 다가가 무얼 하려는 건가?"

차라투스트라가 대답했다. "나는 인간을 사랑한다. 그래서 그들에게 선물을 주려고 한다." 성자가 말했다. "나는 神을 사랑하지 인간을 사랑하지 않는다. 인간은 너무 불완전한 존재다."

성자와 작별한 후 차라투스트라는 마음속으로[6] 말했다. "저 성자는 아직 '**神이 죽었다.**'[7]는 소식을 듣지 못했구나!"

---

5) 하느님의 아들 예수가 인간 세상으로 "내려오고자" 사람의 아들로 다시 태어났다.

6) 여기서 마음은 차라투스트라와 대화를 나누는 구체적인 대상이다. "마음속으로… 말했다(He said to his heart)."라는 말은 "자기자신과 내적 대화를 나누었다."라는 의미다. 차라투스트라는 처음부터 끝까지 자신과의 대화를 통해 점점 더 성숙한 존재로 거듭난다.

7) "神의 죽음"은 모든 초월적 존재의 죽음을 의미하는 것으로 새로운 과정으로 도약하기 위한 결정적 단계다. 인간은 끊임없이 자신을 극복해 나감으로써 마침내 神의 죽음을 거쳐 자립적 존재 즉 大地에 충실한 삶을 살아갈 수 있다. ※ 2편 3장 주요개념에 대한 설명을 참조하세요.

3.

산자락에 있는 장터에 들어섰을 때, 차라투스트라는 많은 사람(herd)을 보았다. 곧 광대의 줄 타는 곡예가 시작될 예정이었다.

차라투스트라가 사람들에게 말했다. "**나 너희에게 超人을 가르치려 한다**[8]. 超人(overman)은 大地의 의미다.

인간은 극복되어야 할 그 무엇이다. 지금까지 모든 존재는 자신을 넘어 그 이상의 것을 창조해 왔다. 그런데 너희는 자신을 극복하기보다는 짐승으로 되돌아가려 하는가?

형제들이여, 너희에게 간청한다. **大地(earth)에 충실하라!**[9] 천국의 희망을 설교하는 자들을 믿지 말라! 예전에는 神을 모독하는 것이 최대 모독이었다. 그러나 神은 죽었다. 이제 가장 두려운 일은 大地를 모독하는 것이다!"

그러자 어떤 사람이 소리쳤다. "이제 줄 타는 광대를 보여주시오!" 모두 차라투스트라를 비웃었다. 이어서 광대의 줄타기가 시작되었다.

---

8) 초인, 영어로는 overman으로 번역되는 원어 Übermensch는, 한계와 속박을 넘어서(over) 자유로운 삶으로 향하는 인간, 자신의 의지에 충실하면서도 끊임없이 자신을 "넘어서는", "극복하는" 인간을 의미한다. ※ 2편 3장 주요개념에 대한 설명을 참조하세요.

9) 이 말은 "유일한 삶, 일회적 삶을 어떤 절대자나 초월자에 의존하지 말고, 자신의 의지에 충실하며 자유롭게 살아라."라는 의미다. 근래 유행하는 욜로(YOLO: You Only Live Once.)와 유사한 맥락이다. 한 번뿐인 삶에서 자신의 욕구와 의지를 실현하며 현재를 즐겁게 살자는 의미일 것이다.

4.

차라투스트라는 말을 계속했다. "인간은 짐승과 超人 사이에 놓인 밧줄(rope) — 심연(abyss) 위에 걸쳐진 밧줄이다.[10] 저쪽으로 건너가는 것도 위험하고, 도중에 있는 것도 위험하고, 뒤돌아보는 것도 위험하다.

인간의 위대함은 그가 다리(bridge)이지 목적(end)이 아니라는 데 있다. 인간은 **건너가는**(overture) 존재이자 **몰락하는**(going-under) 존재이기 때문에 사랑받는다.

나는 사랑한다. 자신의 德을 사랑하는 자를, 자신의 德으로 자신의 운명을 만들어 내는 자를, 아낌없이 자신의 영혼을 내주는 자를, 감사의 말을 기대하지 않고 갚으려고도 하지 않는 자를, 자기자신을 잊을 만큼 만물을 자신 안에 간직하는 영혼이 넘쳐흐르는 자를, 자유로운 정신과 자유로운 가슴을 가진 자를, 행동에 앞서 황금 같은 말을 던지고 약속한 것 이상으로 행하는 자를. 그는 자신의 몰락을 원하기 때문이다.

보라, 나는 번개의 예고자다. 이 번개는 超人이라 불린다."

---

10) 인간은 짐승과 超人 사이에 놓인 "밧줄" 또는 건너가는 "다리"다. 일상에서 우리는 어떻게 선택하고 행동하는가에 따라 "짐승"만도 못한 인간이 될 수 있고 "超人"이 되어갈 수도 있다. 그런데 사람은 하루아침에 어떤 인간으로 태어나는 것은 아니다. 끊임없이 자신을 극복함으로써 보다 나은 인간이 되어간다는 점에서 인간은 위대하다. 다른 한편, 인간은 다른 사람이 더 나은 존재로 건너가는 또는 더 좋은 삶으로 건너가는 "밧줄 또는 다리"가 될 수 있다. 이럴 때 인간은 참으로 "자신을 넘어서는 무언가(something beyond oneself)"가 된다.

5.

이쯤에서 차라투스트라가 사람들을 보고는 마음속으로 말했다. "저들은 나를 이해하지 못하는구나. 내 입은 저들의 귀에 적합하지 않구나. 이제 저들이 가장 경멸하는 **마지막 인간**(the last man)[11]에 대해 말해야겠다."

차라투스트라는 말했다. "이제 인간이 자신의 목표를 세울 때다. 지금이야말로 최고 희망의 씨앗을 뿌릴 때다. 토양은 아직 비옥하지만, 언젠가 황폐해질 것이다. 인간이 자신의 별을 탄생시킬 수 없을 때가 오고 있다.

보라! 나는 너희에게 **마지막 인간**을 보여주겠다. 大地는 작아졌으며 모든 것을 작게 만드는 마지막 인간이 날뛰고 있다. 이 종족은 벼룩과 같아서 근절되지 않는다.

목자는 없고 가축 떼만 있을 뿐! 모두가 평등하기를 원한다. 한편 저들은 건강을 끔찍이도 위하면서 밤낮으로 소소한 쾌락을 즐긴다. 그러면서 마지막 인간들은 말한다. '우리는 幸福을 찾았다.'"

어떤 이가 외쳤다. "우리를 그 마지막 인간으로 만들어 주시오!" 차라투스트라는 속으로 말했다. "난 저들의 귀를 위한 입이 아니다. 내가 너무 오랫동안 산속에 살았다."

---

11) "최후의 인간", "인간 말종"으로 번역되는 마지막 인간은 超人과 대극 관계에 있는 인간 유형이다. 마지막 인간은 번거롭고 성가신 일들을 극도로 꺼리고, 비판과 마찰을 피하며 오직 심신의 건강을 돌보며 편안하게 오래 살고자 한다. 이들은 술·담배·커피와 같은 기호식품을 즐기며 먹고 살 만큼 일도 한다. 그저 다른 사람들처럼 살기를 원하여 명령하지도 복종하지도 않는다. 마지막 인간은 물질문명의 발달과 더불어 나타나는 일반 대중의 이미지다.

6.

그때 광대가 줄타기 곡예를 시작했다. 그러다가 발을 헛디뎌 땅바닥으로 곤두박질쳤다. 사람들이 달아나고 차라투스트라만 광대 옆에 무릎을 꿇고 앉았다.

죽어가는 광대가 말했다. "악마가 나를 지옥으로 끌고 갈 것이오. 그를 막아주지 않겠소?" 차라투스트라가 대답했다. "친구여, 아무것도 두려워하지 말게! 악마도 지옥도 없다네. 네 영혼은 네 육체보다 더 빨리 죽는다네."[12)]

믿기지 않는 듯하면서도 그는 말을 이었다. "그렇다면 죽더라도 난 잃을 것이 없어요. 난 매질과 미끼로 춤추도록 훈련된 짐승과 같아요." 차라투스트라는 말했다. "그렇지 않네. 넌 위험한 일을 천직으로 삼았으니, 그것은 조금도 경멸할 일이 아니라네. 내가 직접 너를 묻어주겠소." 광대는 감사를 표하려는 듯 차라투스트라의 손을 더듬거렸다.

7.

장터에도 어둠이 깔렸다. 차라투스트라는 죽은 광대 옆에서 생각했다. 인간 존재는 여전히 낯설고 아무런 의미가 없다. 나는 인간에게 존재의 의미를 가르치려 한다. 존재의 의미는 超人이며 인간이라는 먹구름 속에서 번쩍이는 번개다. 하지만 난 그들과 너무 멀리 떨어져 있다.

---

12) 종교에서는 영혼 불멸을 강조하여 사후의 삶에 더 큰 의미를 두기도 한다. 하지만 神을 믿지 않는 자에게 영혼은 육체와 더불어 죽는 것이고 삶은 大地에서 단 한 번뿐이기에, 대지의 삶에 충실하게 살고자 한다.

8.

이런 생각을 하며 차라투스트라는 시체를 짊어지고 길을 떠났다. 두 시간쯤 걸었을 때, 그는 몹시 배가 고팠다. 숲에 사는 한 노인[13]에게 차라투스트라는 빵과 포도주를 얻어먹었다. 그리고는 동이 틀 무렵까지 걸었다. 시체를 나무속에 눕히고 그도 곧 잠에 빠졌다. 몸은 지쳤으나 영혼은 평온했다.

9.

차라투스트라는 깊은 잠을 자고 눈을 떴다. 그는 자기 내면을 들여다보고 환호했다. 새로운 진리(new truth)를 깨달은 그가 마음속으로 말했다.

"내게는 자기 자신을 따르고자 나를 따르는 살아있는 길동무가 필요하다. 가축 떼에서 많은 이들을 유인하기 위해 나는 왔다. 그런데 나는 저들이 떠받들어 온 가치의 서판(tables of values)을 부수는 자,[14] 범죄자다. 저들은 이런 자를 가장 증오한다.[15] 하지만 그는 창조하는 자다.

창조하는 자가 찾고 있는 것은 가축 떼도 신자도 아니다.

---

13) 사람들과 연을 끊고 어두운 숲에 홀로 사는 노인은, 여전히 神의 죽음을 깨닫지 못하고 미망에 사로잡혀 살고 있다.

14) 《성경》에서, 모세는 사람들이 춤추는 모습과 그들이 만든 수송아지를 보자 화가 나서, 손에 들었던 돌 판을 산 밑에 던져 깨 버렸다(탈출기 32:19). 이제 인간은 제한하고 구속하는 낡은 가치 판을 부수고, 자기자신이 새로운 가치를 정립하는 가치 창조자가 되어야 한다.

15) 새로운 가치를 창조할 수 없는 사람은, 낡은 가치를 부수는 자를 용서하지 못하고 미풍양속을 깨뜨리는 파괴자로 간주한다.

창조하는 자와 함께 창조하는 자, 새로운 가치를 새 서판에 써넣을 자를 찾고 있다. 자신의 낫을 갈고 차라투스트라와 더불어 창조하고 추수하여 함께 축제를 벌일 자를 찾는다.

이제 나는 이들에게 무지개를, 超人에 이르는 계단을 보여주리라. 그리고 내 노래를 들려주리라. 때가 되었다. 내 목표를 향해 내 길(my own way)을 가련다."

10.

그때 정오(at noon)의 태양이 빛나고 있었다. 독수리 한 마리가 뱀을 목에 감고 원을 그리며 하늘을 날고 있었다.

그는 기쁨에 차 말했다. "내 짐승들이다![16] 태양 아래 가장 긍지 높은 짐승과 가장 영리한 짐승이다. 내 짐승들아, 나를 인도해다오!"

이리하여 차라투스트라는 하산하기 시작했다.

---

16) 《성경》에서 독수리는 먹을 수도 없을 만큼 혐오스럽고 부정적인 새[鳥]이며, 뱀은 가장 교활한 짐승으로 이브를 꾀어서 善惡 과일을 따 먹게 했다. 《차라투스트라》에서 독수리는 태양 아래 "최고의 긍지"를, 뱀은 "최고의 영리함"을 뜻한다. 두 동물은 여행이 끝날 때까지 차라투스트라의 충실한 동반자요 조력자가 된다.

2. 차라투스트라의 가르침 I부

창조하는 자가 찾고 있는 것은
가축 떼도 신자도 아니다.
창조하는 자와 더불어 창조할 자,
새로운 가치를 새 서판에 써넣을 자를 찾고 있다.
창조하는 자는 길동무를,
자신의 낫을 갈 줄 아는 자를 찾고 있다.
차라투스트라와 더불어
창조하고 추수하여
함께 축제를 벌일 자를 찾는다.

-머리말-

세 가지 변화에 대하여

나 너희에게 정신의 세 가지 변화(metamorphoses)에 대해 말한다. 정신이 어떻게 낙타가 되고, 낙타는 사자가 되며, 사자는 마침내 어린아이가 되는지를.[1)]

정신은 낙타처럼 무릎을 꿇고 무거운 짐을 잔뜩 싣고자 한다. 정신은 묻는다. "무엇이 가장 무거운 짐인가? 자신을 낮추는 것, 자신의 지혜를 조롱하고 자신의 어리석음을 드러내는 것, 이것이 가장 무거운 짐인가?" 정신은 기꺼이 무거운 짐을 짊어지고 사막으로 간다.

가장 고독한 사막에서 두 번째 변화가 일어난다. 정신은 自由를 획득하고 主人이 되려는 사자가 되지만 여기에서 최종 主人을 찾는다. 이 정신은 궁극적 승리를 위해서 거대한 용과 싸운다. 정신이 主人과 神으로 모시고 싶지 않은 용의 이름은 "너는 해야 한다(You shall)."이다. 그러나 사자의 정신은 "나는 원한다(I will)."라고 말한다.

"너는 해야 한다."라는 용은 황금빛을 번쩍이며 정신이 가는 길을 막는다. 용은 천년의 역사를 자랑하며 위풍당당하게

---

1) 인간 정신의 변화: 낙타➤ 사자➤ 어린아이. 낙타는 기존의 가치체계에 얽매여 벗어나지 못하고, 그것에 철저하게 복종하여 자신의 능력을 인정받고자 하는 노예의 정신이다. 낙타와 달리 사자는 기존의 가치를 비판하며 대결하여 승리한 용기 있고 자유로운 정신이다. 그래서 낙타의 눈에 사자는 파괴자, 약탈자, 善惡을 부정하는 자로 보인다. 그러나 사자는 성스러운 부정을 하지만 아직 성스러운 긍정, 새로운 창조를 하지는 못한다. 그것은 오직 어린아이만 할 수 있다.

말한다. "모든 가치는 이미 창조되었고, 창조된 가치가 바로 나[我]다."

형제들이여, 왜 사자의 정신이 필요한가? 의무에 충실하고 공경하는 짐승에 왜 만족하지 못하는가? 自由를 창출하고 의무 앞에서도 소신대로 "아니오."라고 말하기 위해서는 사자가 필요하다. 새로운 가치를 위한 권리를 쟁취하는 것, 自由를 강탈하기 위해 사자가 필요하다. 그런데 강탈하는 사자가 왜 어린아이가 되어야 하는가?

어린아이[2]는 순진무구요 망각이며, 새로운 시작, 놀이[3], 스스로 굴러가는 바퀴, 최초의 움직임이며 신성한 긍정이다. 그렇다. 창조의 유희를 위해서는 신성한 "긍정(Yes)"이 필요하다. 이제 정신은 **자기자신**의 의지를 의욕하고, 세계를 상실한 자는 이제 **자신**의 세계를 획득한다.

차라투스트라는 이렇게 말했다.[4] 이때 그는 얼룩소(Motley Cow)[5]라고 불리는 마을에 머물고 있었다.

---

2) 기존의 가치체계를 모르는 어린아이는 죄책감 없이 전통과 관습에서 해방되어 자유롭게 자신의 기준에 맞추어 善과 惡을 정립한다. 다시 말해 어린아이는 자신의 의지에 따라 새로운 가치를 새 서판書板에 써넣을 수 있는 자, 명령자이자 창조자다.
3) 문화 인류학자인 하우징어(John Huizinga)에 따르면, 인간은 호모 사피엔스나 호모 파베르;도구를 만드는 인간이 아니라 호모 루덴스; 놀이하는 인간이다.
4) 차라투스트라의 가르침이 끝날 때마다 반복되는 "차라투스트라는 이렇게 말했다." 이 문장은, 석가모니가 설법이 끝날 때 반복한 문장을 그대로 모방한 것이다.
5) '얼룩소 마을'은 석가모니가 출가하여 방문했던 인도에 있는 마을 이름이다.

저 세계를 믿는 자들에 대하여

한때 차라투스트라도 저 세계(after world)에 대한 망상을 품은 적이 있다. 그때 이 세계는 고뇌하는 神의 작품으로 보였다. 창조자가 자신에게서 눈길을 돌리고 자신을 상실하고자 할 때, 세계를 창조했다. 이 세계, 영원히 불완전한 세계, 영원한 모순의 모사, 그것도 불완전한 모사,[6] 이런 세계를 만든 창조자는 세계를 그렇게 생각했다.

형제들이여, 내가 창조한 이 神은 다른 모든 神과 마찬가지로 인간의 작품이자 망상이었다! 그것은 자아의 볼품없는 파편일 뿐 피안에서 온 것이 아니었다. 아무것도 바라지 못하는 무능력과 괴로움이 모든 神과 저 세계를 꾸며낸 것이다. 육체와 大地를 경멸하여 그것에서 벗어나고자 하늘에 왕국을 건설한 것은 바로 죽어가는 병자들이다.

가장 정직한 존재인 자아가 내게 새로운 긍지를 가르쳤다. 머리를 천상(heaven)에 파묻지 말고 당당하게 쳐들라고. 인간이 맹목적으로 걸어온 이 길을 긍정하여, 병약자처럼 그 길에서 도망가지 말라고 가르친다!

---

6) 플라톤에 따르면 이 세계는 이데아 세계를 모방한 불완전한, 가짜의 세계다. 반면 이데아 세계는 완전하고 영원불변한 진짜의 세계다. 니체가 비판하기를, 플라톤은 불완전하고 모순적인 이 세계를 긍정할 용기가 없어서 이데아 세계를 허구해 내고 그리로 도망친 겁쟁이다. 이 세계의 가치를 완전히 평가절하 했기에 플라톤 이래 大地와 현실의 삶은 무가치한 것으로, 무의미한 것으로 전락하고 말았다고 니체는 평가했다.

神을 망상하거나 갈망하는 자 중에는 언제나 병약자가 많았다.[7] 이들은 가장 새로운 德인 정직성(honesty)을 가장 미워한다. 이들은 자신이 신앙의 대상이 되기를 바라며 의심은 죄악이기를 바란다.

형제들이여, 건강한 육체(healthy body)의 소리에 귀 기울여라. 이것이야말로 솔직하고 보다 순수한 소리다. 건강한 육체,[8] 완전하고 반듯한 육체는 더 정직하고 더 순수하게 말한다. 그리고 그 육체는 大地(earth)의 의미를 말한다.

차라투스트라는 이렇게 말했다.

---

7) 심신 병약자들이 불합리한 현실을 있는 그대로 긍정하지 못하자 神과 저 세계를 창조하고는 거기서 위로를 받고자 했다.
8) 인간은 자기자신을 넘어서 자신을 세워야 한다. 그러려면 먼저 육체와 영혼을 반듯하게 세워야 한다. -《차라투스트라》-

육체를 경멸하는 자들에 대하여

육체(body)를 경멸하는 자들에게 말하고자 한다. 인간은 전적으로 육체이며 영혼은 육체에 깃든 어떤 것에 지나지 않는다. 정신(spirit)은 작은 이성이며 육체의 도구, 큰 이성(reason)의 장난감이다.[9]

네가 말하는 나(I)는 네 육체이며 육체라는 커다란 이성이다. 이것은 "나"를 말하지 않고 "나"를 실행한다.

감각과 정신 뒤에는 여전히 "자아(self)"가 있다. 자아는 감각의 눈으로 찾고 정신의 귀로 듣는다. 자아는 비교하고 강요하고 정복하고 파괴한다. 자아는 "나"의 지배자다.

네가 최고의 지혜 속에 있는 것보다 더 많은 이성이 네 육체에 내재하고 있다. 육체를 경멸하는 자들이여, 너희는 삶에 등을 돌리고 있다. 그 때문에 너희가 삶의 경멸자들(despisers)이 된 것이다.

너희 자아가 가장 원하는 일, 즉 자기자신을 넘어서 창조하는 일을 더는 할 수 없다. 이 때문에 너희는 삶과 大地에 분노한다. 너희의 경멸하는 곁눈질 속에는 어떤 질투가 도사

---

9) 물질적인 것을 정신적인 것보다 비천한 것으로 간주하는 종교의 영향으로 사람들은 육체를 정신에 종속되어 지배받는 꼭두각시에 불과하다고 간주했다. 하지만 그것은 오해에 불과하다는 것이다. 실상은 정신이 육체에 지배받는 육체의 부산물이다. 그래서 육체가 죽으면 정신은 따라 죽을 수밖에 없는 것이다.
사후의 구원이 아니라 이 大地에서 구원을 추구한 톨스토이가 말했다. "육체가 정신이다. 육체가 만족하지 않으면 정신도 없다. 육체가 만족하자 정신은 기쁨으로 넘쳤다." -《안나 카레니나》-

리고 있다, 너희는 결코 超人에 이르는 다리가 아니다!

차라투스트라는 이렇게 말했다.

읽기와 쓰기에 대하여

피로 쓰라.[10] 그러면 너는 피가 정신임을 알게 된다. 그런데 나태하고 열정이 없는 독자[11]는 그 피를 이해하지 못한다. 피로 글을 쓰는 사람은 읽히기를 원하는 것이 아니라 암송되기(learned by heart)를 바란다.

너희는 말한다. "삶은 감당하기 힘들다." 그런 연약한 언행을 삼가라. 우리는 모두 무거운 짐을 질 수 있는 나귀들이다. 그렇다. 우리가 삶을 사랑하는 것은 삶에 익숙해져서가 아니라 사랑에 익숙해졌기 때문이다. 사랑에는 광기가 있고 광기에는 이성도 있다.

나 차라투스트라는 춤출 줄 아는 神만을 믿으리라. 내 악마는 만물을 나락으로 떨어지게 하는 중력의 영(the spirit of gravity)이었다. 우리 중력의 영을 죽이자!

나는 걷는 법을 배운 후 달리는 법과 나는 법을 배웠다. 이제 나는 가볍다. 이제야 어떤 神이 나를 통해 춤춘다.

차라투스트라는 이렇게 말했다.

---

10) 니체는 의하면, 기존 것에 대해 시비를 따지는 글쓰기가 아니라 새로운 가치를 창출하는 글쓰기가 되어야 한다. 이를 위해서 파괴와 해체 그리고 새로운 창조를 위한 용기가 필요하다. ※ 니체는 미사여구를 최대한 제한하여 간결하고 엄격하게 사실을 전하는 로마적 문체를 선호했다.

11) 독서는 일종의 휴양이다. 독서는 나를 내게서 떠나게 하고 나를 낯선 학문과 영혼들 안으로 산책하게 한다. -《이 사람을 보라》-

산비탈의 나무에 대하여

차라투스트라는 한때 자신을 피해 다닌 젊은이를 산에서 만났다. 그는 젊은이가 기대앉은 나무를 잡고 말했다. "나는 이 나무를 흔들고 싶어도 그럴 수 없다. 그러나 눈에 보이지 않는 바람은 이것을 구부러지게 할 수도, 쓰러뜨릴 수도 있다. 이처럼 우리도 보이지 않는 손에 의해 구부러지고 괴롭힘을 당하는 것일세. 나무가 밝은 곳으로 올라갈수록 뿌리는 땅속으로, 어둠 속으로 惡 속으로 뻗어간다. 인간도 나무와 다를 바 없다."

감동한 젊은이가 하소연했다. "높은 곳에 오를수록 나는 나 자신을 믿을 수가 없었으며, 다른 사람도 나를 믿으려 하지 않습니다. 게다가 높이 올라오면 아무도 없어 더욱 쓸쓸하고 고독해집니다. '도대체 무엇 하려 높은 곳에 올라왔는가?' 자문하게 됩니다. 올라가며 비틀거리는 내 꼴이 얼마나 부끄러운지요!"

차라투스트라가 위로했다. "너는 더 높은 꼭대기로 올라가고자 한다, 네 영혼이 별들을 갈망하듯 네 사악한 충동도 自由를 갈망한다. 너는 아직도 自由를 꿈꾸는 포로다. 포로의 영혼은 교활하고 비천해진다. 그래서 정신이 해방된 자는 자신을 정화해야 한다.

너는 스스로 고결하다고 느낀다. 너에게 사악한 시선을 보내는 사람들조차 네가 고결하다고 생각한다. 그러나 고결한 자는 모든 사람에게 방해물이 된다. 심지어 善한 사람에게도 방해물이 된다. 고결한 자는 새로운 德을 창조하려 한다. 그러나 善한 사람은 옛것을 원하고 옛것을 보존하기를 원한다.

고결한 자가 희망을 잃어버리면, 모든 숭고한 희망을 비방한다. 그러면서 그들은 쾌락에 빠져 어떤 목표도 세우지 못하게 되었다. 한때 그들은 영웅(Heros)이 되고자 했으나 이제 탕아(voluptuaries)가 되어버렸다. 이제 그들에게 영웅은 원망과 공포의 대상이 되었다.[12)]

나도 네 아픔과 위험을 이해한다. 그러나 간청하노니, 네 영혼 속에 있는 영웅을 몰아내지 말라! 네 최고 희망을 거룩하게 하라!

차라투스트라는 이렇게 말했다.

---

12) 이루지 못한 꿈은 원망과 저주의 대상이 되기 쉽다.

죽음의 설교자들에 대하여

죽음을 설교하는 자들이 있다. 그들은 병약자들과 마주치면 "삶은 부정되었다."고 말한다. 그러나 부정된 것은 오직 그들의 마음뿐이며, 삶의 일면만 보는 그들의 눈일 뿐이다.

죽음의 설교자들은 말한다. "삶은 의미가 없는 고통일 뿐이다. 살아있는 자는 바보다. 우리도 그런 바보다. 바로 이것이 삶에서 가장 어리석은 것이다! 그러니 자살하라! 성욕은 죄다. 성욕을 버리고 아이를 낳지 마라! 불행한 자들만 낳을 뿐이다."13)

그렇다면 그들은 그만 살아야 한다. 그들이 자신의 쇠사슬로 다른 사람들까지 묶어 놓을 필요가 어디 있단 말인가! 그들이 설교를 포기하고 이 삶으로부터 빨리 떠난다면 좋으련만!

차라투스트라는 이렇게 말했다.

---

13) 인간은 영원한 삶을 원한다. 그러나 삶은 그렇지 않다. 이를 해결하기 위해 흔히 인간은 결혼한다. 하지만 니체는 종족 보존을 위한, 그리고 욕구에 의한 결혼을 반대한다. 결혼은 타협이나 도피가 아니라 삶의 의지가 강화되고 확대되어 가는 방식이어야 한다는 것이다.

전쟁과 전사자들에 대하여

전쟁하는 형제들이여! 내가 너희에게 진리를 말하게 하라! 너희의 가슴속에는 증오와 질투가 있다. 너희가 증오와 질투를 모를 정도로 위대하지 않다면 그것들을 부끄러워하지 않을 만큼 위대해져라! 병사의 유니폼은 같지만, 그것이 가리고 있는 것마저 획일적이지 않기를!

너희는 언제나 **너희의** 적(**your** enemy)을 찾아야 하고, 전쟁해야 한다. 너희의 사상을 위해! 너희의 사상이 패배할지라도 너희의 정직성[14]만은 승리를 소리쳐야 한다!

나, 너희에게 노동이 아니라 투쟁을 권한다. 평화가 아니라 승리를 권한다. 사람은 활과 화살을 지니고 있을 때 말없이 가만히 앉아 있을 수 있다. 그렇지 않으면 쓸데없는 말을 하며 다투게 된다. 너희의 평화가 승리하기를!

지금까지 전쟁과 용기가 이웃 사랑보다 위대한 일을 더 많이 했다. 불행한 사람을 도운 것은 동정(pity)이 아니라 용기(courage)였다. 그래서 선(good)이란 곧 용감한 것이다.

너희는 증오해야 할 적을 가져야지 경멸해야 할 적을 가지지 말아야 한다.[15] 적에 대하여 긍지를 가질 때, 적의 성공이 너희의 성공이 된다. 훌륭한 전사가 되려면 너희가 좋

---

14) 神을 갈망하는 자는 최선의 德, 정직성을 가장 미워한다. 이들은 자신이 신앙의 대상이 되기를 바라며 의심은 죄악이기를 바란다.
15) 나와 동등한 또는 나보다 나은 자가 적이 될 수 있다. 그래야 내가 나를 걸고 싸울 가치가 있다. 하지만 나보다 못한 사람, 경멸스러운 자는 내 적이 되지 못한다. -니체-

아하는 것을 먼저 너희에게 명령하라. 그리고 그것에 대해 복종하라.[16)]

반항, 그것은 노예의 고귀함이다. 너희의 고귀함은 순종이기를! 너희의 명령 자체가 순종이기를! 삶에 대한 사랑[17)]이 최고 희망에 대한 사랑이 되게 하라. 그리고 너희의 최고 희망이 삶에 대한 최고 사상이 되게 하라.

"인간은 극복되어야 할 무엇이다." 나는 이것을 최고 사상으로 규정한다. 그리하여 너희는 순종하고 투쟁하는 삶을 살아라!

차라투스트라는 이렇게 말했다.

---

16) 우리가 자신의 명령에 순종하지 못하면, 결국 타인의 명령에 복종하며, 즉 지배를 받으며 노예처럼 살아야 한다.

17) 볼 줄 아는 눈을 가진 사랑인 정의는 어디 있는가? 그렇다면 모든 징벌뿐만 아니라 모든 죄도 감당하는 사랑을 만들어라! 그렇다면 재판관만 제외하고 모든 사람에게 무죄를 선고하는 정의를 만들어라! -《차라투스트라》-

새로운 우상에 대하여

어딘가에 아직 민족과 인간무리가 있을 것이다. 그러나 형제들이여, 우리에게는 국가가 있다. 국가는 모든 냉혹한 것 가운데 가장 냉혹한 괴물이다. 많은 사람을 낚을 덫을 놓고는 그 덫을 국가라고 부른다.

민족마다 각기 다른 善과 惡에 대한 언어가 있다.[18] 그것을 이웃 민족은 이해하지 못한다. 각 민족이 자신의 관습과 법률에 따라 자신의 언어를 만들었기 때문이다. 그러나 국가[19]는 善과 惡에 대한 온갖 말로 사람들을 속인다. 국가가 하는 말은 모두 거짓말이고 국가가 가진 것은 모두 훔친 것이다.

국가는 쓸모없는 잉여 인간을 위해 고안되었다! 새로운 우상인 국가는 그 주변에 영웅과 명예로운 자들을 세우고자 한다! 너희가 국가를 숭배하면 국가는 너희에게 무엇이든 주려고 한다. 이렇게 국가는 너희의 빛나는 德과 자랑스러운 눈길을 매수하는 것이다. 선자善者나 약자弱者나 모두 독을 마시는 곳, 모든 사람이 자신을 상실하는 곳, 그곳이 곧 국가다.

---

18) 모든 민족은 그들 특유의 위선을 가지고 있으며, 그것을 德이라 한다. 인간은 자기자신에게 무엇이 최선의 것인지 알지 못하고 알 수도 없다. -《善惡을 넘어서》-

19) 니체에 의하면, 국가는 군대와 학교라는 수단을 동원하여 사람들을 조야하고 비루하게 만들 뿐이다. 국가가 시민에게 요구하는 것은 한결같이 인간의 본성에 위배되는 것이다. 따라서 국가가 끝나는 곳에 超人을, 인간을 극복할 가능성의 지평을 떠올릴 수 있다.

잉여의 인간들을 보라!, 그들은 병들어 있고 담즙을 토해내며 그것을 신문(newspaper)이라고 부른다. 그들은 부를 획득하지만 점점 더 가난해진다. 그들은 권력을 탐하며 권력의 지렛대인 돈을 탐한다. 그들은 빨리 기어오르려다가 서로 뒤엉켜 진창 속으로 떨어진다. 그들은 모두 지독한 악취를 풍기고 있다.

형제들이여, 악취에서 벗어나라! 잉여의 인간이 벌이는 우상 숭배에서 벗어나라! 위대한 영혼에는 아직도 자유로운 삶이 열려있다. 조용한 바다 내음이 감도는 자리, 한두 사람을 위한 조용한 자리는 아직 남아 있다. 그곳에서 꼭 필요한 인간의 노래, 유일무이唯一無二하고 대체할 수 없는 노래가 시작된다.[20)]

형제들이여! 국가가 **끝나는** 곳을 보라. 超人에 이르는 무지개와 다리가 보이지 않는가?

차라투스트라는 이렇게 말했다.

---

20) 인간은, 超人의 의미를 견디어 내지 못하고, 스스로 비천한 존재로 간주하는 광대와 비약을 바라지만 그것을 참아내지 못하고 삶을 갈아먹는 줄 타는 광대, 양극 사이에 머물 뿐이다. 이런 인간이 역겹기는 하지만, 차라투스트라는 이런 인간에게 진리를 전하는 과업을 포기하지 않는다.

장터의 파리 떼에 대하여

달아나라, 친구여, 너의 고독 속으로! 고독이 끝나는 곳에 장이 열린다. 장터(the market place)에는 배우들과 독파리 떼(the poisonous flies)가 우글거린다.

너는 독파리 떼 때문에 피투성이가 되었다. 그런데도 너는 자존심 때문에 화를 내지 않는다. 그들은 주위에서 찬송가를 부르며 네 피를 빨아먹고자 한다.

관용적인 너는 "저들의 존재가 변변치 못하지만, 그것이 저들의 잘못은 아니다."라고 저들을 두둔한다. 그러면 속 좁은 영혼은 "모든 위대한 존재가 문제"라고 생각한다. 그들은 네 모든 德을 처벌하고 온갖 실책을 용서한다. 언젠가 네가 하찮은 존재로 전락하면 그들은 진심으로 기뻐할 것이다.

위대한 일은 장터[21]를 떠나 고독한 곳에서 일어났다. 새로운 가치 창조자는 장터에서 멀리 떨어진 곳에서 살아왔다.

달아나라, 친구여, 거센 바람이 불어오는 곳으로!

차라투스트라는 이렇게 말했다.

---

21) 장터는 여러 잡배가 모여들어 물품을 흥정하고, 의미 없는 잡담과 호기심을 자극하는 대화를 하다가도 더 많은 잔돈을 갖기 위해 수시로 싸움이 벌어지는 곳이다. 즉 장터에서는 수많은 사람이 수많은 말을 하는 곳, 가장 시끌벅적 소란한 곳이지만 모두가 가슴 속에 있는 말을 감추는 가장 공허한 곳이다. 이러한 장터는 스쳐 지나가야 한다. 그렇지 않으면 독파리 떼에게 물릴 수밖에 없다.

친구에 대하여

나와 또 다른 나(I and me)는 터놓고 이야기한다. 한 사람의 친구마저 없다면 삶을 어찌 견뎌낼 것인가?[22)]

친구를 사귀고 싶다면 그를 위해 전쟁도 해야 한다. 전쟁을 벌이려면 적이 **될 수**도 있어야 한다. 친구 안에 있는 적을 존중할 줄 알아야 한다.[23)] 친구의 내면에서 최상의 적을 찾아야 한다. 친구와 대적하는 동안 마음으로 친구에게 가장 가까이 다가서야 한다.

자신을 숨기지 않는 자는 다른 사람을 화나게 한다. 친구를 위해 아무리 치장하더라도 충분치 않다. 너희는 친구에게 超人을 향하는 화살이자 동경이어야 하기 때문이다.

친구는 침묵의 대가가 되어야 한다. 너는 모든 것을 알려고 해서는 안 된다. 사람들은 자신의 쇠사슬을 풀지 못하지만, 친구를 구원할 수 있다.

너는 노예인가? 그렇다면 너는 친구가 될 수 없다. 너는 폭군인가? 그렇다면 너는 친구를 가질 수 없다. 동료애(comradeship)는 있다. 그렇다면 우정(friendship)이 있다면 얼마나 좋겠는가!

차라투스트라는 이렇게 말했다.

---

22) 삶에서 최고의 친구는 바로 나 자신이다. -아리스토텔레스-

23) 친구가 될 수 있는 사람은 적도 될 수 있다. 그 역도 가능하다. 달리 말해, 품격이 비슷한 사람끼리 친구나 적이 될 수 있다. 그래서 친구를 유유상종類類相從이라고 한다.

천 개 그리고 하나의 목표에 대하여

차라투스트라는 민족마다 善과 惡이 있음을 발견했다. 그는 善惡(the good and evil)보다 지상에서 더 큰 힘을 발휘하는 것을 보지 못했다.

한 민족이 살아남으려면 이웃 민족이 평가[24]하는 대로 평가해서는 안 된다. 어떤 민족에게 善이 다른 민족에게는 惡으로 간주된다. 여기서 惡이 저기서는 善으로 간주된다. 각 민족의 머리 위에는 저마다의 가치 서판書板이 걸려 있다. 그것은 그 민족이 지닌 권력의지(will to power)의 목소리이다.

善惡은 하늘의 목소리가 아니며, 인간이 발견한 것도 아니다. 인간은 자신을 보존하기 위해서 먼저 사물에다 의미를, 인간의 의미를 부여한 것이다! 이런 이유로 인간은 자신을 "평가자(evaluator)"라고 부른다.

가치를 창조하는 자들이여! 들어라, 평가하는 것, 그 자체가 평가된 사물의 가치이다. 가치는 오직 평가를 통해서만이 존재한다. 가치의 변화, 그것은 가치를 창조하는 자의 변화를 의미한다.

수많은 민족은 각자 기호에 따라 善과 惡을 만든다. 지금까지 천 개의 목표가 있었다. 천 개의 민족이 있었기 때문이다. 다만 천 개의 목에 씌울 하나의 멍에가 아직도 없을 뿐

24) 모든 생명체는 스스로 가치를 평가할 수 있는 기능을 타고났다. 가치평가의 기능이 없다면 살아남을 수도 없다. 우리 삶에서 중요한 가치는 오직 평가함으로써 얻을 수 있다.

이다. 인류는 아직 하나의 목표를 갖고 있지 않다.[25)]

인류에게 아직 목표(a goal)가 없다면 인류 자체도 아직 없다는 말이 아닌가!

차라투스트라는 이렇게 말했다.

25) 기존에 존재하던 천 개의 목표를 넘어서는 새로운 하나의 목표를 강조하고 있다. 니체는 이 글의 제목('On the thousand and One goals')에서 천 개와 하나를 분리하고 강조하기 위해 "One"을 대문자로 표기했다.

이웃 사랑에 대하여

너희는 이웃 사람에게 몰려가 아첨한다. 단연코 이웃 사랑은 자신에게 나쁜 사랑이다.[26] 그것은 자기를 못 견디어, 이웃으로 도피하는 것이다. 그러면서도 그것을 德이라 한다.

"너(you)"는 "나(I)"라는 말보다 오래되었다. "너"라는 말은 신성하게 들리지만 "나"는 아직 그렇지 않다, 그래서 사람들은 이웃에게 달려간다. 너희는 자신을 사랑하지 못하여 이웃을 유혹하여 너희를 사랑하도록 만들었다.

너희는 자신을 예찬하고자 할 때 증인을 끌어들이고 자신을 예찬하도록 유도한다. 어떤 사람은 자신을 찾기 위해, 어떤 사람은 자신을 잃기 위해 이웃에게 달려간다. 너희 자신에 대한 나쁜 사랑이 감옥을 만든다.

나는 너희에게 이웃이 아니라 친구를 가르친다. 친구는 大地의 축제요 超人을 예감케 하는 것이다. 친구 속에 있는 超人을 너희의 존재 이유로서 사랑해야 한다.

차라투스트라는 이렇게 말했다.

---

26) "네 이웃을 너 자신처럼 사랑해야 한다." (마르코복음, 12:31). 예수의 말씀에 따라 이웃을 내 자신처럼 사랑하려면, 먼저 나를 사랑해야 한다. 그래야 내 자신을 사랑하는 것처럼 이웃을 사랑할 수 있다. 차라투스트라에게 가장 위대한 사랑은 자기 사랑이다. 자기 사랑을 통해 인간은 자신의 고유한 가치를 창출해 낼 수 있고 이웃 사랑도 가능하기 때문이다.

창조하는 자의 길에 대하여

형제여, 고독(solitude)으로 들어가려는가? 너 자신에 이르는 길을 찾으려는가? 그렇다면 내 말을 들어라.

사람들(herd)은 말한다. "찾는 자는 길을 잃기 쉽고, 모든 외로움(all loneliness)은 죄악이다." 그러면 너는 사람들과 유사한 양심[27)]을 갖고 있지 않아, 고통을 받는다.

그런데도 너는 그 슬픔의 길을 가려는가? 그렇다면 그럴 수 있는 권리와 그 힘을 보여 내게 보여 달라! 너는 새로운 힘이자 권리인가? 최초의 움직임인가? 별들을 강요하게 너 주위를 돌게 할 수 있는가? 너는 굴레에서 벗어나도 좋은 자인가? 무엇으로부터 自由인가? 그것이 차라투스트라와 무슨 상관인가? 네 눈은 분명하게 내게 알려주어야 한다. **무엇을 위한** 自由인가?

너는 자신의 善과 惡을 부여하고, 네 의지가 율법이 되게 하라.[28)] 그런데 자기 율법의 재판관이자 수호자가 되기 위해서 얼음 같은 고독을 견디어야 한다. 고독은 네 긍지를 경멸로 바꿀 것이며 네 고귀함을 비천함으로 바꿀 수도 있다.

사람들은 그런 너를 꾸짖고 미워할 것이다. 사람들은 고독한 자를 증오하며 자신의 德을 만드는 자를 즐겨 십자가에 매

---

27) 양심의 가책에는 어떤 기준도 없다. 따라서 양심의 가책은 주목할 만한 것이 못 된다. -《이 사람을 보라》-

28) 삶에서 모든 가치의 기준은 바로 자기자신이다. 삶의 가치를 다른 사람이 아니라 스스로 정립해야 한다. 그것이 삶의 主人으로 사는 길이며 가장 자기답게 사는 길이다.

단다.

그러나 최악의 적은 언제나 너 자신이다.[29] 너는 자신에게 이단자. 바보, 비판자 그리고 악한 자가 되어야 한다. 너는 자신의 불꽃으로 자신을 불태워야 한다.[30] 먼저 재가 되지 않고서 어떻게 새롭게 되기를 바랄 수 있겠는가!

형제여, 고독 속으로 가라.[31] 네 사랑과 창조와 함께. 그러면 정의가 따라올 것이다.

차라투스트라는 이렇게 말했다.

---

29) 인간에게 자기자신은 최선의 친구인 동시에 최악의 적군이다. 인간이 자기자신을 극복해야 삶의 참된 主人이 될 수 있다.

30) 너에게 묻는다. 연탄재, 함부로 발로 차지 마라/ 너는/ 누구에게 한 번이라도 뜨거운 사람이었느냐 -시인, 안도현-

31) 고독한 자, 너는 자기자신에 이르는 길, 창조자의 길, 사랑하는 자의 길 그리고 정의의 길을 가고 있다. -《차라투스트라》-

자유로운 죽음에 대하여

"제때 죽어라!" 차라투스트라는 이렇게 가르친다. 물론 제때 살지 못한 자는 제때 죽을 수 없다. 모든 사람이 죽음을 중요하게 여기지만 죽음이 아직 축제가 되지 못하고 있다. 삶을 완성하는 죽음, 살아있는 자에게 굳은 맹세가 될 죽음을 맞이하라.

삶을 완성하는 자는 희망에 차 있는 자들과 맹세하는 자들에 둘러싸여 승리에 찬 죽음을 맞는다. 이처럼 죽는 법을 배워야 한다. 죽은 자는 산 자의 맹세를 거룩하게 하는 축제가 되어야 한다. 이렇게 죽는 것이 최선이다. 차선은 전투에 나가 죽으면서 영혼을 남김없이 써버리는 것이다.[32]

너희도 나처럼 죽기를 바란다. 내가 **원하기 때문에** 나를 찾아오는 자유로운 죽음을. 목표와 후계자를 가진 자는 그 목표와 후계자를 위해 제때 죽기를 원한다.

명성을 추구하는 자는 제때 명예와 작별하고 제때 떠나기 어려운 수련을 쌓아야 한다.[33] 음식 맛이 절정에 이르렀을 때, 먹는 것을 그만두어야 한다.

---

32) 삶을 잘 사는 사람이 죽음도 잘 맞이할 수 있다. 제대로 살지 못한 사람이 어떻게 제대로 죽을 수 있을까.

33) 사람이 나아갈 때와 물러날 때를 깨끗이 해야 화를 당하지 않는다. 많은 경우 물러날 때를 미루다가 화를 부른다. 예를 들면, 한신과 장량 두 사람은 유방을 도와 한漢을 세운 일등공신이지만, 여생은 확연히 달랐다. 부귀영화를 뒤로하고 제때 물러난 장량張良은 고향에서 편히 여생을 보내지만, 제때 떠나지 못한 한신韓信은 결국 토사구팽兎死狗烹 당했다.

많은 사람이 삶에 실패한다. 많은 사람이 오래 살지만, 나이처럼 성숙되지 않는다. 나무에 오랫동안 매달려 쪼글쪼글해진 사과는 단맛을 내지 못한다.

친구들이여, 너희의 죽음이 大地와 인간에 대한 모독이 되지 않기를. 죽음 앞에서도 너희의 정신과 德은 노을처럼 타올라야 한다. 내 죽음으로 인해, 너희가 大地를 더욱 사랑하기를.

진정, 차라투스트라는 목표가 하나 있었다. 너희는 내 목표의 상속자가 되어라. 나, 너희에게 황금의 공을 던진다. 황금의 공을 던지는 너희 모습을 보고 싶다.

차라투스트라는 이렇게 말했다.

베푸는 德에 대하여

1.

차라투스트라가 정들었던 "얼룩소" 마을을 떠날 때, 많은 사람이 따라왔다. 제자들이 손잡이가 황금으로 된 지팡이를 선물했다. 차라투스트라가 그 지팡이를 짚고 말했다.

"황금[34]이 어떻게 최고의 가치를 지니게 되었을까? 황금은 그것은 언제나 자기자신을 베푸는데, 그것이 최고 德이다. 너희 또한 나처럼 베푸는 德(the gift-giving virtue)을 갈구한다. 우리에게 가장 나쁜 것은 베푸는[35] 영혼이 **퇴화**하는 것이다. 너희 德은 새로운 善이며 새로운 惡이다! 이 새로운 德이 권력이며, 지배적인 사상이다."

2.

차라투스트라는 제자들을 둘러보며 다시 말했다. "형제들이여, 너희의 德을 육체[36]와 삶이 있는 곳으로 데려오라. 大地에 충실하라![37] 大地의 의미에 봉사하라. 그리하여 만물의

---

34) 황금과 웃음을 大地의 심장에서 꺼낸다. -《차라투스트라》-

35) 차라투스트라는 자신의 지혜를 사람들에게 베풀기 위해 산에서 내려왔다. 비록 사람들이 어리석기는 하지만, 그렇다고 차라투스트라가 지혜 베푸는 일을 포기하지 않는다. 모든 사람의 내면에서 초인이 될 씨앗을 품고 있기 때문이다.

36) 인간의 육체는 정신과 마찬가지로 수많은 무지와 오류 덩어리다. 그럼에도 불구하고 육체는 끊임없이 자신을 정화하고 시험과 모험을 통해 자신을 고양해 간다. -《차라투스트라》-

37) 神은 죽었다. 천상의 세계도 없다. 그러니 두 발을 大地에 딛고 이 삶을 노래하고 춤춰라. -《차라투스트라》-

가치가 너희에 의해 새롭게 정립되기를! 그러기 위해서는 너희가 투쟁하는 자, 창조하는 자가 되어야 한다! 오늘을 사는 고독한 자들이여, 너희에게서 超人이 자라나야 한다. 大地에 새로운 희망이!"

3.

오랫동안 지팡이를 흔들거리더니 마침내 차라투스트라는 말했다. 그의 목소리는 변해 있었다. "제자들이여! 이제 나는 혼자 가겠다. 너희도 내게서 떠나라. 그리고 나, 차라투스트라를 경계하라! 너희가 영원히 제자로 머문다면 그것은 선생에 대한 도리가 아니다. 내 월계관을 낚아채라.[38]

이제, 나를 버리고 너 자신을 찾아라. 너희가 나를 부인했을 때, 나는 너희에게 돌아오리라. 언젠가 너희는 내 친구가 되어야 하며 희망의 아이들이 되어야 한다. 그러면 나는 너희와 함께 위대한 정오를 축하할 것이다.

'**모든 神은 죽었다. 이제 우리는 超人이 나타나기를 바란다.**' 이것이 우리의 최후 의지가 되기를!"

차라투스트라는 이렇게 말했다.

---

38) 때가 되자 차라투스트라가 제자들을 떠난다. 그들에게도 성숙할 고독의 시간이 필요하기 때문이다. 청출어람靑出於藍, 푸른색은 쪽에서 나왔지만 쪽빛보다 푸르듯이(靑取之於藍而靑於藍), 얼음은 물에서 나왔지만 물보다 차듯이, 제자가 선생보다 더 나음을 비유한다. 청출어람은 제자의 도리이자 선생에게 영광이다.

3. 차라투스트라의 가르침 Ⅱ부

그리고 너희가 모두 나를 부정하게 될 때
나는 너희에게 돌아오리라.
오, 형제들이여!
그때는 지금과 다른 눈으로 잃어버린 자들을 찾을 것이고
지금과 다른 사랑으로 너희를 사랑할 것이다.

-베푸는 德에 대하여, Ⅰ부-

거울을 든 아이

그 후 차라투스트라는 산에 있는 동굴의 고독 속으로 돌아왔다. 달이 가고 해가 가는 동안 그의 지혜는 충만해졌다. 그는 수확을 기다리는 농부처럼 사람들에 대한 그리움이 간절해졌다.[1)]

어느 새벽, 꿈에 거울(mirror)을 든 어린아이가 나타나 경고했다. "당신의 **가르침**은 왜곡되었으며 당신이 가장 아끼는 사람들조차 당신이 준 선물을 부끄럽게 생각한다."

차라투스트라는 벌떡 일어나며 말했다. "때가 왔다! 잃어버린 친구들을 찾아 하산할." 독수리와 뱀이 그의 얼굴에 다가올 어떤 幸福이 서려 있음을 보고 놀랐다.

"나는 새로운 이야기를 갖고 새로운 길을 간다. 친구들이 있는 幸福의 섬을 발견할 때까지. 그들 중에는 적도 있겠지! 그러나 이야기를 나눌 수 있는 자라면 거리낌 없이 사랑하리라! 그 적들(my enemies) 또한 내 幸福의 한 부분이다.[2)]

친구들이여! 내 지혜는 고독한 산 위에서 잉태되었다. 그 지혜가 험준한 바위 위에 어린아이를 낳았다. 이 아이를 너희 사랑 위에 눕히고자 한다!"

차라투스트라는 이렇게 말했다.

---

1) 차라투스트라는 제자들이 고독한 시간을 견디면 성숙되기를 기다리고 있다. 그는 제자들에게 "神의 죽음을 깨닫고 大地에 충실하라!"는 씨앗을 뿌리고 그것이 제대로 성장하기를 학수고대했다.

2) 상황에 따라서 친구가 적이 될 수 있듯 적이 곧 친구가 될 수 있다. 그래서 영원한 친구도 영원한 적도 없다.

幸福의 섬에서

무르익은 무화과가 나무에서 떨어진다. 내 가르침도 너희에게 떨어진다. 가을이 여물어가고 하늘은 맑고 푸르다. 이때 바다를 보는 것은 멋진 일이다. 일찍이 사람들은 바다를 보며 神을 말했다. 이제 너희는 超人을 말해야 한다.

神은 하나의 억측에 불과하다. 이 억측이 너희의 창조적 의지를 넘어서지 않기를. 세계는 너희에 의해 창조되어야 한다. 너희의 이성, 의지, 상상 그리고 사랑이 세계 자체가 되어야 한다! 그러면 너희는 幸福에 이르리라! 유일한 것, 완전한 것, 확고부동한 것, 영원한 것에 대한 가르침 ― 이것은 惡이며 삶에 적대적이다![3)]

창조, 이것은 고통으로부터 위대한 구원이며 삶을 경쾌하게 한다. 하지만 창조자가 되려면 고통이 동반된 많은 변신을 해야 한다. 창조자는 산고産苦를 마다하지 않아야 한다, 산모처럼. 창조적 의지, 이것은 내게 自由와 기쁨을 준다.

이 의지는 神을 떠나 인간에게 향하게 했다. 그리하여 나는 망치를 들고 돌을 깬다. 돌 속에 잠들어 있는 형상을 깨워야 한다. 만물 가운데 가장 조용하고 가벼운 것이 나를 찾아왔다. 超人의 아름다움이 그림자로서 내게 다가왔다.[4)]

차라투스트라는 이렇게 말했다.

---

3) 삶은 그 자체로 불완전하고 불합리하며 끊임없이 변화한다. 그런데 이를 부정하거나 惡이라 간주한다면 삶은 모순에 빠져 버린다.
4) 과업을 충실하게 수행하다 보면, 어느새 幸福이 나에게 달라붙어 있다. 내가 幸福을 의도하지 않았을지라도. -《차라투스트라》-

동정하는 자들에 대하여

수치는 인간의 역사다! 하지만 고귀한 자는 다른 사람을 수치스럽게 하지 않는다. 남을 동정[5]하면서 幸福을 느끼는 인정이 넘치는 자를 난 좋아하지 않는다. 동정을 받은 사람은 자존심에 심한 상처를 입는다. 그래서 동정(sympathy)을 베풀어야 할 때 멀리서 하고 얼굴을 알아보기 전에 도망쳐야 한다.

나는 고통 받는 자들을 위해 많은 일을 했다. 하지만 내가 더 즐길 줄 알게 되었을 때 항상 더 나은 일을 했다. 역사 이래 인간은 너무도 즐기지 못했다.[6] 이것은 우리의 원죄다!

---

5) 독일어 Mitleid(동정)을 풀면 동일고(同-苦, Mit-leid), 고통을 함께 나눈다는 뜻이다. 타인의 고통을 자신의 고통과 동일시하는 행위는 삶의 의지를 부정하는 것이기에 니체는 동정을 비판한다.
남의 고통을 느끼하며 함께 괴로워하기[동고同苦]보다는 남의 기쁨을 느끼며 함께 기뻐하기[동락同樂]가 "고등 동물의 최고 특권이다." -《인간적인 너무나 인간적인》-
사실 타인의 고통을 함께 슬퍼하기는 쉽지만, 타인의 기쁨을 함께 기뻐하기란 쉬운 일이 아님을 우린 알고 있다. 타인의 슬픔을 동정하면서 인간은 카타르시스를 체험하고 자신의 우월감을 맛볼 수 있지만, 타인의 기쁨 앞에서는 자신의 초라함을 확인할 수 있기 때문이다. 그리하여 同苦보다 同樂을 함께 하는 공동체에서 삶의 의지, 권력의지가 긍정되고 확장되어 구성원들이 훨씬 건강하고 幸福하다. 물론 진정한 친구란 동고동락同苦同樂하는 사이가 아니겠는가.

6) 공자가 말했다. "어떤 것을 아는 사람을 그것을 좋아하는 사람만 못하고, 좋아하는 사람은 즐기는 사람만 못하다(知之者不如好之者, 好之者不如樂之者)." -《논어》-

스스로 즐길 줄 알게 되면, 다른 사람에게 고통 줄 생각을 버릴 수 있다. 그러면 영혼도 깨끗해진다.

친구들이여, 인간이 양심의 가책을 받으면 남을 책망하며 물어뜯는다. 그러나 가장 나쁜 것은 하찮은 생각이다. 하찮은 생각을 하느니 악행을 저지르는 편이 낫다. 하찮은 생각은 진균과 같아서 온몸이 썩어 문드러지게 하기 때문이다.

위대한 사랑은 동정을 넘어서, 사랑의 대상조차 창조하기를 원한다! 창조자는 말한다. "나는 나 자신을 내 사랑에 바친다. **그리고 나와 마찬가지로 내 이웃도**"

차라투스트라는 이렇게 말했다.

성직자들에 대하여

언젠가, 차라투스트라가 제자들에게 말했다. "여기 성직자들이 있다, 저들이 사악한 적이지만 칼을 잠재우고 조용히 지나가자! 저들 중 다수는 너무 고통을 당해서 다른 사람에게 그 고통을 주려고 한다. 복수심에 불타는 자들을 공격하다 보면 쉽게 자신을 더럽히게 된다.

한편으로 성직자들이 가엾다. 저들은 감옥에 갇힌 죄수, 낙인찍힌 자와 같다. 저들의 구세주가 그 굴레를 씌웠다. 거짓 가치와 망상의 설교라는 굴레다! 그것은 인간에게 최악의 괴물이 되었다. 성직자들은 괴물 위에 비좁은 교회를 짓는다. 그곳에서는 영혼이 자신의 높이로 날아오를 수 없다!

성직자들은 인간을 부정하고 고통을 주는 자를 神이라 불렀다. 그들은 인간을 십자가에 못을 박는 것 말고는 달리 그들의 神을 사랑할 줄 몰랐다!

그들은 시체로 살고자 자신을 검은 천으로 감쌌다. 그들의 설교는 역겨운 냄새를 풍긴다. 나는 그들의 발가벗은 몸을 보고 싶다. 오직 아름다움만이 참회를 설교하기 때문이다. 옷을 벗으면, 가장 위대한 인간과 가장 하찮은 인간은 너무 닮았다. 이들은 모두 너무나 인간적이다!"

차라투스트라는 이렇게 말했다.

德스러운 자들에 대하여

德스러운 자들이여, 아직도 德의 대가로 포상을, 삶에 대한 대가로 천국을, 오늘의 대가로 영원을 바라는가? 그러나 포상도 대가도 해 줄 사람이 없다. 이것이 내 가르침이다.

사람들은 사물의 밑바닥에 포상과 형벌[7)]이라는 거짓을 심어놓았다. 밑바닥에 감추어져 있는 것들이 태양 아래 드러나야 한다. 그 정체가 밝혀질 때, 너희의 거짓도 진리에서 떨어져 나갈 것이다. 너희는 **너무 깨끗해서** 대가, 형벌, 보복이라는 더러운 말과 어울리지 않는다.

어머니가 아이를 사랑하듯, 너희는 자신의 德을 가장 사랑한다. 너희의 德은 너희 자신이지 외부에서 온 어떤 피상적인 것이 아니다. 참된 德은 너희 영혼에서 나온 진리이다!

사람들은 자신이 이러저러한 德에 관여하고 있고, 그것에 정통해 있다고 생각한다. 너희는 이런 거짓말쟁이와 바보의 말; 대가, 복수, 형벌, 정의의 심판, 그리고 "비이기적인 행위가 善(good)이다."라는 말에 진저리치기를 바란다.

어머니가 어린아이 속에 있듯 **너희** 자아는 너희 행위 속에 있다. 이것이 **너희** 금언이 되게 하라!

차라투스트라는 이렇게 말했다.

---

7) 형벌은 피해자의 분노에서 행해졌다. 피해자는 가해자의 육체에 온갖 모욕과 고문을 가할 수 있었다. 예컨대 피해물에 상당하는 살을 가해자의 육체에서 도려내기도 했다. 잔혹한 형벌을 봄으로써, 피해자는 쾌감을 얻고, 다른 사람들은 "나는 그렇게 하지 말아야지."라고 기억에 새기는 효과가 있다.

독거미에 대하여

평등의 설교자들이여, 영혼을 어지럽히는 너희는 독거미(tarantulas)요 복수심에 불타는 자이다. 이제 나는 너희의 거미줄을 찢을 것이다. 그러면 너희가 내세우는 "정의"라는 말 뒤에서 복수심이 튀어나올 것이다.

독거미는 말한다. "평등하지 않은 자를 복수하는 것, 이것이 정의다." 평등의 설교자는 구겨진 자부심, 억눌린 질투심 이것들이 복수의 광기가 되어 "평등(equality)"이라는 말로 위장한다.

복수심에서 인간 구원, 이것은 희망에 이르는 다리이며 폭풍우 뒤에 뜨는 무지개다. "인간은 평등하지 않다. 물론 평등해서도 안 된다." 이것이 超人에 대한 내 사랑이다. 위대한 사랑은 더 많은 전쟁과 불평등이 벌어지기를 원한다.

고귀한 자는 삶의 비밀, 곧 아름다움 속에서조차 투쟁과 불평등이 있으며 더 많은 권력을 위한 싸움이 있다는 것을 알고 있다. 둥근 천정과 아치가 서로 맞서고 있는 모습이 얼마나 신성한가. 친구들이여, 우리도 서로에게 당당하고 멋진 적이 되자! 우리도 서로에 맞서서 거룩하게 싸우자![8]

차라투스트라는 이렇게 말했다.

---

8) 니체의 싸움방식: 첫째, 나는 승리하고 있는 것만 공격한다. 둘째, 나는 동료 없이 나 혼자 있는 곳에서만 공격한다. 나 자신만 위태롭게 할 수 있는 곳에서만 공격한다. 셋째, 나는 결코 개인을 공격하지 않는다. 나는 문명의 오류와 그 본능만을 공격했다.
-《이 사람을 보라》-

춤의 노래

어느 저녁 차라투스트라와 제자들이 산책하고 있었다. 초원에서 소녀들이 춤을 추었다. 그를 보자 소녀들은 춤을 멈추었다. 그가 말했다. "경쾌한 자들이여, 춤을 멈추지 말라. 나는 훼방꾼이 아니라, 중력의 영(the spirit of gravity) 앞에서 神[9]을 대변하는 자다. 춤에 맞추어 노래를 부르리라. 중력의 영에게 던지는 춤의 노래이자 조롱의 노래를."[10]

지혜와 삶 그리고 나, 우리 관계는 이러하다. 내가 진심으로 사랑하는 것은 오직 삶(life)뿐이다. 진실로 삶을 미워할 때조차 나는 그것을 가장 사랑한다. 나는 지혜도 좋아한다. 지혜가 삶을 일깨우기 때문이다.[11]

소녀들이 떠나자[12] 그는 생각했다. 차라투스트라여, 너 아직 살았는가? 산다는 것이 어리석은 일이 아닌가?

차라투스트라는 이렇게 말했다.

---

9) 이때 神은 악마의 적대자이다. "神은 죽었다."고 할 때의 神이 아니다.

10) 차라투스트라는 소녀들과 춤추고 싶지만, 아직 극복하지 못한 중력의 영이 그를 가로막았다.

11) 지혜는 삶과 닮았지만, 삶은 아니다. 삶은 사는 것이지 사색의 대상이 아니기 때문이다. 지혜는 삶을 해명하는 동시에 거리를 유지한다.

12) 소녀들은 그냥 춤을 출 뿐 분석의 대상이 되려고 하지는 않는다. 지혜가 소녀들을 쫓아버리자 차라투스트라는 심연 속으로 가라앉는다.

무덤의 노래

내 청춘의 환영들이여! 나는 오늘 죽은 친구처럼 너희를 회상한다.[13] 너희 향기가 내 마음을 풀어주는구나.

나는 여전히 가장 부유한 자이며, 가장 선망 받은 자이다. 가장 고독한 내가 너희를 **소유했었고**, 너희는 아직도 나를 소유하고 있기 때문이다.

너희는 너무 일찍 죽었다. 사람들이 나를 죽이기 위해 너희를 죽였다. 그들은 내 상처에 활을 쏘았으며, 내 꿀을 쓰디쓴 것으로 만들었다. 내 德에도 상처를 입혔다.

그러나 내 영혼은 무덤에서 되살아났다. 내게는 상처를 입힐 수 없고 파묻어 버릴 수도 없는 것, 바위라도 뚫고 나오는 것이 있다. 그것은 바로 내 의지(my will)다.[14]

내 의지는 여전히 살았고 언제나 한결같다.[15] 이 의지는 무덤을 뚫고 나왔다!

차라투스트라는 이렇게 말했다.

---

13) 젊은 시절 차라투스트라가 이루지 못한 모든 꿈과 희망을 말한다.

14) 노자老子 왈, "남을 이기는 자는 힘이 있고 자신을 이기는 자는 강하다. 만족할 때까지 자신과 싸우는 사람은 의지가 있다. 의지한 바를 죽을 때까지 잊지 않는 자는 장수한다." 남을 이기는 사람은 힘[力]이 있지만, 자기자신을 이기는 사람이 참으로 강强하다. 나에게 가장 큰 적은 바로 나 자신이라는 것이다.

-《노자가 묻는다》-

15) 모든 생명체는 결코 소멸할 수 없는 의지를 타고났다.

자기 극복에 대하여

현자들이여, 너희의 열정을 불러일으키는 것이 진리에의 의지(will to truth)인가? 아니다, 그것은 권력의지(will to power)[16]이다. 존재하는 모든 것을 사유 가능한 것으로 만들려는 의지, 이것은 전적으로 네 의지이며 곧 권력의지이다. 善과 惡 그리고 가치평가도 역시 권력의지다.

현자들이여, "너희의 위험과 善惡의 종말은 의지 자체, 곧 권력의지다. 끊임없이 생겨나는 삶의 의지다. 善惡의 이해를 돕기 위해 삶과 존재자의 본성에 대해 말하겠다. 첫째, 모든 생명체는 복종하는 자다. 둘째, 자신에게 복종할 수 없는 자는 다른 자의 명령을 받게 된다. 셋째, 명령하는 것은 복종하기보다 어렵다. 명령자는 복종자의 무거운 짐을 모두 짊어져야 한다. 그리하여 모든 명령에는 시험과 모험이 뒤따른다. 그때마다 명령자는 자기자신을 건다.[17]

모든 생명체는 권력의지다.[18] 심지어 봉사자의 의지 속에

---

16) "권력에의 의지"는 원어 "Wille zur Macht"를 번역한 것이다. 이를 "힘에의 의지"라고도 번역하기도 한다. 권력(Macht)이라는 단어에는 지배, 통치, 착취, 강압, 약탈, 폭력 등의 의미도 포함되어 있기에 이를 살려서 여기서는 권력을 지향하는 "권력에의 의지" 또는 "권력의지"라고 했다.

17) 명령하는 자는 언제나 스스로 생각하고 판단한 후, 자기자신을 걸고 명령한다. 그래서 명령하는 것이 복종하는 것보다 더 어려운 것이다.

18) 세계는 권력의지다. 그 외 아무것도 아니다. 너희 자신도 권력의지이어야 하며 그 외 아무것도 아니다. -《권력의지》-

서도 主人이 되려는 의지가 있다. 약자가 더 약자에게 즐거움과 권력을 누리기 위해 강자에게 봉사하듯, 최고 강자 또한 권력[19]을 유지하고 강화하기 위해 자기를 건다."

삶이 나에게 말했다. "보라, **나는 끊임없이 자기자신을 극복하는** 존재다. 삶이 있는 곳에 의지도 있다, 그것은 삶에의 의지가 아니라 권력의지[20]다."

현자들이여, 불변하는 善·惡은 존재하지 않는다![21] 善·惡은 그 자체 힘으로 끊임없이 자신을 극복한다. 최고선은 창조적 善이다. 그런데 善惡의 창조자가 되기 위해서는 먼저 가치의 파괴자가 되어야 한다. 부서지는 모든 것을 부숴버리자!

차라투스트라는 이렇게 말했다.

---

19) 권력을 결정짓고 폐기하는 것은 권력의 양뿐이다. 오직 권력량에 따라 위계가 결정된다.

20) 목적을 향한 충동, 보다 높은 것을 향한 충동, 보다 먼 것을 향한 충동, 보다 다양한 것을 향한 충동─이것은 모두 하나의 권력의지다.

21) 진리란 진리에 근접하는 일 없이 항상 변화하는 "흐름" 속에 있는 어떤 것이다. 따라서 영원불변한 진리는 없다. -《권력의지》-

숭고한 자들에 대하여

오늘 나는 숭고하고 엄숙한 정신의 참회자를 보았다. 그는 추한 진리로 치장하고 찢어진 옷에는 가시덩굴이 달라붙어 있었다. 그는 어떻게 웃어야 하는지 어떤 것이 아름다움인지 아직 터득하지 못했다.

숭고한 자가 자신의 숭고함에 싫증을 느낄 때 비로소 그의 아름다움이 나타난다. 그는 황소처럼 행동해야 하며, 그의 幸福에는 大地의 냄새를 풍겨야 한다. 그는 지상의 모든 것을 예찬해야 한다! 그는 자신의 영웅적 의지도 잊어야 한다. 그는 숭고한(sublime) 자인 동시에 고양된(elevate) 자가 되어야 한다.

격렬한 의지로 얻어낼 수 없는 것이 아름다움이다. 숭고한 자여, 외적으로 아름다워지고, 내적으로 견고해지는 德을 가지도록 하라. 언젠가 너도 아름다워져야 하며, 자신의 아름다움을 거울[22]에 비춰 보아야 한다. 그때, 네 영혼은 거룩한 욕망으로 전율할 것이다.

차라투스트라는 이렇게 말했다.

22) 내 언행에 대해 다른 사람들이 아름답다고 인정하기 때문에 그것이 아름다운 것이 아니라, 내 견해에서 아름다우면 그것은 아름다운 것이다. 모든 가치 평가는 나를 기준으로 나에서 출발한다.

예언자

“모든 것은 공허하고, 모든 것은 동일하다!” 이 가르침을 듣고 차라투스트라는 3일 동안 마시지도 먹지도 않았다. 그리고 깊은 잠에 빠졌다.[23] 마침내 그가 말했다.

“친구들이여, 내 꿈을 해몽해다오. 꿈속에서 나는 먼지를 뒤집어쓴 채, 납골당에서 관棺을 지키고 있었다. 녹슨 열쇠로 문을 열자 기괴한 새소리가 들리더니 주위는 다시 적막했다. 그러다가 천둥 치듯 문을 두드리는 소리가 3번 났다. 곧 강풍이 문을 열어젖히고 검은 관을 내게 던졌다. 나는 공포에 질려 울다가 깨어났다.”

한 제자가 말했다. “오, 차라투스트라여, 당신이 바로 죽음의 성문을 열어젖힌 광풍입니다. 당신의 웃음이 저들을 깨우쳐 이제 웃음꽃이 관에서 피어날 것입니다. 진정, **저들의 꿈을 꾼 것입니다.** 저들이 당신에게 돌아올 것입니다!”

차라투스트라는 제자들을 찬찬히 살피더니 순간 그 눈빛이 변했다. 그는 힘찬 목소리로 말했다. “좋다! 때가 되었다. 만찬을 준비하라. 이 악몽을 보상하려 하니!”

차라투스트라는 이렇게 말했다.

---

23) 본문 중에 “죽은 듯 쓰러졌다.”, “잠에 빠졌다.”, “멍한 상태가 되었다.” 그리고 “귀머거리가 되었다.” 등은 “명상에 잠겼다”는 의미다. 이러한 과정을 거치면서 변화된(성화聖化) 자로 거듭난다.

구원에 대하여

차라투스트라가 큰 다리[24]를 건너고 있을 때, 장애인들과 거지들이 그를 에워쌌다. 한 곱사(꼽추)가 말했다. "사람들이 당신을 믿게 하려면, 당신은 먼저 우리를 설득해야 한다. 당신은 장님을 눈뜨게 하거나 곱사등을 떼어낼 수도 있을 것이오."[25]

차라투스트라가 말했다. "장님이 눈뜬다면 차마 볼 수 없는 것들을 너무 많이 보게 될 것이고, 곱사에게 혹을 떼어내면, 그의 정신을 빼앗는 것이다. 눈이 하나 없고, 귀 하나 없는 것은 아무 일도 아니다. 더 끔찍한 것은 하나를 너무 많이 가지고 있을 뿐, 다른 모든 것을 거의 갖고 있지 않은 것이다. 예를 들면 하나의 커다란 눈, 하나의 커다란 주둥이 이외에 다른 것들은 너무 작은 장애인이 많다."

제자들을 보며 다시 말했다. "친구들이여, 나는 잘린 수족들과 파편들 사이를 거닐고 있다! 전쟁터나 도축장처럼, 현재에서 과거로 달아나더라도 거기에는 섬뜩한 우연이 있을 뿐 온전한 인간을 볼 수 없었다!

예언자, 의욕하는 자, 창조하는 자, 미래를 잇는 다리, 그

---

24) 다리[橋]는 사다리나 밧줄과 마찬가지로 이쪽과 저쪽을 연결하는 과정적 존재, 극복을 의미하는 은유다.

25) 예수는 앉은뱅이를 일어나게 하고 맹인의 눈을 뜨게 하는 기적을 통해 자신이 그리스도임을 밝혔다. 차라투스트라에게도 자신들을 치유함으로써 존재를 증명하라는 것이다. 차라투스트라는 모든 사람을 일종의 기형적 불구자로 간주한다.

리고 이 다리에 있는 장애인들, 이 모두가 차라투스트라다. 파편이자 수수께끼이며 섬뜩한 우연들, 이것들을 집약하는 것이 내 창작이며 노력이다. 따라서 인간이 수수께끼를 푸는 자가 아니라면, 우연을 구원하는 자가 아니라면, 내가 인간이라는 사실을 어떻게 견디겠는가? 지나간 일을 구원하고 그 모든 '그랬었다.'를 '내가 그렇게 되기를 원했다.'로 바꾸는 것, 이것을 나는 구원이라 부른다.

의지가 시간의 흐름을 꺾을 수 없다[26]는 것이 가장 큰 비애다. 의지는 분노와 불만을 느끼지 않는 것을 복수한다, 시간에 대한 반감, '그랬었다.'에 대한 반감, 이것이 **복수**다. 의지는 더 높은 것을 의욕하는 권력의지다."

이쯤에서 말을 멈추자, 곱사가 말했다. "왜 우리에게는 제자들과 다르게 말하는가?" 차라투스트라가 답했다. "곱사에게 곱사의 방식으로 말하는 것은 당연하다!"

---

26) 시간 앞에서 모든 것이 무화(nothing)된다. 바위를 뚫고 나오는 의지라 할지라도 시간은 그것을 아무것도 아닌 것으로 만들어 버린다.

인간의 실천적 지혜에 대하여

무서운 것은 정상이 아니라 비탈이다! 눈길은 **아래로** 손은 **위로**, 여기서 마음은 현기증을 일으킨다.

내 의지는 인간에게 달라붙고, 한편으로 超人을 향해 위를 지향하고 있다. **그리하여** 나는 인간들 사이에서 그들을 모르는 것처럼 살아가고 있다. 내 손이 확고한 것을 잡고 있다는 믿음을 잃어버리지 않기 위해서다.

온갖 인간이 오가는 성문 옆에서 나는 묻는다. 누가 나를 속이려 하는가? 속지 않는 삶의 실천적 지혜(prudence)[27]는 다음 네 가지다. 첫째, 나는 나를 속이도록 내버려 둔다. 난 사기꾼을 경계하지 않는다. 인간이 배고픔과 갈증으로 죽지 않으려면 어떤 잔으로든 마실 줄 알아야 한다. 인간들 틈에서 깨끗함을 잃지 않으려면 더러운 물로도 씻을 줄 알아야 한다.

둘째, 나는 자부심 강한 자들보다 허영심 많은 자를 더 아낀다. 자부심에 상처를 받으면 더 나은 것이 돋아나지만, 허

---

27) 아리스토텔레스는 지혜를 "실천적 지혜(prudence)"와 "이론적 지혜(sophia, wisdom)"로 구별한다. prudence는 올바른 판단을 하고 올바른 행위를 할 수 있는 지혜, 반면에 sophia는 변화하지 않는 원리를 간파하는 지혜 또는 원리를 보고 현상을 설명할 수 있는 지혜를 말한다. 인간의 욕망이 sophia의 지도를 받으면 prudence가 된다고 해석하는 학자들도 있다. 그러나 니체에 따르면, 변화하지 않는 원리는 존재하지 않는다. 모든 것은 변한다. 변하지 않는 것은 아무것도 없다. 그래서 실천적 지혜가 가장 중요한 것이 된다.

영심에 상처를 받으면 비극이 된다. 삶이 보기 좋은 것이 되려면 삶의 연기를 멋지게 할 좋은 배우가 필요하다. 좋은 배우란 모두 허영심이 많은 자이다,

셋째, 나는 惡을 보는 즐거움을 포기하지 않는다. 말하자면, 태양이 부화시키는 경이로운 것들, 호랑이, 야자나무 그리고 방울뱀을 바라보는 나는 幸福하다. 나는 최상의 자, 최선의 자에게 지쳐서 저들의 **높이**를 뛰어넘어 超人에 이르기를 열망했다! 그때 남국을 향해, 먼 미래를 향해 날아갈 날개가 돋아났다.

넷째, 나도 변장한 채, 멋지게 입고 위엄을 부리는 너희 틈에 앉고 싶다. 내가 너희와 나를 **구분하지 못하게 하려고**. 이것이 나의 마지막 실천적 지혜다.

차라투스트라는 이렇게 말했다.

가장 고요한 시간

친구들이여, 이제 나는 떠나련다, **너희를 두고**! 차라투스트라는 마지못해 다시 한 번 고독[28] 속으로 돌아가야 한다. 이제 모든 것을 말하지 않을 수 없구나!

어젯밤 **가장 고요한 시간**이 내게 말했다. "**차라투스트라여, 넌 그것을 알고 있지?** 자신을 숨기지 말고 네 말을 하라. 그리고는 파멸하라! 산을 옮기는 자는 골짜기와 낮은 지대도 함께 옮기게 된다. 너는 명령을 내리는 자다. 위대한 일을 하는 것은 어려운 일이지만 위대한 것을 명령하는 것은 더 어려운 일이다."

나는 대답했다. "지금까지 내 말은 어떤 산도 옮기지 못했고, 사람들의 마음에 이르지 못했다. 내게는 명령에 어울리는 사자의 목소리가 없다."

무언가가 내게 다시 속삭였다. "폭풍을 일으키는 것은 가장 조용한 말이다. 비둘기 걸음으로 찾아오는 사상,[29] 그것이 세계를 움직인다. 너는 앞으로 출현해야 할 자의 그림자

---

28) 모든 것을 무화無化하는 시간 앞에서, 차라투스트라는 자신의 부족함을 체감하고 다시 철저한 고독 속으로 자신의 동굴로 돌아온다. 사람들에게 벗어나 그는 침묵과 고독의 세계에서 오롯이 자신의 존재와 마주하는 시간을 향유한다.

29) 가장 고요한 시간은 차라투스트라로 하여금 자신을 돌아보게 하여, 자신을 긍정할 것인지 부정하고 극복해 나갈 것인지를 결정하게 한다. 이 결정은 차라투스트라의 가장 깊은 심연에서 나오는 것이기에. 이를 위해 그에게 고독의 시간이 필요하다.

로서 주어진 길을 걸어가야 한다. 그렇게 되면 너는 명령하는 자가 될 것이다.

너는 어린아이가 되어야 하며 수치심에서 벗어나야 한다.

아, 차라투스트라여, 네 열매는 무르익었으나 너는 그것을 수확할 만큼 익지 않았구나!" 그것은 웃으며 사라졌다. 그러자 주위는 다시 조용해졌다.

친구들이여, 이제 내가 왜 고독으로 돌아가야 하는지 알겠지. 내게는 아직 너희에게 줄 것이 있건만!

말을 마치자 차라투스트라는 작별을 안타까워하며 슬피 울었다. 밤이 되자 그는 홀로 길을 떠났다.

4. 차라투스트라의 가르침 Ⅲ부

내가 진심으로 사랑하는 것은 오직 삶뿐이다.
진실로 삶을 미워할 때조차 나는 그것을 가장 사랑한다.
나는 지혜도 좋아한다. 지혜가 삶을 일깨우기 때문이다.
지혜와 삶은 매우 닮았다.

-춤의 노래, Ⅱ부-

방랑자

한밤중에 차라투스트라는 산등성이를 넘었다. 반대편 幸福의 섬들(the blessed isles)에서 출항하는 배를 타기 위해서였다. 그는 지난날을 생각하며 마음으로 말했다.

"어떤 운명이 오더라도 나는 방랑과 등산을 계속 할 것이다. 인간은 결국 자신을 체험할 뿐이다. 내게 우연한 일들이 일어날 수 있는 때는 지나갔다. 지금 일어나는 일 중에 내 일이 아닌 것이 없다. 그것은 끝내 내게 되돌아올 뿐이다.

이제 나는 마지막 정상 앞에 서 있다. 가장 험한 길을 따라 외로운 방랑(wander)[1]을, 위대함에 이르는 내 길을 간다! 돌아갈 길이 없다는 것이 나에게 최후의 용기를 불러일으킨다! 네 머리를 딛고 네 심장을 뛰어넘어 가리라!

자기자신을 지나치게 아끼는 자는 결국 병들고 만다. **많은 것을** 보기 위해서는 자기자신을 **외면할 줄도** 알아야 한다. 위로 더 위로! 나 자신과 내 별[2]마저도 내려다볼 수 있는 경

---

1) 차라투스트라는 처음부터 마지막까지 떠나는 삶, 즉 어떤 가치에도 구속되지 않고 끊임없이 새로운 자아를 찾아 이동하는 노마디즘(nomadism)적 삶이다. 니체는 일생을 한곳에 머물지 못하고 계속해서 방랑한다. -심지어 국적까지도 없다.- 그 과정에서 그는 글을 쓰면서 자기자신을 정립해 나간다. 니체의 분신인 차라투스트라 역시 한곳에 정체하지 않는다. 삶은 태어나서 죽어가는 여행길이다.

2) 별은 우리 안에 내재한 변화의 가능성을 실현해나가는 새로운 의미의 삶을 말한다. 자기 내면의 별을 탄생시키기 위해서는 자신에게 경멸스러운 점을 긍정하고 극복해 나가야 한다.

지, 그것이 내 정상이다!"

정상 아래로 바다가 펼쳐져 있었다. 그는 슬픈 어조로 말했다. "운명이여! 바다여! 나 이제 너희에게 **내려**가야 한다! 가장 깊은 고통 속으로, 검고 검은 밀물 속으로! 나 각오하고 있다. 가장 높은 것은 가장 깊은 것에서 나와 그 높이에 도달해야 한다."

이렇게 말하면서 차라투스트라는 자신을 비웃었다. 그러다가 떠나온 친구들 생각에 비통하게 울었다.[3)]

3) Ⅲ부는 차라투스트라의 방랑에서 시작하여 마지막 장 <일곱 개의 봉인>에서 생명 탄생의 기쁨과 영원에 대한 찬미로 끝난다. 그 사이에 차라투스트라가 풀어야 할 '시간時間'에 대한 문제가 거론되고, 이 문제를 풀기 위해 Ⅱ부 끝에서 그는 다시 자신의 동굴로 돌아간다. 문제를 해결하려면, 강인한 힘과 굳센 용기가 필요하기 때문이다. Ⅲ부는 사건의 발달과 전개를 거쳐 절정에 해당하는 《차라투스트라》의 핵심 부분이다.

환영과 수수께끼에 대하여

1.

뱃사람 사이에서 차라투스트라가 배를 탔다는 소문이 퍼졌다. 하지만 그는 슬픔으로 2일 동안 벙어리가 되었으며 귀머거리가 되었다. 드디어 그가 말하기 시작했다. 그가 본 수수께끼(riddle)를, 가장 고독한 자의 환영(vision)을.[4]

최근에 나는 험한 산길을 홀로 걷고 있었다. 말없이 위를 향해. 그때, 난쟁이이자 절름발이인 중력의 영(the spirit of gravity)[5]이 내 귀에 속삭였다. "오, 차라투스트라여, 지혜의 돌이여, 너는 너 자신을 너무 높이 던졌다. 던져진 돌은 다시 **네 머리** 위로 떨어지고 말 것을!"

나는 오르고 또 올랐다. 그러나 모든 것에 짓눌려 고통에 지친 나는 병자와 같았다. 그러나 내 안에 용기가 말했다. "난쟁이여!, 너인가 나인가!" 인간은 용기 덕분에 모든 동물을 극복할 수 있었으며 모든 고통까지도 이겨냈다.

용기는 최고의 살해자이다. 용기는 가장 깊은 심연인 동정도 죽인다. 삶을 깊이 보는 것만큼 인간은 고통도 깊이 본다. "그것이 삶이었던가?, 좋다! 그렇다면 다시 한번!"이라고 말함으로써 용기는 죽음조차 죽인다.[6]

---

4) <환영과 수수께끼에 대하여>는 이 책의 핵심이라고 할 수 있는 영원회귀를 엄밀하게 설명하고 있다. 니체는 《즐거운 학문》에서 이 단장과 유사하게 영원회귀를 언급했다.

5) 중력으로 인해 만물이 아래로 떨어지듯이, 중력의 영으로 인해 인간은 나락으로 떨어진다. 인간이 중력의 영靈에서 해방되어야 비로소 자유로운 인간, 창조적 인간으로 거듭날 수 있다.

2.

나는 말했다. "난쟁이여!, 우리 중 더 강한 자는 나다. 너는 내 심연의 사상을 감당하지 못한다!" 그때 난쟁이가 내 어깨에서 뛰어내렸다. 우리가 멈춘 곳에는 문(門, gateway)이 있었다.

나는 말을 이었다. "이 문을 보라! 난쟁이여! 이 문은 두 개의 얼굴을 갖고 여기서 만나고 있다. 뒤에 있는 이 길, 그것은 영원(eternity)으로 이어진다. 그리고 앞에 있는 저 길, 그것은 다른 영원으로 이른다. 상반된 두 길은 '순간(Moment)'이라는 이 문에서 만난다."

난쟁이가 중얼거렸다. "모든 직선은 우리를 속인다. 모든 진리는 곡선이며 시간 자체도 하나의 원(circle)이다."

나는 화를 내며 말했다. "중력의 영이여! 보라, 이 순간을! 이 문에서 영원한 길이 **뒤쪽으로** 뻗어 있다. 하나의 영원이 우리 뒤에 있다. 달릴 수 있는 모든 것이 언젠가 이 길을 이미 달려야 했지 않았겠는가? 모든 것이 이미 일어났고, 행해졌고, 지나가야 했지 않았겠는가?

이 문門 역시 이미 존재했었음이 분명하지 않은가? 모든 것은 굳게 묶여 있어서, 여기 순간은 오고 있는 모든 것을 끌어당기고 있지 않은가? **그리하여** 이 순간은 자신마저도

---

6) 운명애運命愛란 이 순간의 삶이 "다시 한번" 반복되기를 원할 만큼 삶에 충실한 태도를 의미한다. 니체는 말한다. "인간의 위대함에 대한 내 정식은 운명애다. 그것은 앞으로도, 뒤로도, 영원토록 다르게 되기를 원하지 않는다는 것, 필연적인 것을 단순히 감당하기만 하는 것이 아니고, 은폐는 더더욱 하지 않으며 오히려 그것을 사랑하는 것이다." -《이 사람을 보라》-

끌어당기고 있지 않은가? 달릴 수 있는 것, 그것은 이 길을 앞쪽으로 언젠가 달려가야만 하기 때문이다!

달빛에 기어 다니는 이 거미와 달빛 그리고 너와 나 이 모든 것은 이미 여기 존재했음이 분명하지 않은가? 그리고 또한 모든 것은 영원히 되돌아올 수밖에 없지 않은가?"[7)]

나는 내 생각이 무서워졌다. 적막한 달빛 아래 홀로 있는데, 개의 울부짖음이 들렸다. **거기에 어떤 사람이 누워 있었다!** 옆에서 개가 처절하게 **울부짖었다.** 그런 울부짖음을 난 들은 적이 없다. 참으로 기괴한 광경이었다.

한 목동이 숨을 헐떡이며 심한 경련을 일으키고 있었다. 그의 입에 검고 무거운 뱀[8)]이 매달려 있었다. 나는 뱀을 힘껏 잡아당겼다. 그러나 헛수고였다! 그때 내 안에서 "물어뜯어라! 대가리를 물어뜯어라!"라는 소리가 들렸다.

목동은 뱀을 단숨에 물었다! 그는 뱀의 대가리를 뱉어버리고 벌떡 일어났다. 이제 인간이 아닌, 변화된 자, 빛에 둘러싸인 자[9)]가 되어 **웃고 있었다!**

차라투스트라는 이렇게 말했다.

---

7) 영원회귀, "모든 것이 영원히 순환한다."는 이 사상은 1881년 8월에 산책하던 중 갑자기 떠올랐다고 니체는 자서전에서 밝히고 있다.

8) 목동의 목구멍을 막아버린 검은 뱀은 극단적 허무주의를 상징한다.

9) 목동이 영원회귀 사상을 깨닫자 거룩한 변화(transfiguration)가 일어난 것이다. 가령 예수가 높은 산에서 모습이 변하여, 얼굴과 옷은 해처럼 빛났다(마태오복음 17:2). 이것이 거룩한 변화이다.

의지에 반하는 幸福에 대하여

이러한 수수께끼와 비통함을 품은 채, 차라투스트라는 항해를 계속했다. 幸福(blissed)의 섬을 떠난 지 4일째 되던 날, 그는 운명을 밟고 섰다. 기쁨에 찬 차라투스트라가 말했다.

"오, 삶의 오후여![10] 이제 모든 빛이 **幸福에 겨워** 더욱 고요해졌다. 창조하는 자는 길동무와 **자신의** 희망을 이룰 어린 아이들을 먼저 창조하지 않으면 안 된다. 자신의 아이들을 위해 차라투스트라는 자기자신을 완성해야 한다. 인간은 자신의 어린아이와 자신의 과업을 사랑하기 때문이다. 사랑은 잉태의 징조다.

기름진 토양에서 내 아이들이 바람에 흔들리며 자라고 있다. 나무들이 어우러져 있는 곳, 거기에 幸福의 섬들이 **있다!** 때가 되면 그 나무들을 따로 심을 생각이다. 그러면 굽힐 줄 모르는 삶의 등대로서, 옹이로 울퉁불퉁하고 휘어진 채 유연하면서도 굳세게 바닷가에 서 있어야 한다.

각각의 나무가 내 혈통인지, 끈질긴 의지의 主人인지, 말할 때도 과묵한지, 주면서도 받는다고[11] 생각할 만큼 마음이

---

10) 차라투스트라가 친구를 처음 만난 것도 오후였고 또다시 만난 것도 오후였다. 찬란한 오전의 빛과 달리, 오후의 빛은 고요한 침묵 속으로 가라앉는 그런 시간이다.

11) 불교 신자에게 최고의 덕목은 보시布施다. 그런데 보시하고서 보시했다고 자랑한다면, 그것은 하지 않는 것만 못하다고 한다. 보시했다는 생각에서 벗어나야 참으로 보시한 것이다.

넉넉한지 검증되어야 한다. 다시 말해 언젠가 길동무가 되고, 차라투스트라와 함께 창조하고 축제를 벌이는 자, 내 의지를 내 서판에 써넣을 자가 될 수 있는지 확인해야 한다.

그러한 자를 위해 나는 **나 자신을** 완성해야 한다. 그리하여 마지막 시험과 검증을 위해 온갖 불행不幸에 나를 던진다. 참으로 내가 떠나야 할 시간이 되었다. 더없이 고요한 시간이 "때가 무르익었다!"라고 말했다.

심연의 사상이여! 이제까지 난 너를 **올라오라고** 부른 적이 없었다. 네 무게가 두려웠기 때문이다. 언젠가 널 감당

할 강한 힘과 사자의 목소리[12]를 찾을 것이다! 그때까지 나는 바다를 표류하게 될 것이다. 가장 깊은 고통을 감내할 각오가 되어있다. 그런데 의지에 반反하는 幸福(happiness)[13]이 나를 쫓아왔다!

---

12) 새로운 창조를 위해 自由를 쟁취하고 의무에 대해 당당하게 '아니오'라고 말할 수 있기 위해서는 사자가 필요하다.

13) 머리말에서 "차라투스트라가 비록 幸福을 추구하지는 않았지만, 자신의 과업에 몰입하다 보니 幸福이 엿청처럼 달라붙어 도무지 떨어지지 않는다."라고 한 것과 같은 맥락이다.

왜소하게 만드는 德에 대하여

1.

육지에 오른 차라투스트라는 동굴에 가지 않고 여기저기를 탐색했다. 그동안 **사람들에게** 무슨 일이 일어났는지 궁금했다. 그는 새로 지은 집들을 보며 상심한 듯 말했다.

"모든 것이 더욱 작아졌구나! 이 집에 들어가려면 허리를 굽혀야 한다. **소인배들 앞에서** 허리를 굽힐 필요가 없는 고향으로 언제 돌아가려나?" 그날 차라투스트라는 "왜소하게 만드는 德(virtue that makes small)"에 대해 말했다.

2.

그들은 내 이야기를 하지만 누구도 내 말을 듣지는 않는다. 그들의 관심사는 한 가지뿐이다. 누구로부터 고통받지 않는 것. 그래서 서로 곁눈질하며 둥글둥글 잘 지낸다. 그들의 德은 겸손하고 양순해지는 것이다. 그들은 이것을 순종이라 하지만 그것은 **비겁함**이다. 그들은 늑대를 개로, 인간을 가장 순한 가축으로 만들었다. 그들은 이것을 중용(moderation)이라 부르지만, 이것은 어정쩡한 중간치(mediocrity)일 뿐이다. **왜소하게 하는 德과 幸福에 대한 가르침이 그들을 점점 더 그렇게 만든다.**

3.

나는 군중 사이로 많은 말을 떨어뜨리지만, 그들은 그것을 주워 담을 줄 모른다. 그들에게 내 말을 들을 귀가 없다. 그들에게 귀가 있다면 나는 이렇게 설교할 것이다.

"**나는** 神을 믿지 않는 **차라투스트라**다! 자신의 의지에 순종하면서도 그 어떤 순종도 거부하는 자는 모두 나와 같은 자다.

왜소한 도덕군자들이여, 너희 토양은 너무 부드럽고 공손하구나! 나무가 **크게** 자라려면 바위를 뚫고 뿌리를 깊게 내려야 한다. 너희는 어정쩡한 의욕을 버리고 단호하게 결정하라! 너희가 원하는 것을 언제든 행하라. 하지만 그보다 먼저 **원할 줄 아는** 자가 되어야 한다![14] 이웃을 너 자신처럼 사랑하라. 하지만 먼저 **자기자신을 사랑하는** 자가 되어라![15]

나는 군중의 선구자요 수탉의 울음소리다. 가까이에 있다. **위대한 정오가**!"[16]

차라투스트라는 이렇게 말했다.

---

14) 인간은 자신이 진실로 무엇을 원하는지 알아야, 그것을 위해 노력할 수 있고 그 과정에서 幸福을 얻을 수 있다.

15) 예수는 무한하고 순수한 자기희생적인 사랑, 아가페(Agape)를 실천했으며, "이웃을 너 자신처럼 사랑하라. 이보다 더 큰 계명은 없다."라고 하며 "이웃 사랑"을 강조했다. 반면 차라투스트라는 "자기 사랑"을 모든 사랑의 출발점으로 간주했다.

16) 정오는 하루 중 그림자가 가장 짧아지는 순간, 밝은 햇볕 아래 만물이 가장 잘 드러나는 시각으로 오류의 종언이며 인류의 정점이다. 위대한 정오란 인간이 짐승과 超人 사이에 걸린 밧줄에서 超人을 향해 자신의 길을 찾아가는 축하하며 찬양할 때이다.

스쳐 지나감에 대하여

여러 마을을 거쳐서, 차라투스트라는 산속 동굴로 돌아왔다. 그런데 대도시 성문 앞에서 "차라투스트라의 원숭이"[17] 라고 불리는 바보가 두 팔을 벌린 채 그에게 달려왔다. 그는 말했다.

"차라투스트라여, 여기는 대도시(the great city)[18]입니다. 여기서 당신은 모든 것을 잃어버릴 것입니다. 억눌린 영혼, 옹색한 가슴, 날카로운 눈이 있는 이곳에 침을 뱉고 돌아가십시오!"

차라투스트라가 답했다. "제발 그만! 너는 내게 경고하면서 어찌하여 너 자신에게는 경고하지 않는가? 너는 투덜댈 구실을 찾기 위해 이 오물더미에 주저앉아 있구나. 너뿐 아니라 이 대도시도 역겹다. 더는 사랑할 수 없는 곳이라면 **스쳐 지나가야**(pass by) **한다**!"

차라투스트라는 이 바보와 대도시를 스쳐 지나갔다.

---

17) 차라투스트라의 어투를 모방하고 그의 지혜를 즐겨 빌려 썼기 때문에 "차라투스트라의 원숭이"라 불리지만, 차라투스트라는 그를 "나의 투덜대는 돼지"라고 부른다. 그의 투덜거림은 차라투스트라의 예찬까지 욕되게 한다.

18) 이 부분은 예수가 올리브 산에서 대도시 예루살렘으로 들어가는 대목과 같다. 대도시는 시정잡배가 모여드는 곳으로 온갖 향락과 추문 그리고 惡德이 난무하는 곳이다. 이런 곳을 얼른 지나가 버리지 않으면 희생양이 될 수밖에 없다.

귀향

너, 내 **고향** 고독이여! 너 이제 고향(home)에 와 있다. 여기서는 무슨 말이든 다 할 수 있다. 그 어느 하나 부끄러울 것이 없다. 진정으로 만물과 터놓고 이야기를 나눈다면, 만물의 귀에는 그것이 칭찬처럼 들릴 것이다!

오, 고독이여! 어찌 그리 다정한 목소리로 말하는가! 우리는 서로를 묻지도 탓하지도 않는다. 단지 활짝 열린 문을 통해 우리는 자유롭게 왕래한다. 여기에서는 존재의 말이 활짝 열린다. 모든 존재가 말이 되기를 원하며, 모든 생성이 내게서 말하는 법을 배우고자 한다.[19]

그러나 저 아래에서는 모든 말이 헛되다! 온갖 것이 말을 해대지만 제대로 듣는 것은 아무것도 없다. 거기서는 그냥 지나가는 것이 최선의 지혜다. **그것을** 나는 이제 배웠다.

사람은 산 위에 살아야 한다, 복 받은 내 코는 산의 自由를 호흡한다. 마침내 내 코는 인간의 악취에서 구원받았다! 내 영혼은 **재채기하고** 환성을 지른다. 건강하시오![20]

차라투스트라는 이렇게 말했다.

---

19) 김춘수의 꽃: "내가 그의 이름을 불러주기 전에는/ 그는 다만/ 하나의 몸짓에 지나지 않았다."/ 인간과 사물의 관계에서 의미를 부여하기 전에는 별거 아니지만, 꽃이라 이름을 불렀을 때 비로소 꽃이 된다. 모든 사물은 언어를 떠나서는 존재할 수 없다.

20) 일생 동안 니체는 생사의 갈림길에 서 있었다. 그래서 그는 건강에 유난히 관심이 많았으며, 건강을 축원하는 것은 그에게 최대의 축원이 된다.

세 가지 惡에 대하여

1.

오늘 꿈속에서 나는 세계를 저울질했다. 세계는 황금 사과가 내 손에 쥐어져 있듯 그렇게 내게 주어졌다. 어중간한 사람들이 사악하다는 이 세계가 내게는 좋은 것이었다.

나는 가장 나쁜 3惡(evil)을 인간의 관점에서 저울질한다. **육욕**, **지배욕**, **이기심**, 이것은 이제까지 가장 비난받고 왜곡되어왔다.

2.

육욕(sex): 자유로운 영혼에는 순결한 것이며 지상의 幸福이자 미래가 현재에 보내는 고마움이다. 한편 시들어 버린 자에게는 독(poison)이지만, 의지를 가진 자에게는 훌륭한 강장제다.

지배욕(the lust to rule): 잔인한 자에게는 채찍이며 무시무시한 고문이다. 그 앞에서 인간은 머리를 조아리고 노예처럼 일하고 돼지보다 더 비굴해진다.

고귀한 자[21)]에게는 어떤 **병적 욕망**도 탐욕도 없다. 그가 아래로 내려와 권력을 탐하더라도 그것은 높은 곳의 바람을 낮은 곳으로 불러 내리기 위한 것이며, 이것을 차라투스트라

---

21) 고귀한 영혼은 자기자신에 대한 경외심을 가지고 있다. 그것은 자신에 대한 근본적인 확신이며, 구할 수도 찾을 수도 없으며 잃어버릴 수도 없는 그 무엇이다. -《善惡을 넘어서》-
고귀한 자는 자기자신을 경애敬愛하기에 자신의 품격과 어울리지 않는 비천한 짓거리를 하지 않는다.

는 "베푸는 德"이라 부른다.

이기심(selfishness): 고귀한 육체에 부합하는 힘찬 영혼에서, 아름답고 생기있는 영혼에서 솟아나는 이기심을 차라투스트라는 복된 것으로 찬양했다. 진정 처음으로! 몸과 영혼의 자기 희열이 자신을 "德"이라 한다. 자기 희열은 경멸스러운 모든 것을 추방한다. 나쁜 것, **그것은 비겁함이다**!

자기 희열은 "모든 것이 헛되다!"라고 탄식하는 지혜, 지나치게 불신하는 지혜, 비굴하고 쉽게 영합하는 지혜를 경멸한다. 이것은 비겁한 영혼의 특성이다. 한편 쓸데없이 걱정하는 자, 작은 이익을 챙기는 자, 자신을 지키지 않는 자, 사악한 시선을 삼키는 자, 참고 견디는 자, 모든 일에 만족하는 자를 혐오하고 역겨움을 느낀다. 그것은 노예의 근성이기 때문이다. 참된 이기심[22]은 노예의 근성에 침을 뱉는다!

이기심을 학대하는 것, "자기를 버리는 것", 그것은 노예의 德이자 사이비 현자의 장난질이다. 자아(ego)를 건전하고 신성하다고 말하는 자, 이기심을 복되다고 말하는 자가 말한다. "**보라, 가까이 와 있다. 위대한 정오가**"

차라투스트라는 이렇게 말했다.

---

22) 모든 생명체는 이기적이다. 그 덕분에 생존을 유지할 수 있고 더 커나갈 수 있다. 따라서 인간은, 이기적이지 않은 생명체는 없다는 사실을 인정하고 그것이 당연하다고 용기 있게 말함으로써, 건강한 인격자로 거듭날 수 있다. 크게 보면 가장 이기적인 사람이 가장 이타적인 사람이다.

중력의 영에 대하여

1.

내 입은 군중의 입이며, 내 손은 바보의 손이다. 그리고 내 발은 말[馬]의 발이다. 어떤 장애에도 거침없이 질주할 때면 나는 미친 듯 즐겁다.

내 위장은 새의 위장이다. 깨끗한 것을 조금 먹고 언제든 날아갈 준비를 하는 것, 중력의 영(the spirit of gravity)[23]과 철천지원수가 되는 것, 그것이 새의 천성이다.

2.

인간에게 나는 법을 가르치는 자는 이 大地에 "가벼운 것(the light one)"이라는 이름으로 세례를 베풀 것이다. 인간에게 大地와 삶은 무겁다. 중력의 영이 그러길 **바란다**!

인간은 온전하고 건강한 사랑으로 자기자신을 사랑하는 법을 배워야 한다. 자기자신을 참고 견뎌내기 위해 그리고 방황하는 일이 없도록.[24] 자신을 사랑하는 법을 **배우는 것**은 오늘이나 내일을 위한 계명이 아니다. 이것은 모든 기술 가운데 가장 섬세하고 교묘하며 가장 큰 인내를 요구하는 궁극적 기술이다.[25]

---

23) 중력의 영은 모든 사물을 나락으로 떨어뜨리며, 우리 자신의 고유한 춤을 출 수 없도록 조장하는 심신의 무거움을 상징한다.

24) 자신을 잃고 방황하는 것이 "이웃 사랑"이라는 세례명으로 불린다. 이 말은 지금까지 사람들을 가장 많이 속여 왔고 가장 심한 위선을 저질렀다. -《차라투스트라》-

25) 노자老子 왈, "자신의 몸을 천하만큼 귀하게 여기는 사람에게 천하를 맡길 수 있고, 자신의 몸을 천하만큼 사랑하는 사람에게 천

중력의 정령은 사람들이 "그렇다, 삶은 감당하기가 무거운 짐이다!"라고 말하게 만든다. 인간이 낯선 것을 너무 많이 짊어지기 때문이다. 특히 공경하고 두려워하는 자는 **타인의** 말과 가치를 견딜 수 없을 만큼 짊어진다. 그 때문에 삶이 사막처럼 보인다. 인간은 **자기자신의 것**도 많이 짊어지기 힘들다!

인간은 발견하기 어려우며 특히 자기자신에게는 가장 어려운 일이다.[26] 중력의 영이 그렇게 만들었다. 자기를 발견하는 자는 "이것이 **내** 善이고 **내** 惡"이라고 말한다. 그렇게 말함으로써 "만인의 善과 만인의 惡"을 지껄이는 두더지와 난쟁이의 입을 막는다. 매사에 만족하는 자를 나는 좋아하지 않는다. "나(I)", "그렇다(yes)"와 "아니다(no)"를 말할 줄 아는 반항적이며 까다로운 혀와 위장을 나는 존경한다.

나는 다양한 길과 방법으로 내 진리에 이르렀다. 나는 길 자체를 물어보고 시험해 보았다. 그 시도와 물음이 내 행로였다. 인간은 질문을 던지고[27] 대답하는 법도 **배워야** 한다!

하를 부탁할 수 있다." -《도덕경》-

2500년 전, 노자도 인간이 자신을 제대로 사랑하고 귀하게 여기는 기술은 천하를 얻을 만큼 중요하고 모든 사랑의 출발점이며 가장 궁극의 기술이라고 했다.

26) 인간은 자기자신에게 가장 먼 이방인이다. 자기자신에게 전혀 관심이 없기 때문이다. 인간은 오직 집에 가지고 갈 그 무엇에만 관심을 쏟는다. -《도덕의 계보》-

27) "질문을 던진다."는 것은 "철학을 한다."는 말이다. 질문한다는 것은 대답하는 것보다 더 궁극적 일이다. 죽을 때까지 답을 찾지 못하더라도, 질문한다는 것은 그 자체로 의미있는 일이다. 질문하고 그것에 대해 생각할 때, 인간은 참으로 인간다운 삶을 사는 것이다. "배부른 돼지보다 배고픈 소크라테스가 되는 것이 더 낫

모두가 가야 하는 **그런** 길은 존재하지 않는다![28]

차라투스트라는 이렇게 말했다.

다." -J. S. 밀-

28) 인간은 각자가 자신의 길을 개척하여 자신의 고유한 길을 만들어야 가야 한다. 각각이 갈 길은 다 다르다. 그 길은 오직 개개인이 개척해 나가는 것이다.

헌 서판과 새 서판에 대하여[29)]

1.

헌 서판(Old tablets)[30)]과 새(New) 서판에 둘러싸인 채, 나는 때를 기다리고 있다. 나는 다시 인간에게 가고 싶다. 웃는 사자가 때를 알려줄 것이다. 그동안 나는 내게 이야기를 한다.

2.

사람들은 善惡을 잘 알고 있다고 생각한다. 그러나 창조하는 자가 아니라면, 무엇이 善이고 무엇이 惡인지 **그 누구도 알지 못한다!**[31)]

자연적인 내 동경은 화살이 되어 뜨거운 남쪽으로, 神들[32)]이 춤추는 곳으로 날아갔다. 그곳에서 神들은 서로 반박

---

29) 니체가 밝히기를, 〈헌 서판과 새 서판에 대하여〉라는 《차라투스트라》의 결정적 부분은 기차역에서부터 무어인의 바위 성城까지 힘들게 오르는 동안 쓰였다. -《이 사람을 보라》-

30) 헌 서판에는 선악善惡·진위眞僞가 무엇인지 적혀 있다. 도덕군자, 은자, 우울한 현자 설교자들은 헌 서판에 적어 놓고 자부심을 느끼며 그 안에서 영원히 머물고자 한다. 하지만 그들은 악취를 풍기며 죽어가는 자들이다.

31) 이분법적 사고에 따르면, 부유하고 귀함[부귀富貴]을 좋아하면 상반되는 가난하고 비천함[빈천貧賤]을 싫어하고 배척하기 쉽다. 그러나 상반되어 보이는 것까지 끌어안을 수 있을 때, 사람의 정신세계는 진정 풍요로워진다. 善과 惡, 좋음과 나쁨, 안과 밖 등은 크게 보면 상반된 것이 아니다. 그것은 마치 뫼비우스의 띠(Meobius Srip)와 같이 앞뒤가 서로 구분되지 않는 것이다.
-《노자가 묻는다》-

하고 귀 기울이고, 다시 하나가 된다. 동시에 중력의 영이 만든 것; 강제, 규정, 목적, 善과 惡을 다시 발견했다. 그곳에서,

3.

내가 "超人"을 알게 된 것도, 인간은 극복되어야 할 존재라는 것을 알게 된 것도 그곳에서였다. 인간은 목적(end)이 아니라 다리(bridge)[33]라는 것을 그곳에서 알았다.

나는 사람들에게 **과거에 존재했던** 것들을 창조를 통해 구제할 것을 가르쳤다. 이제 나는 내 구제를 기다리고 있다. 마지막으로 저들에게 돌아가기를. 태양처럼 차라투스트라도 내려가고자 한다.

4.

보라, 여기에 새 서판이 있다. 나와 함께 이 서판을 육신의 심장 속으로 날라 줄 형제들은 어디에 있는가?

위대한 사랑은 요구한다. '**네 이웃을 보살피지 말라**! 이웃 틈에서도 너 자신을 극복하라.'

---

32) 自由롭고 지극히 인간적인 그리스의 神들을 말한다.

33) 인간에게 위대한 점이 있다면 그것은 그가 목적이 아니라 하나의 다리[橋]라는 점이다. 인간에게 사랑받아 마땅한 점이 있다면, 그것은 그가 하나의 과정이요 몰락이라는 점이다.

-《차라투스트라》-

神의 죽음을 깨달은 인간은 이제 새로운 가치를 창조하는 자, 실험정신의 소유자, 자유로운 사상가가 되어야 한다. 비록 건너가지 못하는 한이 있더라도 건너가다가 떨어지는 한이 있더라도 용기를 갖고 다리를 건너야 한다. 인간이 용기를 갖고 시도하는 것 자체가 자신을 극복하는 것이요 超人이 되어가는 길이다.

5.

고귀한 영혼(a noble soul)은 **거저** 얻으려고 하지 않는다.[34] 특히 삶을, 반면 천박한 것들(the mob)은 거저 살려고 한다.

6.

참되기(to be true), 소수의 인간만이 **그럴 수 있다! 善하다는 자들은 진리를 말하는 법이 없다**. 善한 자들은 남을 따라 말하고 남의 말에 복종한다. 그러나 **자기자신에게는 귀 기울이지 않는다.**[35]

진리가 태어나려면, 善한 자들이 말하는 惡도 섞여야 한다. 모험, 불신, 부정, 권태 **이런 것들**이 모여 진리가 태어났다! 부숴버려라, 부숴버려라, 헌 서판을!

7.

한때는 누구도 "만물은 유전한다."[36]고 믿지 않았다. 바보

---

34) 노예근성을 가진 천박한 영혼의 소유자는 스스로 노력하지 않고 거저 얻으려고 한다. 그러면 인간은 점점 천박해질 수밖에 없다.

35) 현재의 자기자신을 숙명처럼 받아들이는 것, "다른" 자기자신을 원하지 않는 것, 이것이 바로 위대한 인간의 특성이다. -《이 사람을 보라》-

하지만 보통 인간은 자기자신에게 관심이 없어 자신이 진실로 원하는 것이 무엇인지도 모른 채 살아간다. 인간은 너무 바빠서 자신에게 귀를 기울일 시간이 없는 것이다.

36) 고대 그리스의 철학자, 헤라클레이토스는 말했다. "만물은 유전한다(panta rhei). 모든 것은 강물이 흘러가듯이 끊임없이 변화한다. 그래서 인간은 같은 강물에 두 번 들어갈 수 없다." 두 번째 들어갈 때는 사람도 강물도 이미 변했기 때문이다. 니체는, 만물

는 말한다. "'善과 惡'과 같은 최고의 가치는 고정되어 있다!"

8.

형제들이여, 나는 너희를 새로운 귀족으로 임명한다. 너희는 미래를 잉태하고 가꾸는 자가 되어야 한다. 너희가 어디서 왔는가가 아니라 어디로 가는가를 명예로 삼아라! 자신을 넘어서려는 너희의 의지와 발을 명예로 삼아라! 뒤쪽이 아니라 **저 앞쪽을** 응시하라! 그리하여 지난날을 구제하라![37]

9.

이 세계에는 많은 오물이 있다. 그렇다고 해서 세계 자체가 오물인 것은 아니다! 오물 속에도 지혜가 담겨 있다.[38] 가장 훌륭한 자에게도 극복되어야 할 그 무엇이 있다.

10.

삶은 즐거움의 샘이다. 새로운 것을 배우고 깨달음, 그것은 의욕하는 자에게 즐거움이 된다. "모든 것은 무의미하다! 의욕하지 마라." 이것은 노예가 되라는 설교다.[39] 그러나 의

이 끊임없이 생성변화한다는 헤라클레이토스의 제자이기를 자처했다.

37) 이미 지나가 버려서 어찌할 수 없는 과거에 집착하지 말고, 준비할 수 있고 대처할 수 있는 미래를 응시하며 오직 현재를 살아라. 현재를 충실하게 사는 것이 과거를 구제할 수 있는 길이다.

38) 다른 산山에 나는 거친 돌이라도 내 옥玉을 가는 데 유용하게 사용될 수 있다. 즉 다른 사람의 하찮은 언행이라도 자신의 지덕智德을 가꾸는 데 도움이 된다. 타산지석他山之石. -《시경》-

39) 노예는 오직 主人의 명령에 복종할 뿐, 스스로 생각하거나 의욕

욕은 인간을 자유롭게 한다. 의욕은 곧 창조다.

11.

저기, 광대한 무(the great nothing)로 갈 나룻배가 있다.[40] 아무도 저 죽음의 배를 타고 싶지 않을 것이다. 그렇다면 어찌하여 너희는 **세계에 지친 자**이고자 하는가! 이 땅은 아직 여인의 젖가슴처럼 유용하고 유쾌하다. 이 땅을 유쾌하게 달릴 생각이 없다면, 너희는 사라져야 한다!

12.

너희가 나와 함께 오르려거든 기생충이 따라붙지 않도록 조심하라! 기생충은 병들고 상처 난 부위에 달라붙어 산다. 상승하는 영혼이 지치는 지점을 알아내는 것, **그것이** 기생충의 재주다. 기생충[41]은 원망과 불만 속에 그리고 고귀한 자의 가장 약한 곳에 둥지를 튼다.

13.

용감한 무사는 칼을 잘 쓸 뿐 아니라 **누구를** 벨 것인지 정확히 안다! 때로는 자신을 억제하는 데에 더 큰 용기가 필요하다. 그것은 품격 있는 적을 위해 힘을 이끼는 것이다!

해서도 안 된다. 노예는 당한다. 그래서 삶이 더욱 고통스럽다. 主人은 스스로 한다. 자발적으로 생각하고 결정한다.

40) 그리스 신화에서, 사람이 죽어서 저승세계로 들어가려면 망각의 강인 레테의 강을 건너야 한다. 죽은 이가 레테의 강물을 마시면 살아생전의 모든 기억을 지우고 저승세계에 들어서게 된다.

41) 기생충은 영양을 공급하는 숙주宿主가 없으면 살 수 없다.

적을 자랑스럽게 생각하고 존경할 줄도 알아야 한다.[42)]

14.

춤추지 않는 날은 없었던 날로 치자![43)] 웃음을 주지 못하는 진리는 거짓으로 간주하자!

15.

형제들이여! 누가 인류 미래를 가장 위협하는가? 善한 자와 정의로운 자가 아닌가? 그들은 창조하는 자를 증오하여, 헌 서판을 부수면 범죄로 간주한다. 그들은 새로운 가치를 새 서판에 써넣은 자를, 인류 미래를 십자가에 못 박는다! 부숴버려라, 善하고 정의로운 자들을 부숴버려라!

16.

"넌 어떻게 이리도 단단한가? 우리는 가까운 친척이 아닌가?" 숯이 말했다. "넌 어떻게 이리도 연약한가?" 다이아몬드가 말했다. **나는** 너희에게 묻는다. 너희는 내 형제가 아닌가? 어찌하여 너희 가슴에는 그렇게도 많은 부정과 불만이 들어있는가? 창조하는 자, 고귀한 자는 단단하다. 형제들이

42) 인간의 과업은 심혈을 쏟아부어야만 이겨낼 수 있는 그러한 적수를 찾아내는 일이다. 적을 밑으로 내려다본다면, 싸움을 할 수 없다. 자신과 동등한 자 또는 그 이상인 자, 그리고 승리하고 있는 자만이 적수가 될 수 있다. 이런 적수와 혼자서 싸워야 하며 결코 개인을 공격해서는 안 된다. -《이 사람을 보라》-

43) 춤을 춘다는 것은 자기 안에 있는 自由와 의지를 통해 고유한 삶의 의미를 창조한다는 의미다. 춤을 춘다는 것은 超人이 되기에는 아직 부족할지라도 자신의 삶을 스스로 창조한다는 의미다.

여, 내가 새 서판을 내건다. **단단하게 되어라**!

17.

내 의지여! **내** 필연이여! 하찮은 승리로부터 나를 지켜다오! 위대한 정오를 맞이하여 나 준비되어 있기를, 성숙해 있기를. 의지여, 고난의 전환이여, 위대한 승리를 위해 나를 아껴다오![44]

차라투스트라는 이렇게 말했다.

---

44) 시냇물은 흘러가다가 돌덩어리를 만나면 싸우지 않고 조용히 돌아서 간다. 시냇물은 저 아래에 있는 논에 벼가 자라도록 물을 대어야 하기 때문이다.

회복되고 있는 자

1.

어느 아침, 차라투스트라는 미친 듯 소리쳤다. 그러자 그의 짐승들이 달려왔고 다른 짐승들은 달아났다. 그는 말했다. "심연의 사상이여, 깨어나라! 네 눈에서 졸음과 어리석음을 씻어내라! 神을 부정하는 차라투스트라가, 삶의 대변자, 둥근 고리의 대변자인 내가, 너 심연의 사상을 부른다!"

2.

갑자기 차라투스트라는 죽은 자처럼 꼼짝도 하지 않았다. 7일간 그는 먹지도 마시지도 않았다. 마침내 일어나 장미 향을 음미하는 그를 보자 그의 짐승들이 말했다.

"오, 차라투스트라여, 동굴 밖으로 나가보시라! 세계가 당신을 기다리고 있다! 모든 것은 가고, 모든 것은 되돌아온다. 존재의 바퀴는 영원히 굴러간다. 모든 것은 죽고 새롭게 꽃피운다. 모든 것은 부서지고, 새롭게 결합한다. 존재의 바퀴는 영원히 자신에게 충실하다. 존재는 모든 순간에 시작된다. 중심은 어디에나 있다. 영원의 길은 굽어 있다."

차라투스트라가 웃으며 말했다. "너희는 아는가? 7일 동안 내게 무슨 일이 일어났는지를,[45] 저 괴물이 목구멍으로 들어와 나를 어떻게 질식시켰는지를! 나는 그것을 물어뜯어 뱉느라 지치고 나 자신을 구제하느라 병들었다. **그런데 너희**

---

45) 하느님이 세계를 창조하는 데 7일이 필요했다. 차라투스트라도 지난 일들을 달성하는 데 7일이 걸렸다.

는 이 모든 일을 그저 보고만 있었는가? 너희도 인간들처럼 잔인하구나.

인간에 대한 크나큰 권태, 그것이 내 목을 졸랐고, 목구멍으로 들어왔다. 너희를 지치게 하는 인간, 왜소한 인간은 영원히 되돌아온다. 가장 위대한 인간과 가장 왜소한 인간은 너무나 닮았다. 가장 위대한 인간조차 너무나 인간적이었다. 아, 역겹다! 역겹다!"

"회복되고 있는 자여!, 더는 말하지 말라." 그의 짐승들이 말했다. "차라리 밖으로 나가자. 새들에게 **노래하는 법**을 배울 수 있다! 새로운 노래로 당신의 영혼을 치유하라.

오, 차라투스트라여, 당신은 **영원회귀를 가르치는 선생**이다. 이것이 **당신의** 운명이다!

당신은 이렇게 말하리라. '이제 나는 죽어 사라진다. 내 영혼도 육체와 같이 죽게 된다. 그러나 내가 얽혀 있는 원인의 매듭이 회귀하여 다시 나를 창조하리라. 나는 다시 온다. 이 태양과 大地, 이 독수리와 뱀과 함께.[46] 그러나 새로운 삶이나 더 나은 삶으로 **다시 오는 것이 아니다**.[47]

---

46) 독수리는 커다란 원을 그리며 하늘을 날며 지배하는 自由와 권위를 상징한다. 뱀은 온몸을 땅에 밀착하여 움직이다가 땅속으로 들어가 大地 그 자체가 되어버린다. 한편 뱀이 똬리를 틀면 머리와 꼬리, 달리 말해 처음과 끝이 서로 연결되어 순환 형식이 되는 것으로, 원형은 삶과 죽음을 넘어선 "영원성"을 상징한다. 차라투스트라의 여정은 처음부터 끝까지 최고의 자긍심과 영리함을 상징하는 동물들을 동반자로 삼았다.

47) 영원회귀를 긍정한다는 의미는, 어떤 것이 멋지고 善하기 때문에 되돌아오는 것이 아니라, 가장 하찮은 것·가장 추악한 것까지도 포함하여, 모든 것이 영원히 회귀한다는 사실을 인정하는 것이다.

나는 최대의 것에도 최소의 것에도 같고 똑같은 삶으로 영원히 되돌아오는 것이다. 영원회귀를 가르치기 위해. 위대한 大地와 위대한 인간의 정오를 전하기 위해, 超人을 알리기 위해서다. 나는 예고자로서 파멸의 길을 가는 것이다! 이렇게 차라투스트라의 몰락은 **끝난다**.'"48)

차라투스트라는 눈을 감고 자신의 영혼과 이야기했다.

즉 그 회귀 속에 있는 그대로의 자신과 세계를 동시에 긍정하는 것이다. 그래서 영원회귀 사상을 일반적으로 도달할 수 있는 "최고의 긍정형식"이라고 한다.

48) <회복되고 있는 자>에서 이 책의 핵심사상인 영원회귀를 한 번 더 말하고는 차라투스트라의 가르침은 여기서 실질적으로 끝난다. ※앞서 <환영과 수수께끼에 대하여>에서도 영원회귀를 말했다.

위대한 동경에 대하여

오, 영혼이여, 난 너에게 "언젠가"와 "이전에"처럼 "오늘"을 말하도록 그리고 여기와 저기 또 거기를 넘어서 춤추도록 가르쳤다. 나는 너에게서 먼지와 거미줄 그리고 그을음을 닦아내고, 태양 앞에 벌거벗은 채 나서도록 설득했다.

영혼이여, 나는 너에게 폭풍우처럼 "아니다(No)"라고 말하고, 맑게 갠 하늘처럼 "그렇다(Yes)"라고 말할 수 있는 권리를 주었다. 그리고 자유를 되돌려 주었다.

영혼이여, 나는 너에게 복종과 굴종 그리고 "주여!"라고 부르는 말을 빼앗았다. 그리고는 너를 "운명", "고난의 전환", "시간의 탯줄", "하늘색 종鐘"이라 이름 불렀다. 탄식과 눈물을 참는 것은 네 선의다. 너는 고통을 쏟아내기보다는 차라리 미소를 지어라. 울지 않으려면 너는 노래해야만 한다.

오 영혼이여, 나는 너에게 내 모든 것을 다 주었다. 그래서 내 손은 텅 비어 있다, **내가 노래하라고 명한 것,** 그것이 마지막 것이었다! 노래하라, 노래하라![49]

차라투스트라는 이렇게 말했다.

---

49) 차라투스트라가 인간에게 요구하는 과제는, 세계가 불합리하다 할지라도, 그래서 삶이 고통스럽다 할지라도 "노래하고 춤춰라."라는 것이다. 인간은 끊임없이 자신을 극복하는 존재이기에 이 과제가 힘들기는 하겠지만 그래도 수행할 수 있다는 것이다.

또 다른 춤의 노래

1.

"오, 삶이여, 너의 눈이 황금처럼 반짝이자, 내 심장은 환희로 멈추었다. 네가 가까이하면 두렵고, 멀리하면 사랑한다. 널 위해 내 어떤 괴로움을 마다했던가!

누가 너를 미워하지 않았던가. 속박자이자 유혹자이고 탐구자이자 발견자인 너, 위대한 여인을! 누가 너를 사랑하지 않았던가. 순진무구하고 참을성 없고 바람처럼 날렵하고 어린아이의 눈을 가진 죄 많은 여인을!

장난꾸러기여, 지금 나를 어디로 끌고 가는가? 그리고는 내게서 달아나는구나. 어디 있는가? 내게 손을 달라! 손가락 하나만이라도!

온순한 양치기로 있는 것에 나는 지쳤다! 너 마녀여, 지금까지 내가 너를 위해 노래했으니, 이제 네가 나를 위해 춤추고 노래해야 한다! 내 채찍 소리에 맞춰서."

2.

그러자 삶이 대답했다. "오, 차라투스트라여! 제발 채찍을 휘두르지 말라! 너는 알고 있다. 소란이 사상을 죽인다는 것을, 방금 멋진 사상이 떠올랐다.

우리는 善惡을 넘어서 아지트를 찾았다. 그러니 사이좋게 지내야 한다! 내가 너에게 호의적임을 너는 알고 있다. 그러나 너는 네가 말한 만큼 나를 사랑하지 않았다. 나는 알고 있다. 네가 곧 내 곁을 떠난다는 것을"

우리는 서로를 바라보며 함께 울었다. 그때 삶은 이전의 내 모든 지혜보다 더 사랑스러웠다.

차라투스트라는 이렇게 말했다.

3.

“**하나!**, 세계는 깊다.
둘!, 낮이 생각한 것보다 더 깊다.
셋!, 세계의 아픔은 깊다.
넷!, 기쁨은, 마음의 고통보다 더 깊다.
다섯!, 아픔은 말한다. ‘사라져라!’
여섯!, 그러나 모든 기쁨은 영원을 원한다.
일곱!, 깊디깊은 영원을 원한다!”

일곱 개의 봉인(The Yes and Amen Song)

1.

내가 예언자이고, 과거와 미래 사이를 먹구름처럼 떠도는 저 예언자적 정신으로 충만하다면, 그리고 어두운 가슴속에 구원의 햇살을 준비하면서 "그렇다!"라고 말하고 "그렇다!"라고 웃어주는 번개를 잉태한다면, 이렇게 잉태한 자는 복이 있도다!

2.

모든 무거운 것이 가벼워지고, 모든 육체는 춤추는 자가 되고, 모든 정신이 새가 되는 것, 그것이 나의 알파요, 오메가이다![50]

3.

일찍이 내가 내 날개로 내 하늘을 날았더라면, 내 자유에 새의 지혜가 찾아들었더라면. 새의 지혜는 말한다.

"보라, 위도 아래도 없다! 너 자신을 던져보아라, 사방으로, 저 멀리로, 뒤로, 너 가벼운 자여! 노래하라! 더는 말하지 말고!" 말은 무거운 자들을 위해 만들어진 것이 아닌가?

오, 내가 어찌 영원을, 반지 중 반지인 결혼반지를, 저 회

---

50) 그리스의 첫 문자 알파(A/α)와 끝 문자 오메가(Ω/ω)는 최초와 최후, 다시 말해 "모두", "영원"이라는 의미를 띠고 있다.
주 하느님이 이르시되 나는 알파와 오메가라 이제도 있고 전에도 있었고 장차 올 자요 전능한 자라 하시더라.(요한계시록 1:8)

귀의 반지를 갈망하지 않을 수 있겠는가! 나는 이제껏 내 아이를 낳아줄 여자를 찾지 못했다. 내가 사랑하는 이 여자 말고는. 너를 사랑하기 때문이다. 오, 영원이여![51]

너를 사랑하기 때문이다. 오, 영원이여![52]

51) 이 단장은 텍스트에서는 7개의 작은 단장으로 구성되어 있다. 7개의 단장에 마지막 단락마다 "오, 내가 어찌 영원을… 너를 사랑하기 때문이다. 오, 영원이여!" 후렴구가 붙는다.

52) Ⅲ부의 마지막 단장은 《성경》 중 〈요한묵시록〉에 묘사된 "7개의 봉인과 7개의 나팔"을 패러디한 것이다. 천사들이 7개의 나팔을 불 때마다 봉인이 하나씩 개봉되어 기적이 일어난다. 창조의 완성에 대해 차라투스트라가 "7개의 봉인" 혹은 다른 제목인 "Ja와 Amen"으로 응답하는 구조다. 그래서 텍스트 《차라투스트라》가 내용적・형식적으로 여기에서 끝을 맺는 듯하다. 사실 《차라투스트라》의 Ⅳ부는 나중에 덧붙여졌다. 예민한 독자라면 Ⅳ부가 앞의 내용과 형식 면에서 조금 다르다고 느낄 수도 있다.

5. 차라투스트라의 가르침 Ⅳ부

참되기, 소수의 인간만이 그럴 수 있다!
善하다는 자들은 진리를 말하는 법이 없다.
善한 자들은 남을 따라 말하고 남의 말에 복종한다.
그러나 자기자신에게는 귀 기울이지 않는다.
하나의 진리가 태어나려면,
善한 자들이 惡이라고 간주하는 모든 것이 함께 섞여야 한다.
대단한 모험, 오랜 불신, 매정한 거부, 권태 이런 것들이 모여
진리가 태어난다!
부숴버려라, 부숴버려라, 헌 서판을!

-헌 서판과 새 서판에 대하여, Ⅲ부-

꿀 공양

차라투스트라의 영혼 위로 달이 가고 해가 갔다. 그의 머리고 백발이 되었다. 어느 날 차라투스트라가 동굴 앞 커다란 돌[1] 위에 앉아 심연 너머 바다를 내려다보고 있었다.

그때 그의 짐승들이 다가와 말했다. "오, 차라투스트라여, 그대는 幸福을 기다리고 있는가?" 차라투스트라가 웃으며 대답했다. "오래전부터 나는 幸福에 뜻을 두지 않았다. 난 내게 주어진 과업(my work)에 뜻을 두고 있다. 그렇지만 너희도 알다시피, 幸福이 내게 역청처럼 녹아내려 도무지 떨어지지 않는다. 그런데 오늘, 난 너희의 조언에 따라 높은 산에 올라 꿀을 공양하려 한다."

꼭대기에 오르자, 함께 온 짐승들을 돌려보내고 차라투스트라는 혼자가 되었다. 그는 마음껏 웃으며 이렇게 말했다.

"꿀 공양(sacrifice)은 구실일 뿐이다. 여기서 난 좀 더 자유롭게 말할 수 있다. 공양하다니! 천 개의 손을 갖고 낭비하는 내가 선물까지 아낌없이 내놓는 터에. 내 어찌 공양한다고 말할 수 있겠는가!

세계는 알록달록한 물고기와 바닷게로 가득 찬 바다, 神들

---

1) Ⅳ부는 "동굴 앞 커다란 돌"에서 시작하고 같은 곳에서 마무리된다. 차라투스트라는 바다가 내려다보이는 그 커다란 돌 위에 앉아 생각에 잠기곤 했다. 복음서는 예수의 "무덤 입구를 막아둔 그 돌이 이미 굴려져 있었다. 그것은 매우 커다란 돌이었다."고 한다(마르코복음 16:04.) 차라투스트라의 "동굴 앞 커다란 돌"은 이 예수의 "무덤을 막아둔 돌"을 패러디했다.

조차 그물을 던져보고 싶은 바다와 같다. 특히 인간의 바다가 그렇다. **이 바다를 향해** 황금의 낚싯줄을 던지며 말한다. '열려라, 너 심연이여!' 나 오늘 최상의 미끼로 진귀한 사람의 물고기를 낚는다!

이를 위해 나는 내 幸福까지도 사방팔방으로 내던진다. 내 낚싯바늘에 걸려 **내** 높이로 올라오지 않을 수 없을 때까지. 난 원래 잡아당기고 끌어올리는 **어부**, 일찍이 '있는 그대로의 네가 되어라!'[2]고 말한 예언자, 양육자다.

오늘 내 운명은 언젠가 와야 할 위대하고 먼 인간 제국, 차라투스트라의 천년왕국[3]이다. 아무리 멀어도. 나, 두 발로 이 땅 위에 굳건히 서 있을 뿐이다.

낚싯바늘이여! 검은 비탄의 배(belly)를 물어라! 내 주위는 어찌 그리 많은 바다가 있으며 그리도 환한 사람의 미래가 있는가!"

---

2) 니체는 고대 그리스 시인, 핀다로스(Pindaros)의 경구(Become such as you are.)를 즐겨 인용한다. "자기 본연의 모습을 찾아가는 것", 달리 말해 "자기자신이 되어가는 것", 이것이 니체의 과업이다. 어떤 위대한 사람이 아닌, 가장 자연스러운 나[我], 가장 나다운 나로서 살아갈 때 삶이 풍요로워진다.

3) 콘(Norman Cohn)에 따르면, 천년왕국에서 구원은 천상에서가 아니라 지상에서 실현된다. 천년왕국이 초자연적인 것의 도움을 받아 이루어진다고 하더라도, 준비과정에서 인간이 적극적이고 중요한 역할을 할 수 있다. -《한국가톨릭 대사전》 10권-

절박한 외침

다음 날도 차라투스트라는 동굴 앞 커다란 돌 위에 앉아 있었다. 그때 낯선 그림자를 보고 그는 깜짝 놀랐다. "모든 것은 같다. 아무 소용없다. 세계는 의미가 없다."라고 가르쳤던 권태의 예언자였다. 두 사람은 서로를 알아보고 악수했다.

예언자가 말했다. "오, 차라투스트라여, 당신은 이 높은 산에 너무 오래 있었다. 당신은 저 심연에서 올라오는 소리를 듣지 못했는가?" 그때 길고 긴 외침이 들려왔다.

차라투스트라가 말했다. "저것은 인간의 절박한 외침(the cry of distress)이다. 하지만 그것이 나와 무슨 상관인가! 너는 내 마지막 죄를 알고 있지 않은가?"

"**동정이다**!" 예언자는 벅찬 가슴으로 대답했다. "난 당신을 마지막 죄로 유혹하기 위해 왔다." 또다시 그 외침이 들렸다. 한층 더 길고 절박하게, 예언자가 외쳤다. "**더 높은 인간**이 당신을 부르고 있다. '때가 왔다.'라고,"

두려움에 떨며 차라투스트라가 소리쳤다. "더 높은 인간(the higher man)이라니? **그자가** 원하는 것이 무엇이지?"

그러자 예언자가 서글픈 목소리로 대답했다. "당신은 幸福해 보이지 않구나. 당신을 찾아 이 높은 곳에 오른 사람도 幸福의 광맥을 발견하지 못할 것이다. 幸福의 섬들은 없다!"

차라투스트라는 다시 밝아진 마음으로 확신에 차 말했다. "아니다! 아니다! 세 번을 말하지만, 아니다![4] 幸福의 섬들은 여전히 있다.

그런데 누구라도 내 영역에서 해를 입어서는 안 된다! 그 더 높은 인간이 사나운 짐승에게 쫓기고 있는지도 모른다. 난 그를 찾아봐야겠다. 그동안 너는 내 동굴에 가서 꿀을 먹어라. 내 동굴에 있는 것은 내 손님의 것이기도 하다!"[5)]

차라투스트라는 이렇게 말했다.

---

4) 이런 강한 부정은 Ⅳ부에서 정확히 3번 사용된다. <가장 추악한 자>와 <환영 인사>에서 "아니다(No)!"를 세 번씩 부인하고 있다. 이것은 예수가 베드로에게 "오늘 밤 닭이 두 번 울기 전에 너는 '세 번'이나 나를 '모른다(No)!'라고 할 것이다."라고 말한 상황(마르코복음 14:30)을 패러디한 것이다.
5) 영어에서 "Make yourself at home."(내 집에서 "당신 집에 있듯이 편히 쉬세요.")라는 말은 손님에 대한 최고의 대접이다. 차라투스트라는 여기서 한 걸음 더 나아가 '내 집에 있는 모든 것은 당신이 마음껏 먹고 마셔도 된다.'고 한 것이다.

왕들과의 대화

1.

차라투스트라가 가다가 숲에서 이상한 행렬을 보았다. 왕관을 쓴 왕 두 명이 나귀 한 마리를 앞세우고 왔다.

오른편 왕이 말했다. “우리는 바른 예절과 상류사회를 피해 달아나고 있지 않은가? 황금으로 요란하게 치장한 천민과 함께 살기보다는 은둔자나 양치기와 사는 것이 낫다.

오늘날 농부는 최선의 존재다. 거칠고 고집 센 건강한 농부가 가장 고귀한 종족이다, 농부가 主人이 되어야 한다! 그러나 여기는 천민의 제국이다. 썩고 거짓이고, 존중할 줄도 모르는 천민과 잡동사니로부터 우리는 달아나고 있다.

남의 비위를 맞추며 추근대는 개들 사이에서 왕인 우리도 사이비가 되고 말았다. 천민의 제국에서 으뜸인 **척하다니**! 아, 역겹다! 역겹다! 역겹다!” 다른 왕이 말했다. “그 역겨움이 도지고 말았구나.”

이쯤에서 차라투스트라가 왕들에게 말문을 열었다. “왕들이여, 나는 너희의 말을 즐겨 듣는 자, 차라투스트라다. 여기는 **내** 영토다. 내 제국에서 무얼 찾고 있는가? 오는 길에 **내가** 찾고 있는 더 높은 인간들을 **만나지 않았는가**.”

이 말에 왕들은 한목소리로 말했다. “우리도 더 높은 인간을 찾아 길을 떠났다. 이 나귀[6]를 그에게 바칠 것이다. 최고

---

6) 왕들의 이 나귀는 더 높은 인간들에게 바치는 희생물이 아니라, <나귀의 축제>에서 경배의 대상으로 둔갑한다. 지금까지의 의지처인 神들이 사라지자 어리석은 인간들은 나귀라도 경배하고자 한다.

인간이 최고 지배자가 되어야 한다. 그렇지 않다면, 그보다 더 가혹한 불행은 없을 것이다.”

왕들의 말에 매료되어 차라투스트라는 시를 읊었다.

“기원 첫해의 일이었을 것이다.
슬픈 일이도다. 일이 이렇게 빗나가다니!,
타락이다! 타락이다!
로마가 사창가로 전락하고 말았구나.
로마 황제는 가축이 되고 神은 유대인이 되었다.”

2.

이 시에 감동하여 왕들이 말했다. “우리가 차라투스트라를 찾아 나선 일이 얼마나 잘한 일인가! 우리는 ‘긴 평화보다 짧은 평화를!’이라고 가르치는 당신 말을 **들어야 한다**!”

차라투스트라가 응답했다. “저기에 내 동굴이 있다. 왕들이 거기서 기다린다면 동굴에게 영광이 될 것이다. 오늘은 기나긴 저녁이 되리라! 그러나 지금은 절박한 외침이 있어 나는 가야 한다.”

차라투스트라는 이렇게 말했다.

거머리

그리고 나서 차라투스트라는 늪지대를 지나 더 깊이 들어갔다. 생각에 잠겨 걷다가 그가 누군가를 밟고 말았다. 느닷없이 비명과 욕지거리가 날아들었다. 그는 놀라 지팡이로 그것을 후려쳤다.

피를 흘리고 있는 사내에게 차라투스트라는 말했다. “용서하라, 여기 내 영토에서는 누구도 해를 입어서는 안 된다. 나는 마땅히 나다. 나는 나를 차라투스트라라고 부른다.[7] 내 집에 가서 상처를 치료하지 않겠는가?”

차라투스트라의 이름을 듣자 밟힌 자는 외쳤다. “이 삶에서 누가 나에게 신경 쓰겠는가? 차라투스트라와 내 피를 빨아먹고 사는 거머리를 제외한다면. 나는 정신의 양심을 가진 자다.

많은 것을 어중간하게 알기보다는 차라리 아무것도 모르는 것이 낫다! 다른 사람의 판단에 힘입어 현자가 되기보다는 차라리 자신의 주먹을 믿는 바보가 되어라! 나는 거머리의 뇌를 마지막까지 파고들었다. 나는 이 한 가지를 위해 다른 모든 것을 내던졌다. 그리하여 내 지식 바로 곁에 내 무지가 자리를 잡고 있다. 어중간한 정신과 모호하고 몽상적인 모든 것이 나를 역겹게 한다.[8]

---

7) 예수는 제자들에게 자신을 소개할 때, 다른 설명 없이 “바로 나다.” 하며(루카복음 24:39) 자신의 손발을 보여준다. 예수는 자신을 밝혀야 할 때, 다른 설명 없이 단순히 “나다.”(요한복음 18:5) 또는 “나는 바로 나다.”(요한복음 8:24)라고 말할 뿐이다.

차라투스트라여, 당신은 말했다. '정신은 스스로 삶 속으로 파고드는 삶이다.' 당신의 가르침 덕분에 나는 내 피로 내 지식을 키웠다."

차라투스트라가 그의 말을 막았다. 그의 팔에는 여전히 거머리가 들러붙어 피를 빨고 있었기 때문이다. "너는 오늘 밤 내 손님이 되지 않겠는가! 너를 밟았으니 그 육체에 보상하고 싶다. 하지만 지금은 절박한 외침이 나를 부른다."

차라투스트라는 이렇게 말했다.

---

8) 차라투스트라가 과거의 모든 것을 긍정하고 정당화하며 구제하기에 이르자, 인간에 대한 엄청난 구토도 극복할 수 있었다.

마술사

바위 뒤에서 어떤 이가 미친 듯 사지를 뒤틀더니 쓰러졌다. 잠시 후 그는 애처롭게 한탄했다.

> 누가 나를 따뜻하게 하는가? 뜨거운 손을 다오!
> 나, 잔인한 사냥꾼의 화살에 맞았노라.
> 당신은 죽일 생각도 없이 고문만 되풀이하는가?
> 인간의 고통을 즐기는 미지의 神이여!

차라투스트라가 지팡이로 한탄하는 자를 내려치며 소리쳤다. "그만하라! 새빨간 거짓말쟁이여, 네 말은 진짜가 아니다. 네 입에 들러붙은 구역질만 진짜다." 그가 슬프게 말했다. "내 연기가 나도 역겹다. 나는 **위대하지** 않지만, 위대함을 추구했다.[9] 모든 것이 거짓말, 내 파멸만 **진짜**다!"

차라투스트라가 침울하게 말했다. "솔직한 고백, 그것이야말로 네 최선이다. 이 순간만큼 넌 진짜다. 근데 넌 무엇을 찾고 있었지?" 마술사는 답했다. "난 진실한 자, 단순명료한 자, 지혜로운 자, **차라투스트라를 찾고 있다.**"

침묵 후, 그가 마술사의 손을 잡고 말했다. "좋다! 저기 내 동굴이 있다. 무엇이 위대하고 왜소한지를 누가 **알겠는가**!"

차라투스트라는 이렇게 말하고는 가던 길을 재촉했다.

---

9) 자신의 성실성과 결부되지 않는다면, 어떤 위대한 것도 나는 인정할 수 없다. -A. 까뮈-

실직

마술사와 헤어진 후, 차라투스트라는 창백하고 검은 옷을 입은 한 사내를 보았다. 그가 달려와 말했다. "길을 잃은 늙은이를 도와주시오! 나는 섬길 主人을 잃은 실직자[10)]라오. 그런데도 난 자유롭지 못하며, 도무지 즐겁지 않다오."

차라투스트라가 교황의 손을 잡고 말했다. "난 神을 믿지 않는 차라투스트라다. 나보다 더 神을 믿지 않는 자가 있다면, 기꺼이 그의 가르침을 받으리라. 그런데 네가 섬겼던 神은 음흉하고 교활한 神이었다. 그는 인간을 즐겨 심판했다. 그러나 참된 사랑은 보답과 징벌을 초월한다.[11)] 그는 복수심에서 지옥을 만들었으나 의지가 약해진 어느 날 동정심 때문에 죽었다. 神은 없는 편이 더 낫다. 스스로 운명을 개척해 나가는 편이 낫다. 스스로 神이 되는 편이 낫다!"

늙은 교황이 말했다. "오, 차라투스트라여, 스스로 경건하구나! 그 정직함이 당신을 善惡의 피안으로 데려가리라! 나를 손님으로 맞아주오. 당신 곁보다 더 편한 곳이 없다."

"아멘!" 차라투스트라가 말했다. "저기 내 동굴이 있다. 너를 직접 안내하고 싶지만 절박한 외침이 나를 부른다."

차라투스트라는 이렇게 말했다.

---

10) 섬겨야 할 神이 죽음으로 인해, 교황이 일자리를 잃었다.
11) 니체에 따르면, 善하기 때문에 상을 주고 惡하기 때문에 벌을 주는 조건적 사랑은 참된 사랑이 아니다.

가장 추악한 자

차라투스트라는 산과 숲을 살폈지만, 그 절규자를 찾을 수 없었다. 한참을 가다 보니 자신도 모르게 맹수도 피해 가는 죽음의 왕국에 들어섰다. 거기에는 말로 표현할 수 없이 흉측한 인간과 비슷한 것이 길가에 앉아 있었다.

차라투스트라는 수치심에 얼굴을 붉히며 그곳을 떠나려 했지만, 그것이 기이한 소리로 말했다. "자부심 강한 차라투스트라여! 수수께끼를 풀어라. **목격자에 대한 복수는** 무엇인가? **내가** 누구인지 말하라!"

그러자 차라투스트라는 통나무처럼 쓰러졌다. **동정심이 그를 엄습한 것이다.** 다시 일어난 차라투스트라가 큰소리로 대답했다. "**넌 神의 살해자다!** 그리하여 넌 **너를** 본 자를 **견뎌내지** 못했다. 가장 추악한 자여!"

추악한 자가 응답했다. "난 안다. 神의 살해자가 어떤 기분인지 당신이 알고 있다는 것을. 이제 **당신이** 내 마지막 피난처다. 난 당신이 얼굴을 붉히는 것을 보고 차라투스트라라는 것을 알았다. 그 수치심이 나를 **영광**스럽게 했다!

사람들은 나에게 적선하며 동정했을 것이다. 하지만 난 너무도 **풍부하다.** 돕지 않는 것이 돕는 것보다 더 고귀한 德이다. 하지만 소인배는 동정을 德 자체라고 부른다. 당신이 말했다. '창조자는 냉혹하며, 위대한 사랑은 동정을 넘어선다.' 당신도 동정을 조심하라고 자신에게 경고하라!

아무튼 神은 죽어야 **마땅했다.** 그는 인간의 치욕과 추악함을 남김없이 보았다. 지나치게 호기심 많고 주제넘은 자, 동정심 많은 이 자는 죽어야 했다. 모든 것을, **인간까지도** 보았던 神, 인간은 그 목격자가 살아있음을 견디지 못한다."

차라투스트라가 말했다. "자신을 추방한 자여, 사람들 틈에 그리고 동정 속에 살고 싶지 않다면, 나처럼 행동하라! 오직 행동하는 자만이 배운다.[12] 우선 내 동굴로 가서 긍지 높고 영리한 내 짐승들과 이야기하라. 그들이 우리의 올바른 조언자가 되리라!"

차라투스트라는 홀로 걸으며 생각했다. "인간이란 얼마나 가련한가! 저 사람은 자신을 크게 사랑하는 자이며 크게 경멸하는 자이다. 어쩌면 저 사람이 절규자, 더 높은 인간이 아닐까? 나는 위대한 경멸자를 사랑한다. 그러나 인간은 극복되어야 할 그 무엇이다."

---

12) 니체는 기존의 사고와 달리 이성보다는 감성을, 정신보다는 육체를, 사유보다는 행동을 더 높이 평가할 뿐 아니라, 전자는 후자의 일부이며 후자의 지배를 받는 것으로 간주한다.

자발적으로 거지가 된 자

그와 헤어진 후 차라투스트라의 영혼에 따뜻한 숨결이 와 닿았다. 저 언덕 암소들에게 善을 설교하는 자가 있었다. 차라투스트라가 물었다. "넌 여기서 무엇을 찾고 있는가?"

"나도 당신이 찾는 것, 지상의 幸福을 찾고 있다. 우리는 암소에게 되새김질을 배워야 한다. 오늘날 사람의 입과 눈은 **역겨움**으로 가득하다. 당신은 그 역겨움을 극복한 차라투스트라다." 그는[13] 기뻐서 눈물을 흘렸다.

그의 애정 어린 몸짓을 제지하며 차라투스트라가 말했다. "넌 너의 재산과 충만을 베풀기 위해 가난한 자에게 갔다가 암소에게로 도망 온 자가 아닌가. 제대로 주는 것이 제대로 받는 것보다 얼마나 더 어려운가를 배웠을 것이다. 베푸는 것은 일종의 예술이며 장인(master)의 비결이다."

"천민 풍으로 방자해진 오늘날, 위에도 천민, 아래에도 천민!" 그가 숨을 헐떡이며 말했다.

"네 냉혹한 말은 자신에게 폭력을 가하는 것, 네 입도 눈도 그 냉혹함을 견딜 만큼 성장하지 못했다. 이제 넌 암소들과 작별하고, 내 짐승들을 만나는 것이 좋겠다. 그들과 幸福을 이야기하라!" 차라투스트라가 웃으며 말했다.

13) 자발적으로 거지가 된 자는 예수님을 희화화한 것으로 볼 수 있다.

그림자

차라투스트라가 혼자 있게 되자, 그의 그림자가 따라붙었다. 불쾌해진 그가 말했다. "고독은 어디로 갔는가? 이 산이 사람들로 북적거리다니, 내 제국은 **이런** 곳이 아니다." 그가 달아나자, 그림자도 쫓아왔다. 그는 곧 자신의 어리석음을 깨닫고 물었다. "너는 왜 내 그림자(shadow)[14]라고 사칭하는가?"

그림자가 대답했다. "난 당신을 따라다닌 방랑자다. 난 목표도 고향도 없이 영원히 떠돌아다니는 유대인[15]과 같다. 난 당신과 함께 모든 경계석과 우상을 무너뜨렸다. 어떤 금지도 두려워하지 않는 것, 그것이 내 德이다.

내게 있는가, 아직도 목표가? 내 돛이 달려갈 항구가? 내 고향이? 모든 곳에 있고 어디에도 없는, 이 부질없음이여!"

차라투스트라가 슬픈 목소리로 말했다. "자유로운 정신이여, 편협한 신앙과 경직된 미망을 조심하라!, 너는 목표를 잃었다. 이제는 갈 길마저 잃고 말았다! 그렇다면 내 동굴로 올라가라!"

차라투스트라는 이렇게 말했다.

---

14) 차라투스트라의 그림자는 회의정신을 빗댄 것으로 차라투스트라가 극복해야 할 마지막 시험이자 유혹이다.

15) 예루살렘의 멸망으로 인해, 바빌로니아 유배를 시작으로 많은 유대인이 팔레스타인 밖에서 살기 시작하였다. 이후 예루살렘으로 돌아오는 것이 허용되었을 때에도 유대인들은 세계 각지를 떠돌며 살았다.

정오에

그리고 나서 차라투스트라는 고독을 즐기며 좋았던 일을 회상했다. 정오(at noon)[16]쯤 포도 덩굴 아래서 잠들면서 그는 이렇게 중얼거렸다.

"조용!, 세계는 방금 완전해지지 않았는가? 오, 幸福이여, 영혼이여, 노래하고 싶은가? 삼가라! 엄숙한 시간이다.

다행히도 幸福에는 아주 적은 것으로도 충분하다. 가장 적은 것, 가장 조용한 것, 가장 가벼운 것, 도마뱀의 바스락거림, 한 번의 숨결, 순간의 눈길, 이처럼 **작은 것**이 **최상의 幸福**을 만든다. 그러니 조용!

내게 무슨 일이 일어나고 있는가? 무언가가 내 심장을 찌른다, 오, 터져버려라, 심장이여, 그처럼 찔린 다음에는!

방금 세계는 둥글게 원숙해지지 않았는가? 오, 둥근 황금 고리여! 나, 뒤를 따라가리라! 때가 되었다. 일어나라, 늙은 두 다리여! 아직 갈 길이 멀다."

차라투스트라는 이렇게 말했다. 태양은 아직 그의 머리 위에 있었다.

16) 하루 중 정오에 그림자는 가장 짧다. 말하자면 우상이 가장 작아지는 때, 헌 가치를 깨뜨려 버리고 새 가치를 만들어 가는 시간이다. 니체는 자신의 철학을 "정오의 철학"이라 한다.

환영 인사

오랜 헛걸음 끝에, 차라투스트라가 동굴로 돌아온 것은 늦은 오후였다. 동굴에는 낮에 만났던 더 높은 인간; 예언자, 왕 2명, 정신의 양심가, 마술사, 실직한 교황, 가장 추악한 자, 자진해서 거지가 된 자, 그림자 그리고 나귀가 한데 앉아 있었다. 이 음울한 무리에 둘러싸여 독수리가 안절부절못하고 있었다. 너무 많은 질문 때문에, 뱀은 독수리의 목을 감고 있었다. 모두 차라투스트라가 말하기를 기다리고 있었다.

"절망한 자들이여! 그 소리가 너희의 외침이었던가? 귀한 손님이여, 여기는 내 제국이다. 오늘 밤 내 것이 바로 너희의 것이다. 이곳이 너희의 휴식처가 되기를! 환영한다(welcome)."

손님들을 대표하여 오른편 왕이 응답했다. "오, 차라투스트라여, 당신은 우리 앞에 자신을 낮추었다. 누가 당신처럼 긍지를 갖고 자신을 낮출 수 있겠는가. 이 하나만 보기 위해서라도 우리는 이보다 더 높은 산도 올랐을 것이다. 보라, 우리의 절박한 외침은 온데간데없다.

숭고하고 강인한 의지가 지상에서 가장 아름다운 식물이다. 당신 같은 자는 장구한 세월을 홀로 견디는 유연하면서 장엄하기까지 한 소나무와 같다. 차라투스트라여, 음울한 자도 실패한 자도 그리고 병약한 자도 당신을 보면서 생기를 되찾고 치유된다. 여기저기 부활한 자들이 보인다. 이제 이

산을 에워싸고 있는 물결이 점점 차올라 당신 높이까지 올라올 것이다. 크나큰 동경과 역겨움 그리고 권태를 지닌 자들이 당신에게 올라오고 있다. 그들은 당신에게 희망을 배우지 못한다면 더는 살지 못하는 자들이다."

손님들을 하나하나 보며 차라투스트라가 말했다. "더 높은 인간들이여, 내가 기다리고 있는 것은 **너희가** 아니다. 너희에게는 아직 많은 것이 굽어 있고 기형적이다. 난 더 높은 자, 더 강한 자, 더 당당한 자, 더 유쾌한 자, 심신이 반듯한 자들을 기다리고 있다. **웃는 사자들**이 나타날 것이다.

손님들이여, 내 아이들에 관해 아무것도 듣지 못했는가? 내 아이들 덕분에 나는 부유하며 한편으로 가난해졌다. 내 무엇을 희생하지 못하랴. 이 아이들, 내 의지와 최고 희망인 이 생명의 나무를 위해서라면!"

차라투스트라는 심란하여 눈을 감았다. 동경이 그를 덮쳤기 때문이다. 손님들은 어찌할 바를 몰랐다. 예언자만 몸짓 신호를 보냈을 뿐이다.

만찬

이쯤에서 예언자가 인사를 중단시켰다. 그는 차라투스트라의 손을 잡고 외쳤다. "지금 **내게** 절실히 필요한 일이 있다. 당신은 나를 **만찬**(the last supper)[17]에 초대하지 않았는가? 설마 말잔치로 끝내려는 것은 아니겠지? 우리는 배도 고프고 목도 마르다. 기력을 회복하는 데 포도주가 제격이다."

그러자 왼편 왕이 말했다. "포도주[18]는 충분히 있다. 빵[19]이 없을 뿐이다." 차라투스트라가 웃으며 대꾸했다. "사람은 빵만으로 살지 않는다. 양고기로도 산다. 내 어린 양 두 마리를 잡아 미식가도 즐길 만큼 샐비어로 양념하자."[20]

모두가 기꺼이 만찬을 준비했다. 차라투스트라가 말했다. "나처럼 기분을 내라. 너희 관습대로 하라. 나는 나를 따르

---

17) 마지막 만찬에서, "예수께서 열두 제자와 함께 식탁에 앉으셨다"(마태오복음 26;20). 이 만찬에도 더 높은 사람 9명과 나귀 그리고 독수리와 뱀을 포함하면 모두 12명이 있다.

18) 라틴어 속담, 포도주 속에 진리가 있다(In vino veritas).

19) 예수는 제자들에게 빵을 떼어 주시며 말했다. "받아먹어라, 이는 내 몸이다."(마태오복음 26:26) 니체는 神의 죽음을 깨달은 더 높은 인간들의 만찬에서 예수의 몸을 상징하는 빵을 의도적으로 없애버렸다.

20) 샐비어는 달콤한 허브의 일종으로 이것으로 육고기를 양념하면 부드럽고 풍미가 뛰어나다. 차라투스트라는 만찬을 위해 고기에 양념을 충분히 하라는 것이다. 그러나 예수님의 만찬에서는 그리고 제사 음식에는 일체의 양념을 사용하지 않는다. 빵에 누룩도 사용하지 않는다. 《차라투스트라》의 Ⅳ부는 철저하게 《복음서》를 패러디하고 있다.

는 자를 위한 계율일 뿐, 만인을 위한 계율은 아니다. 내게 속하는 자는 강한 뼈대와 가벼운 발을 갖고 있어야 하며 전쟁과 축제를 즐기는 자이어야 한다. 아무리 어려운 일도 축제처럼 받아들이는 건강하고 온전한 자이어야 한다.[21]"

만찬에서는 오직 **더 높은 인간에 관한** 이야기만 나누었다.

---

21) 모든 것은 사슬로 연결되어 있고 사랑으로 이어져 있기 때문이다. 서로 반대되는 빛과 그늘, 안과 밖, 남과 여, 하늘과 땅도 하나만 독립해서 존재할 수 없다. 전쟁과 평화, 고통과 즐거움도 마찬가지다.

더 높은 인간에 대하여

1.

처음에 나는 어리석게도 장터로 갔다. 그곳에서 많은 사람에게 말했지만, 아무도 내 말을 듣지 않았다. 천민은 "神 앞에서 모든 인간은 평등하다."[22]라고 말할 뿐이다. 더 높은 인간(the higher man)들이여, 장터를 떠나라!

2.

神 앞에서라고! 神은 죽었다. 위대한 정오[23]가 오고 있다. 이제야 더 높은 인간이 主人이 된다! 더 높은 인간들이여, **우리는** 이제 超人이 살기를 바란다.

3.

소인배는 묻는다. "어떻게 하면 가장 오래 그리고 평안하게 살아남을까?" 하지만 차라투스트라는 묻는다. "어떻게 하면 인간은 극복될 수 있는가?"

내 관심사는 超人이다. 인간이 **아니다**. 형제들이여, 인간이 하나의 과정이요 몰락하는 존재이기 때문에, 나는 인간을

---

22) 평등은 이론에 불과한 것으로 병약한 시대의 특성이다. 인간과 인간, 신분과 신분, 유형의 다양성, 자기자신으로 존재하려는 의지, 탁월한 존재가 되고 싶어 하는 의지, 즉 내가 거리의 파토스(pathos of distance)라고 부르는 것은 강한 시대의 특성이다.
-《우상의 황혼》-

23) 정오는 태양이 바로 머리 위에 있어 그림자가 가장 짧은 그리고 가장 밝은 시간이다.

사랑한다. 왜소한 德, 잔꾀, 모래알 같은 배려, 가련한 안락을 극복하라! 그리고 굴복하느니 차라리 몰락하라.

4.

형제들이여, 너희에게 용기가 있는가? 두려움을 알되 두려움을 **제어하는** 자, **긍지를** 갖고 심연을 바라보는 자, 독수리의 발톱으로 심연을 **움켜쥐는** 자, 그런 자가 용감한 자다.

5.

더 높은 인간들이여, 오늘날 정직함보다 더 진귀한 것은 없다. 천민은 자기도 모르게 뒤틀려져 언제나 거짓말한다.[24)]

6.

높이 오르고 싶으면 너희 발을 사용하라! **실려 오르지** 말며, 다른 사람의 어깨에 올라타지 마라![25)] 그렇지 않으면 목적지에 닿았을 때, 너희의 **높이에서** 비틀거리게 될 것이다!

7.

창조하는 자들이여! 인간은 오직 자기 아이만을 잉태한다. 너희가 무엇을 "위하여", 무엇 "때문에" 나서는 일이 없기를 바란다. "이웃을 위해서"는 왜소한 자들의 德이다.

온전한 사랑이 있는 곳, 어린아이 곁에 온전한 德도 있다!

---

24) 거짓말은 천민의 특성이다. 그들에게는 현실을 직시하는 용기가 없어 그들의 편리와 이익에 따라서 현실을 왜곡하기 때문이다.

25) 차라투스트라는 자신의 힘과 용기로 올라가는 자는 떨어지지 않으며, 어떤 사람도 그러한 사람을 뛰어넘을 수 없다고 강조한다.

너희 과업과 의지가 **너희** 이웃이다.

8.

더 높은 인간들이여, 주사위를 잘못 던졌다고 해서 부끄러워할 필요 없다. 그게 무슨 상관이겠는가! 우리는 언제나 웃으며 놀이하도록 마련된 커다란 놀이[26]마당에 앉아 있지 않은가? 어떤 일에 실패한다 하더라도, 너희 자신이 실패작은 아니다. 너희 자신이 실패작이라 하더라도 인류 자체가 실패작은 아니다. 그런데 인류가 실패작이라도, 좋다! 자!

9.

모든 위대한 사랑은 사랑을 바라지 않는다. 그것은 그 이상의 것을 원한다. 무조건적인 자들을 피하라![27] 그들은 천민의 종족으로 이 大地와 삶을 사악한 시선으로 본다.

10.

좋은 것은 하나같이 웃고 있다. 활짝! 더욱 활짝 가슴을 펴라! 멋진 춤꾼들이여, 다리를 들어 올려라. 더 좋은 것은 물구나무를 서는 것이다!

---

26) 플라톤은 놀이를 뮤즈에 홀린 헛된 것으로 결코 진리에 이르지 못하는 것으로 간주한다. 놀이는 어른에게 유치한 것으로 멀리 해야 할 것 또는 휴식 주는 것 이상의 의미는 없었다. -《놀이하는 인간의 철학》-

27) 십계명 중 첫 번째가 "하느님 이외의 다른 神을 섬기지 말라."이다. 그리스도교에서는 하느님 이외 다른 神은 우상으로 간주되며, 인간에게 절대적 사랑을 요구한다.

11.

웃는 자의 면류관, 장미로 엮은 이 면류관[28]을 내가 내 머리에 얹고는 내 웃음을 신성하다고 말했다, 오늘날 나처럼 할 수 있는 강한 사람을 보지 못했다.

춤추는 자, 날아갈 준비를 완료한 자, 幸福하고 마음이 가벼운 자, 참되게 웃는 자, 조급하지도 무조건적이지도 않은 자, 뛰어오르기를 사랑하는 자, 나 차라투스트라가 면류관을 내 머리에 얹었다!

12.

더 높은 인간들이여,[29] 너희에게 가장 나쁜 점은 춤을 제대로 배우지 못했다는 것, 너희 자신을 넘어서서 춤추는 법을 배우지 못했다는 것이다. 실패했다고 해서 무엇이 문제란 말인가!

아직도 얼마나 많은 것이 가능한가! 그러니 너희 자신을 넘어서서 웃는 법을 **배워라**! 멋진 춤꾼들이여, 활짝 가슴을 펴라! 건강한 웃음[30]도 잊지 마라!

---

28) 웃음을 예고하는 자 차라투스트라의 면류관, 즉 삶과 기쁨을 상징하는 장미 면류관은 예수의 머리에 놓인 가시 면류관과 대조된다.

29) 다채로운 모습으로 등장하는 "더 높은 인간"은 우월한 인간, 고인高人 등으로 번역된다. 더 높은 인간은 아직 超人은 아니다. 이들은 영원회귀를 깨달았지만, 그 때문에 몰락하지는 않는다. 神의 죽음을 견디지 못하고 결국 나귀를 神으로 경배하는 더 높은 인간은 차라투스트라의 동반자가 될 수 없다.

30) 정신이 유쾌하고 명징할수록 큰소리로 웃지 않는다. 크게 웃는 대신에 정화된 미소가 끊임없이 흘러나온다. -《즐거운 학문》-

우울한 노래

1.

이렇게 말한 후 차라투스트라는 동굴 밖으로 몸을 피했다. 독수리와 뱀이 다가와 셋은 상쾌한 공기를 들이마셨다.

2.

마술사가 말했다. "더 높은 인간들이여, 우리가 자신에게 어떤 명예를 부여하든, '자유로운 정신', '진실한 자', '정신의 참회자'라고 부르든 간에, 우리는 심한 구역질에 시달리고 있다. 늙은 神은 죽었지만, 그 어떤 새로운 神도 없다. 날이 저물었고 가장 훌륭한 것에도 저녁이 찾아온다." 그리고는 하프를 잡아들고 우울한 노래(the song of Melancholy)를 불렀다.

언젠가 나도 그렇게 가라앉았다.
진리에 대한 망상에서, 낮에 대한 동경에서 벗어나,
낮에 지치고 빛에 병들어
아래로, 저녁을 향해, 그늘을 향해 가라앉았다.
진리로 인해 목말라하면서
뜨거운 심장이여, 너, 아직도 기억하고 있는가,
너 그때 얼마나 목말라했는지를
내가 모든 진리로부터 추방되었음을.
어릿광대일 뿐! 시인일 뿐이다!

학문에 대하여

사람들은 자기도 모르게 마술사의 노래에 빨려 들어갔다. 그러자 양심을 가진 자가 하프를 낚아채며 말했다. "신선한 공기를! 마술사가 이 동굴을 후덥지근하고 탁하게 만들었다.31)

나는 **더 많은 안전을** 찾아 차라투스트라에게 왔는데, 너희는 **더 많은 불안과** 공포를 추구하고 있는 듯하다. 공포는 인간의 근본적 감정이다. 뿌리 깊은 공포가 신성시되고 정신화되면서 학문(science)이라 불리게 되었다."

동굴로 돌아온 차라투스트라가 이야기의 끝말을 들었지만 웃어넘기고 말했다. "**공포는** 예외적이지만, **용기는** 인류 역사 전부인 듯하다. 인간은 가장 사납고 용감한 짐승의 德을 가로채 인간이 되었다. 독수리의 날개와 뱀의 지혜를 갖춘 인간의 용기가 다듬어지고 정신화되어 학문이 된 것이다."

"**차라투스트라!**" 모두가 이구동성으로 외치며 크게 웃었다. 마술사가 "우리 마음을 풀고 다시 즐겁게 지내자!"라고 하자, 더 높은 인간들도 박수로 호응했다.

차라투스트라는 용서를 구하듯, 손님들과 일일이 악수했다. 그리고는 다시 동굴을 빠져나갈 생각이었다.

---

31) 야외에서 자유롭게 활동하면서 생겨나지 않은 생각은 무엇이든 믿지 말라. 모든 편견은 꾹 눌러앉아 있는 곳에서 나온다. 그것이 신성한 정신에 위배되는 진정한 죄다. -《이 사람을 보라》-

사막의 딸들 틈에서

1.

"떠나지 마라!" 차라투스트라의 그림자가 말했다. "그렇지 않으면 오래된 슬픔이 또다시 우리를 덮칠 것이다.

차라투스트라여!, 당신은 힘센 남자를 위한 음식과 격언으로 우리를 대접했다. 이제 연약하고 여성적인 정령이 후식으로 우리를 덮치는 일이 없도록 막아 달라! 당신만이 공기를 맑고 신선하게 만든다. 나는 지상에서 이 동굴보다 더 좋은 공기를 마신 적이 없다. 내 코는 당신 곁에서 더없이 큰 기쁨을 맛본다."

그림자는 하프를 들고 신선한 공기를 음미하며, 사막의 딸들과 지낼(among daughters of the wilderness) 때 지은 옛 노래를 힘차게 불렀다.

2.

사막은 자란다. 화 있을지어다. 사막을 품고 있는 자에게!

참으로 장엄하구나!
참으로 놀랍다! 지금 내가 여기 앉아 있다니
사막 가까이에 그리고 이미 사막에서 멀리 떨어져
한 곳도 황폐해지지 않은 채, 작은 오아시스에 삼켜버린 채.
이 오아시스는 방금 하품을 하며 그 사랑스러운 입을 벌렸다.

각성

1.

그림자의 노래가 끝나자 동굴 안은 시끌벅적한 소란과 웃음소리로 가득 찼다. 차라투스트라는 조용히 빠져나와 그의 짐승들에게 말했다. "저들이 내게 오더니 절박한 외침을 잊어버린 듯하구나! 아직 저들 웃음은 **내** 웃음이 아니지만. 오늘은 승리의 날이다. 나의 적, **중력의 영**이 달아나고 있다!

저들이 내 미끼를 제대로 물었다. **역겨움이** 더 높은 인간들에게 사라지고 있다. 저들이 마음을 털어놓으며 **고마워하리라**. 저들은 **건강을 되찾고 있는 자들이다**!" 차라투스트라가 기뻐하며 말했다.

2.

갑자기 동굴은 조용해졌으며 자욱한 연기와 향냄새가 피어올랐다. 차라투스트라가 동굴을 살피며 중얼거렸다. "하나같이 다시 **경건해지다니, 기도하고 있구나**, 미쳤군!" 나귀를 찬양하는 기이한 연도連禱였다.

아멘! 찬미와 영광, 감사와 권능이 우리의 神께 영원히 있을지어다! 그러자 나귀는 아-아 하고 화답했다.[32)]

---

32) 나귀의 울음, I-A는 영어의 yes에 해당하는 독일어 ja와 통한다. 일반적으로 나귀는 "어리석음"을 나타내지만 여기서는 긍정하는 존재를 나타낸다. 나귀가 더 높은 인간들의 무거운 짐을 대신 짊어지고 진심으로 참으며 "아니다"라고 말하는 법이 없기 때문이다. 그리하여 더 높은 인간들에 의해 나귀는 그리스도교 神을 대신하여 숭배의 대상이 되었다. 그렇지만 나귀의 긍정은 부정할 용기의 결여에서 나온 굴복하

나귀의 축제

1.

연도(litany)가 이쯤에 이르자, 더는 참을 수 없어 차라투스트라가 동굴로 뛰어 들어가 소리쳤다. "너희는 어찌하여 나귀를 神처럼 경배하고 있는가? 神은 살해되고 배척되지 않았던가? 무엇이 너희를 개종하게 했는가?"

가장 추악한 자가 대답했다. "神이 아직 살아있는지, 아니면 되살아났는지 우리 둘 중 누가 더 잘 알겠는가? 난 당신에게 배웠다. 철저하게 살해하고자 하는 자는 웃는다는 것을. 사람은 분노가 아니라 웃음으로 살해된다."

2.

이에 놀라, 차라투스트라가 말했다. "너희는 또다시 어린아이가 되고 말았구나. 물론 어린아이처럼 되지 않으면, 하늘나라에 들어갈 수 없다.[33] 그러나 우리가 어른이 되었으니, **이제 지상의 나라를 원한다**."

는 긍정이기에 온전한 긍정과는 전혀 아니다. 그것은 노예 정신으로서의 긍정이다.

33) "너희는 또다시 어린아이가 되고 말았구나."에서 어린아이는 아직도 神의 죽음을 깨닫지 못하고 자립할 수 없는 "미성숙한" 인간을 의미한다. 성경에서 말하는 어린아이는 "순수하고 거짓 없는" 인간을 의미한다. "너희가 어린아이처럼 되지 않으면 결코 하늘나라에 들어가지 못할 것이다"(마태오복음 18:1). 니체는 《차라투스트라》를 "5번째 복음서"라고 자랑하면서, 곳곳에서 성경을 패러디하면서 야유하고 있다.

3.

새로운 친구들이여, 더 높은 인간들이여, 너희가 즐거워하니 나도 참으로 좋다! 막 피어난 너희를 위해 **새로운 축제**가 필요하다. 나귀[34]의 축제(the ass festival)를 다시 한 번 벌여라, 너희를 위해, 그리고 나를 기억하기 위해!

차라투스트라는 이렇게 말했다.

---

34)일반적으로 나귀는 어리석음을 비유하지만, 여기서는 진보적 지식인을 상징한다. 이들은 사람들의 존경을 받으며 리더로서 역할을 하지만, 사실은 사람들을 교묘하게 통제하고 조종하는 권력자에 지나지 않는다.

몽유병자의 노래

1.

사람들은 생각에 잠겨 하나씩 밤 속으로 걸어 나갔다. 차라투스트라도 가장 추악한 자의 손을 잡고 나섰다. 그들은 늙었지만, 가슴에는 용기가 넘쳐났으며, 지상에서 이토록 幸福할 수 있다는 사실에 감탄했다.35)

그때 가장 놀라운 일이 벌어졌다. 가장 추악한 자가 맑고 부드러운 목소리로 심원한 질문을 던졌다. "너희는 어떻게 생각하는가? 나에게 오늘은, 차라투스트라와 함께한 축제가 大地를 사랑하도록 만들었다. 나 죽음을 향해 말하리라. '**바로 이것이** 삶이었던가? 좋다! 그렇다면 다시 한번!'"36)

그 말을 듣자, 더 높은 인간들은 자신의 건강이 회복되었음을 깨달았다. 그러하여 그들은 각양각색의 방식으로 차라투스트라에게 경의와 감사를 표했다.

2.

그러는 동안 차라투스트라의 눈빛이 흐려지더니 발음도 어눌해졌다. 주위는 더욱 고요하고 은밀해졌다. 갑자기 차라투스트라가 손가락을 입에 대고 거듭 말했다. "**오라! 오라!, 때가 왔다, 밤 속을 거닐자!**"

---

35) 인간이 神의 죽음을 깨닫고 현실을 직시하며 大地에 충실하면, 삶이 고통스럽기는 하지만 나름대로 의미와 보람을 찾을 수 있다. 게다가 의도하지 않았을지라도 幸福이 찾아온다.

36) 더 높은 인간들이 이제야 차라투스트라의 가르침, 운명애와 영원회귀를 깨달았다.

3.

내 세계가 막 완성되지 않았는가? 더없이 순수한 자가 大地의 主人이 되어야 한다, 가장 잘 알려지지 않은 자들, 가장 강한 자들, 어떤 낮보다 더 밝고 깊은 한밤중의 영혼들.

4.

더 높은 인간들이여, 너희가 쾌락을 '좋다(Yes)'고 말한 적이 있는가? 그랬다면, 너희는 **모든** 고통을 '좋다'고 말한 것이 된다. 만물은 사슬로 연결되어 있고, 실로 꿰어져 있으며, 사랑으로 이어져 있다. 너희는 이런 세계를 사랑한 것이다. 너희가 "幸福이여!, 순간이여!"라고 말한 적이 있다면, 너희는 **그 모든 것이** 되돌아오기를 소망한 것이 된다! **모든 쾌락은 영원을 원하기 때문이다! 깊디깊은 영원을!**[37]

5.

좋다! 자! 더 높은 인간들이여, 그렇다면 이제 차라투스트라의 돌림노래를 불러보라! "다시 한번(Once More)"이라는 제목의 노래를, "영원 속으로(into all eternity)"라는 의미의 노래를.

---

37) 이 단락은 영원회귀와 절대적 긍정인 디오니소스적 긍정을 말하고 있다.

징조

아침이 되자, 차라투스트라는 태양을 향해 언젠가 했던 말을 했다. "너 幸福에 찬 눈이여, 만일 네 햇살을 비춰줄 상대가 없다면, 네 幸福이 무엇이겠는가![38]

좋다! 내가 깨어났는데도, 더 높은 인간들은 아직도 잠에 빠져 있으니, **저들은** 내 길동무가 아니다! 나는 내 과업을 향해 나아가련다. 아직 저들에게는 내 말을 들을 귀가 없다."

그때 무수한 새가 몰려들었으며, 사자의 포효가 산을 울렸다. "**징조(sign)가 나타나고 있구나.**" 이렇게 말하는 차라투스트라의 마음에 변화가 일어났다. "**아, 내 아이들이**[39] **가까이 왔구나.**" 차라투스트라가 한마디 했을 뿐인데, 마음이 풀렸고 눈물이 손등에 떨어졌다.

어제와 오늘 일들이 주마등처럼 스쳐 갔다.[40] 그는 동굴

---

38) 머리말에서도 차라투스트라가 이렇게 말하고 하산하기 시작했다. 시작과 끝을 같은 형식으로 맞춤으로써, 《차라투스트라》는 내용적·형식적으로 영원회귀와 같은 순환 형식을 띠고 있다.

39) 어린아이는 순진무구이자 하나의 새로운 시작, 하나의 놀이, 제 힘으로 돌아가는 하나의 바퀴, 최초의 운동이자 거룩한 긍정이다. 이렇듯 어린아이는 과거의 무거운 짐을 알지 못하고 순진무구하여 놀이하듯 창조에 관계할 수 있는 존재이다. 이리하여 차라투스트라가 찾고 있는 자는 제자나 신자가 아니라, 그와 더불어 창조하고 추수하여 함께 축제를 벌일 자, 새로운 가치를 서판에 써넣을 자, 어린아이와 같은 자를 찾고 기다린 것이다.

40) Ⅳ부 전체는 단 하루 만에, 차라투스트라가 더 높은 인간들을 만나고 만찬을 벌이며, 그들에게 가르침을 전하지만 완전히 깨치지

앞에 있는 커다란 돌[41] 위에 앉아, 아직 극복하지 못한 것이 무엇인지 생각했다. "더 높은 인간에 대한 동정이다!" 이렇게 소리치자, 차라투스트라의 얼굴이 황동 빛으로 변했다.

"좋다! 내 아이들이 가까이 와 있다. 차라투스트라가 성숙해졌다. 때가 왔다. **자, 솟아올라라, 너, 위대한 정오여!**"

차라투스트라는 이렇게 말했다. 그리고는 솟아오르는 태양처럼 당당하게 그의 동굴을 떠났다.

는 못한 이야기다.

41) Ⅳ부는 차라투스트라가 "동굴 앞에 있는 커다란 돌" 위에 앉아 생각하는 것으로 시작되고 벌떡 일어나 동굴을 떠나는 것으로 마무리된다.

제2편

차라투스트라는 어떻게 말했나?

How did Zarathustra say?

제1장

《차라투스트라》 입문서와 주석서 그리고 해설서

나는 나 자신을 떠맡았다.
그리하여 나 자신을 또다시 건강하게 만들었다.
이는 사람이 근본적으로 건강하기 때문이다.
나는 삶을 새로이 발견했다, 나 자신을 포함해서.
나는 건강에로 향한 의지, 삶에로 향한 의지로부터
내 철학을 만들었다.
내 생명력이 가장 저조했던 해에, 자기회복의 본능이
나에게 비참의 철학과 낙담의 철학을 금했다.
현명한 사람은 해로운 것을 자기에게 유용한 것으로
만든다.

-《이 사람을 보라》-

해 설

니체는 《차라투스트라는 이렇게 말했다》의 부제를 "모두를 위한 그리고 그 누구를 위한 것도 아닌 책(A Book for None and All)"이라고 달았다. 이 수수께끼 같은 부제가 말하듯 이 책은 니체 사상에 대한 이해가 있어야 접근이 허용되는 쉽사리 범접할 수 없는 작품이다. 이는 니체가 어떤 영감을 받아 《차라투스트라》를 집필했다고 고백했지만, 그의 사상이 집약된 주저에 해당하기 때문이다.

니체는 《차라투스트라》(1883-1885)를 집필하던 시기 전후에 《즐거운 학문》과 《善惡을 넘어서》를 병행해서 작업했다. 차라투스트라의 핵심 가르침은 "神은 죽었다. 그러니 大地에 충실하라!"이다. 그런데 神의 죽음을 제일 먼저 선포한 것은 《즐거운 학문》에서이다. 이어서 "大地에 충실하라!"는 교설은 《善惡을 넘어서》에서 "삶의 主人이 되어라."로 구체적으로 설명하고 있다.

따라서 두 작품은 집필 시기뿐 아니라 내용적으로도 《차라투스트라》를 중심으로 서로 보완하고 협력하는 관계에 있다. 니체는 자서전에서 말했다. "《즐거운 학문》을 자세히 읽어보면 《차라투스트라》의 머리말, 준비말, 주석으로 사용되지 않는 글은 거의 한 줄도 없다. 나는 원문보다 주석을 먼저 썼다." 《善惡을 넘어서》는 다양한 주제가 가장 폭넓게 수용된 작품으로, 여기에는 《즐거운 학문》과 《차라투스트라》의 주제의식이 모두 포함되어 있다.

세 작품을 연관해서 보면, 《즐거운 학문》이 《차라투스트라》에 대한 입문서라면 《善惡을 넘어서》는 주석서에 해당한다. 그렇다면 이 세 작품은 같은 맥락에서 이해되어야 한다. 《차라투스트라》에 입문하기 위해서는 먼저 《즐거운 학문》을, 그리고 이해하기 위해서는 주석서인 《善惡을 넘어서》를 살펴보아야 한다.

다른 한편, 니체는 정신이 온전한 마지막 순간까지 자신의 자서전 《이 사람을 보라》를 교정하고 편집했다. 여기서 그는 후일 자신이 다른 사람과 혼동되는 것을 피하고자, 자신이 어떻게 작품들을 저술하게 되었는지 그리고 핵심사상이 무엇인지를 직접 설명했다. 작품들에 대한 설명 중 《차라투스트라》에 관한 것이 가장 길다. 이는 그가 이 작품에 심혈을 기울였다는 방증이다. 니체가 전하는 《차라투스트라》를 저술하게 된 배경과 계기를 듣는다면 이 또한 텍스트 이해에 도움이 될 것이다.

1.《차라투스트라》 입문서 :《즐거운 학문》

나는 그 누구도, 그 무엇도 모방하지 않으며
내 집에 기거하노라.
그리고 마음껏 웃을 줄 모르는
모든 대가를 비웃노라.

-내 집 문 위에 적힌 글-

머리말

1.

마치 기대하지 않았던 일이 생기기나 한 것처럼, 내 마음에서는 끊임없는 감사가 흘러나온다. 회복기에 들어선 환자의 감사가. 이 회복은 전혀 기대하지 못했던 일이기 때문이다.

《즐거운 학문》[1]: 이 책은 무섭도록 오래된 억압에 저항해 온 정신, 그러다가 이제 갑자기 건강에 대한 희망, 회복기의 도취감에 사로잡힌 정신의 사투르날리아 축제를 의미한다.

말하자면 이것은 내일과 모레 새로 피어나는 믿음의 환호성이며, 미래와 임박한 모험, 다시 열린 바다 그리고 다시 허락되고 다시 믿게 된 목표에 대해 갑작스레 솟아난 느낌과 예감이 소리 높여 외쳐대는 환호성 바로 그것이다.

2.

철학은 육체를 오해하고 있다. 지금까지 가치 평가의 배경에는 육체에 대한 오해가 숨겨져 있다. 그래서 **나는 철학적 의사가 되고 싶다. 인류가 직면한 총체적인 건강을 진단**하고, 의혹을 끝까지 추구하여, 철학이 지금까지 다루어온 것

---

1) 《즐거운 학문》 구성: 머리말과 독일식 각운에 맞춘 "농담, 간계 그리고 복수"라는 전주곡이 길게 나온다. 그리고 본문은 5부로 구성되어 있으며, 그 안에 383개 번호가 붙은 아포리즘 형식의 글이 있다. 부록으로 <포겔프라이 왕자>의 노래가 첨부되었다. 여기서는 《즐거운 학문》을 《차라투스트라》의 입문서 관점에서 발췌·정리했다.

이 "진리"가 아니라 다른 어떤 것, 즉 **건강, 미래, 성장, 권력, 삶의 문제를 다루는 그런 의사가** 되어야 한다.

3.

이러한 변형의 기술이 바로 철학이다. 철학자는 영혼과 육체를 분리할 수 있는 자유가 없다. 우리는 항상 산고産苦를 겪으며 우리의 사상을 탄생시킬 수밖에 없으며, 어머니로서 피, 심장, 불, 기쁨 정열, 고통, 양심, 운명, 숙명 등, 우리가 지닌 모든 것들을 그 사상에 주어야 한다. 그밖에 다른 도리가 없다.

커다란 고통이야말로 정신의 최종적인 해방자이다. 고통만이 우리가 지닌 궁극적인 깊이에 이르게 하고, 모든 신뢰와 선의, 부드러운 가식, 온순, 중용 등 우리가 이전에 인간성에 쏟았던 것들과 결별하도록 만든다. **우리는 길고 위험한 극기 훈련을 거쳐 다른 사람이 된다.**

4.

절망의 나락으로부터, 위독한 질병으로부터 그리고 심각한 회의로부터 사람은 새로 태어난다.

"농담, 간계 그리고 복수"

1.

초대

미식가들이여, 내 요리를 맛보시라!
내일이면 그 맛이 좀 낫다고 느껴질 것이고
모레면 맛있다고 느껴질 것이다!
내 요리를 더 원한다면,
내 7가지 오래된 것들이
내게 7가지 새로운 용기를 주리라.

2.

나의 幸福

역풍을 만난 이후로
난 어떤 바람이 불어도 항해할 수 있었다.

3.

나를 따르는 것 — 너 자신을 따르는 것

나의 방식과 말에 유혹되어
나를 따르고 추종하려 하는가?
오직 너 자신만을 충실히 추종하라.
그것이 나를 따르는 것이다.

4.

위를 향하여

"산을 오르는 가장 좋은 방법이 무엇인가요?"
생각하지 말고 그저 위를 향해 오르라!

5.

옹졸한 영혼

나는 옹졸한 영혼이 밉다.
거기에는 善도 惡도 들어설 자리가 없다.

6.

해석

나를 해석하려면 내 안으로 들어가야 한다.
그런고로 나는 나의 해석자가 될 수 없다.
하지만 오로지 자신만의 길을 가는 사람이 있다면
그는 나를 보다 밝은 빛으로 이끌 것이다.

7.

간청

다른 사람을 알면서도
정작 내가 누군지를 모른다!
내 눈은 내게서 너무나 가깝기에—
내가 보는 것, 내가 보았던 것은 내가 아니다.
나 자신에게서 멀리 떨어져 있을 수 있다면
하지만 내 적만큼 멀지는 않은 곳에!

8.

질투 없는 눈

그래, 그의 눈에는 질투가 없다.
그래서 너희는 그를 존경하는가?
그는 너희의 존경을 거들떠보지도 않는다.
그는 먼 곳을 바라보는 독수리의 눈을 갖고 있다.
그는 너희를 보지 않는다. ―그는 별들을, 별들만을 바라본다.

9.

더 높은 인간

높이 오르고 있는 그를 찬양하라!
그러나 그는 찬양이 닿지 않는
저 높은 곳에 살고 있다.

10.

별의 도덕

별이여, 예정된 길을 가는 네게
어둠이 무슨 상관인가?
동정은 네게 죄악이다!
네 유일한 계명: 순수하라!

《즐거운 학문》 본문

시인과 현자에게는 만물이 친구이고
그에게 바쳐진 것이며, 모든 체험이 유익하고,
하루하루가 신성하며, 모든 인간이 神과 같은 존재다.

-에머슨-

1.

역사 이래 인간의 유일한 과업은 종족을 유지하는 데 유용한 일을 하는 것이다. 그것도 사랑 때문이 아니라, 본능보다 더 오래되고 강한 무리의 본질이기 때문이다.

2.

조화와 부조화의 상태, 현존재의 경이로운 불확실성과 모호성 한가운데 머물면서 **물음을 던지지 않는 것**, 물음의 욕구와 기쁨 앞에서 몸을 떨지 않는 것, 이것이 바로 내가 경멸하는 것이다.

3.

비천한 인간은 언제나 자기 이익에 관심을 둔다. 인간은 목적과 이익에 관한 생각이 어떤 성향보다도 강하다. 한편 고귀한 인간은 비이기적이다. 그들은 진실로 자신의 성향에 따르며, 위험이나 죽음을 두려워하지 않는다.

4.

지금까지 통용되는 도덕설에 따르면, 선(善, good)은 종種을 보존하는 것이고, 악(惡, evil)은 종을 해치는 것이다. 그러나 惡도 善과 마찬가지로 종을 보존하는 데 필요불가결하다.

5.

다른 사람에게 기쁨 혹은 고통을 줌으로써 우리는 힘을 타인에게 미친다. **고통은 항상 원인을 묻는다. 그러나 쾌락은 자기만족에 그칠 뿐, 뒤돌아보지 않는다.** 타인을 해치는 것은 그에게 힘이 부족하다는 표시이다.

6.

나무는 비바람이나 눈보라를 겪지 않고는 그렇게 하늘 높이 자랄 수 없다. 이처럼 외부에서 가해지는 불운이나 역경, 증오, 질투, 불신, 냉혹, 탐욕, 횡포 등등 이러한 것들이 없다면 德의 성장은 불가능하다. 병약한 자를 쓰러뜨리는 독毒이 사람을 더욱 강하게 만든다. 그 사람에게 독은 강장제가 된다.

7.

위대한 인간은 시간을 거슬러 올라가는 힘을 갖는다. 역사는 그 덕분에 다시 저울에 올라간다.

8.

양심의 가책이란 다음의 경우 약해진다. “이러한 것은 너희 사회에 반反하는 것이다.” 이렇게 교육된 인간은 고독해지는 것을 두려워한다.

9.

자기 인식은 우리 幸福에 결정적인 요소가 아니다. 우리에 관한 다른 사람의 인식이 우리를 덮칠 때, 그것이 훨씬 더 강력하다. 그래서 나쁜 평판보다는 양심의 가책에 대처하기가 더 쉽다.

10.

삶은 논증이 아니다. ─삶에는 오류도 있다.

11.

미친 사람 -너희는 저 미친 사람의 이야기를 들어보지 못했느냐? 그는 밝은 대낮에 등불을 밝혀 들고, 저잣거리를 헤매며 “나는 神을 찾는다.”라고 줄곧 외쳤다.

마침 거기에는 神을 믿지 않는 사람들이 있었기에, 그는 커다란 웃음거리가 되었다. “도대체 神이 없어지기라도 했단 말인가?” 한 사람이 말했다. “神이 어린아이처럼 길을 잃었단 말인가?” 다른 사람이 말했다. “神이 자기를 숨기고 있단 말인가? 神이 우리를 무서워하고 있나?” 이렇게 왁자지껄하면서 그들은 한바탕 웃어댔다.

그 미친 사람은 그들 속으로 뛰어 들어가 그들을 노려보면서 외쳤다. "神은 어디로 갔는가? 내가 너희에게 말해주마. 우리가 그를 죽였다. 너희와 내가! 우리가 모두 神의 살해자다!

우리는 지금 어디로 움직이고 있는가? 지금도 위가 있고 아래가 있는가? 우리는 끝없는 허무 속에 헤매고 있지 않은가? 神은 죽었다. 神은 죽어 있다. 우리가 그를 죽였다. 지금까지 존재했던 중에서 가장 거룩한 것 그리고 가장 강력한 것, 그것이 우리의 칼 밑에서 피를 흘리고 있다."

여기서 그 미친 사람은 입을 다물고 청중을 둘러보았다. 그들 역시 입을 다물고, 놀란 눈으로 그를 쳐다보았다. 마침내 그는 등불을 땅에 내동댕이쳤다. 그것은 산산조각이 났으며 불은 꺼졌다.

"내가 너무 일찍 왔다." 그는 말했다. "때가 아직 아니다. 이 엄청난 사건은 아직도 방황 중이다. 그것은 아직 인간의 귀에까지 도착하지 못했다."

소문에 의하면, 그 미친 사람은 그날 성당에 뛰어 들어가 神의 장송곡을 연주했다고 한다.

12.

神은 어리석은 인간 없이는 존재할 수 없다.

13.

세상을 추하고 악하다고 보는 견해가 세상을 醜(ugly)하고

惡(evil)하게 만든다.

14.

이기주의(Egoism)는 감정에 적용되는 원근법적 법칙이다. 사물이 가까이 있을수록 크고 중요하게 나타나며 멀리 있을수록 작고 덜 중요한 것이 된다.

15.

우리의 귀는 대답할 수 있는 질문만 듣는다. 이것이 우리 청각의 한계이다.

16.

자존심이 강한 자는 자기를 이끌어주는 사람에게 화를 낸다.

17.

善과 惡의 기원: 개선改善은 "이것이 善하지 않다."라고 느낄 수 있는 사람들에 의해서 고안된다.

18.

죄(sin)는 존재하지 않는다. 이는 모든 죄에 적용된다.[2)]

---

2) 법률이 만들어지기 전에는 죄는 존재하지 않았다. 어떤 것이 공동체 존립에 위험이 될 때, 그것을 죄로 간주하고 위험의 정도에 따라 처벌받는다.

19.

善과 惡은 神의 편견이다.[3)]

20.

무엇이 인간을 영웅적으로 만드는가?— 최고의 고통과 최고의 희망을 향해 동시에 나아가는 것

21.

너의 양심은 무엇이라 말하는가? —너는 너 자신이 되어야 한다.

22.

너는 다른 사람들에게 무엇을 사랑하는가? —나의 희망을.

23.

누군가의 부끄러움을 덜어 주는 것이 가장 인간적이다.

24.

자유를 획득했다는 징표는 무엇인가? —더는 자기자신 앞에서 부끄러워하지 않는 것

---

3) 善惡은 시간과 장소에 따라 얼마든지 다르게 해석될 수 있다. 흔히 우리는 자신에게 이익을 주는 사람을 善하다고 하고 그렇지 못한 사람을 惡하다고 한다.

25.

오늘날 선각자의 임무를 수행하는 용감한 사람들이 필요하다. 이러한 사람들은 사물에 대해서 애착심을 가지고 있고, 자신에게서 극복되어야 할 것을 추구하는 사람들이다. 이들은 확실하고 원숙한 솜씨로 명령하고, 때에 따라 복종할 용의도 있다. 이들은 명령할 때와 같이 복종할 때도 긍지를 잃지 않으며, 자기 일에 몰두하는 사람이다. 이들은 많은 일을 경험했으며 보다 幸福한 사람이다.

26.

너는 더는 기도하지 않으며, 더는 숭배하지 않는다. 너는 어떤 궁극적인 지혜 앞에, 최고의 善 앞에, 최고의 권력 앞에 머물지 않는다. 너에게는 궁극의 보복자도 교정자도 존재하지 않는다. 이미 세상만사에는 아무런 이성이 없고, 너의 일에는 아무런 사랑도 없다. 너는 어떤 궁극적 평화도 거부한다. 너는 전쟁과 평화의 영원회귀永遠回歸[4]를 원하는 것이다.

27.

인간에게 "양식을 부여한다는 것"은 위대하고 희귀한 예술이다. 법칙의 구속력에서 기쁨을 음미하는 자는 강하고 지배욕에 불타는 사람들이다. 그들의 불타는 정열은 모든 양식화된 자연을 바라봄으로써 진정된다. 반대로 병약하고 자신을 지배하지 못하는 자는 양식의 속박성을 혐오한다. 그들에

4) 여기서 처음으로 니체가 "영원회귀" 개념을 언급했다.

게 억제가 주어지면, 비천하게 되었다고 느낀다. 그들은 봉사하자마자 노예가 된다. 그래서 봉사하기를 싫어한다.

이런 방식이든 저런 방식이든 인간은 자기자신에게 만족을 얻어야 한다.[5] 그런 후 인간은 관용적인 존재가 된다. 자신에게 만족하지 못하는 자는 끊임없이 복수할 준비를 한다.

28.

인간은 영혼 속에서 호메로스의 幸福[6]을 누릴 때, 태양 아래 가장 커다란 고뇌를 느껴야 하는 창조물인 것이다! 이러한 대가를 지불함으로써 인간은 파도가 해안까지 밀어 올리는 진귀한 조개를 얻을 수 있다!

29.

어떤 정직은 모든 종교가에게는 낯설다. 그들은 체험을 지적 양심의 문제로 취급하지 않기 때문이다. 말하자면 "나는 실제로 무엇을 경험했는가?" "그때 나의 내부에 무엇이 일어났는가?" "나의 이성은 충분히 명석했는가?" 이런 식의 질문은 하지 않는다. 그들은 엄밀히 생각하지 않으려 한다.

---

5) 우리가 우리 자신을 사랑하지 못한다면 다른 사람도 사랑할 수 없는 것과 같은 이치다. 우리가 자기자신을 용납할 수 있어야 다른 사람을 용서할 수 있다. 모든 행위의 출발점은 자기자신과의 관계에서 시작된다.

6) 호메로스의 幸福: 짧은 휴식과 즐거움을 누리는 것처럼 경쾌한 음악에 귀를 기울이고, 찰나의 즐거움에서 눈물을 흘리는 이런 소소한 幸福이 자신의 소유, 자신의 상태이기를 바라는 것을 의미한다.

30.

내가 말하고 싶은 것은 그 이상이다. 나는 단순한 추구자가 아니다. 나는 나 자신의 태양을 창조하고자 한다.

31.

운명이 주는 행운 —운명이 주는 가장 큰 행운은 우리를 잠시나마 적과 한패로 싸우게 하는 것이다. 이를 통해 우리에게는 위대한 승리가 예정된다.

32.

삶의 한가운데에서 —아니다! 삶은 나를 실망시키지 않았다. 해가 갈수록 나는 삶이 더 참되고, 더 바람직하며, 더 신비롭다는 것을 발견한다. 삶이 의무도 아니고, 기만도 아닌, 인식하는 자의 실험이 될 수 있다는 저 사상이 나를 찾아온 그 날 이후로! 인식 그 자체는 나에게 영웅적 감정이 춤추고 뛰어노는 위험과 승리의 세계이다. "**삶은 인식의 수단**"이다. 이 원칙을 마음에 품고 있으면 인간은 용감해질 뿐 아니라 **즐겁게 살고 즐겁게 웃게 된다!**

33.

위대함에 속하는 것 —고통을 견디는 것은 최소한의 것이다. 하지만 스스로 고통을 가하고, 고통의 비명을 들으면서도 곤욕과 불안에 빠져들지 않는 것, 이것이 위대한 것이다.

34.

영혼의 의사와 고통 —도덕가와 신학자는 삶은 의미가 없으며 지극히 고통스럽다고 역설한다. 그러면서도 고통을 경감시켜주는 수많은 치료제가 있다는 것에 대해서 단호하게 입을 다문다. 예를 들면 열정, 평온함, 추억, 꿈과 희망 그리고 마취제와 같은 자부심과 공감에 대해선 언급을 회피한다.

35.

스토아 이론 —나는 幸福이 정열의 말살과 의지의 침잠에서 생겨난다는 스토아 이론에 반대한다. 이렇게 화석화된 생활방식과 교환할 만큼 삶이 그토록 고통스럽고 부담되는 것일까? 우리의 상황이 그렇게 열악한 것은 아니다!

36.

한가와 여가 —현대인에게는 의식儀式을 위한, 여유 있는 친절을 위한, 오락의 에스프리를 위한 그리고 모든 여유를 위한 시간과 능력이 없다.[7] 이익을 좇는 삶은 끊임없이 자신을 꾸며내고, 계략을 짜내고, 남을 앞지르는 일에 그의 정신이 기진맥진할 때까지 모두 소진해 버리도록 요구하기 때문이다. 오늘날의 미덕美德은 어떤 일을 짧은 시간 안에 해치워 버리는 것이기에 진솔함이 없다. 사람들은 지쳐서 자신을

---

7) 오늘날 사람들은 아침부터 밤늦게까지 일하고 남는 시간에는 카페에서 잡담하거나 휴대폰에 정신을 빼앗긴다. 이렇게 허송세월하면서 시간도 없고 여유가 없어서, 현대인들은 사랑이 무엇인지 알지도 못한 채 사랑하며 산다. 사랑도 습관에 얽매인다.
-《페스트》-

멋대로 내버려 두고 싶을 뿐 아니라, 어설프게 몸을 뻗고 싶을 뿐이다.

37.

사랑하는 것을 배워야 한다. —음악을 들을 때, 우리는 주제와 선율을 **음미하는 것을 배워야 한다.** 즉 소리를 듣고 구분하고 독자적인 생명으로 분리하고, 경계를 짓는 것을 배워야 한다. 다음에는 그것을 **견뎌내려는** 노력과 의지가 필요하다. 그것이 이상할지라도 그 눈길과 표현을 참아내고, 그것의 기이함을 마음으로 받아들여야 한다. 그리하여 그것에 **친숙해지고**, 기대를 품고, 그것이 없으면 아쉬워하게 되리라고 예감하는 순간이 찾아온다. 이제 음악은 우리의 연인이 되어, 그것만을 원하며, 다른 어떤 것도 그것보다 더 나은 것은 없다고 여기게 된다. 이러한 일이 음악에서만 일어나는 것은 아니다. **사랑도 우리는 그런 방식으로 배워왔다.** 결국 우리는 생소한 것에 선의와 인내, 공정함과 온후함을 베푼 보상을 받게 된다. 이제까지 낯설기만 한 것이 천천히 베일을 벗고 새롭고 아름다운 자신의 모습을 드러내는 것이다. 이것이 우리의 친절에 대해 그것이 보내는 감사이다. 자기자신에 대한 사랑도 이런 길을 거쳐 사랑을 배웠을 것이다. 그 외 다른 길은 없다. 우리는 사랑도 배워야만 한다.

38.

물리학이여 영원하여라! —"모든 인간에게 가장 먼 존재는 자기자신이다."[8] 예민한 사람이라면 이 불편한 진리를 알고 있다. "이것은 옳다." 내 양심이 그렇게 말했기 때문이다. 이처럼 우리는 "양심의 소리는 결코 부도덕이지 않다."고 생각한다. 그러나 우리는 양심의 배후에 있는 양심에 관해서 생각해보지 않았다.

어떤 판단에든 성향, 애착, 혐오, 경험 속에 그 전력前歷이 있다. 올바른 판단이 되기 위해서는 "어떻게 그것이 생겨났는가?" "나로 하여금 그것을 듣도록 강제하는 것은 무엇인가?" 하고 물어야 한다. 요컨대 양심의 소리를 들을 수 있는 다양한 방식이 있다. 그러나 어떤 판단을 양심의 소리로 듣는 것은 일찍이 자신에 관해서 반성하지 않았다는 사실과 어린 시절부터 옳다고 맹목적으로 수용해 온 데 그 원인이 있다. 또는 이제까지 의무라고 느껴온 것이 너에게 지지와 명예를 가져왔다는 사실에 근거할 것이다. 그리고 네가 옳다고 생각한 것은 너 자신의 존재 조건으로 나타나기 때문이다.

따라서 도덕적 판단의 확고함은 개인적 비굴함의 증거가 될 수 있다. 네가 말하는 도덕적 힘은 다른 곳에 그 근원을 가지고 있을지도 모른다. 만약에 좀 더 숙고한다면 의무나 양심을 계속해서 의무나 양심으로 부르지는 않았을 것이다.

따라서 우리의 견해와 가치 평가를 정화하는 일, **새롭고 독자적인 가치목록을 작성하는 일에 전념해야 한다**. 그러나 "우리 행위의 도덕적 가치"에 대해 생각하는 일은 그만두자! 그것은 결코 현재를 살아본 적이 없는 사람들, 一절대다수의

---

8) 인간은 자기자신에게 영원한 이방인이다. -《도덕계보》-

사람들에게 넘겨주도록 하자! 하지만 **우리는 현재의 우리 자신이 되고자 한다!**[9] 새롭고, 일회적이고, 비교할 수 없고, 자율적이고, 자기자신을 창조하는 인간이 되어야 한다! 이를 위해 우리는 세계의 법칙과 필연성을 배우고 발견하는 일에 최고의 역량을 쏟아야 한다, **창조자**라는 의미에서 **물리학자**가 되어야 한다.

39.

여성적 삶 —사물의 궁극적 아름다움을 보기 위해서는 지극히 드문 우연이 필요하다. 모든 훌륭한 것 중 최고봉에 속한 것은 감춰지고 숨겨져 있다. 그것은 우리에게 **일회적으로만 그 모습을 드러낼 뿐이다!** 그래서 그리스인들은 이런 기도를 올리곤 했다. “모든 아름다운 것이 두 번 세 번 주어지기를!” 아름다운 것은 우리에게 전혀 주어지지 않거나 한 번만 주어지기 때문이다. 이 세계에는 아름다운 것이 넘쳐나고 있지만, 그것이 모습을 드러내는 순간은 너무 짧다. 하지만 이것이야말로 삶의 가장 강력한 마법일지도 모른다. 삶은 황금 실로 짜인 베일로 덮여 있다. 약속하고, 반감을 품고, 수줍어하고, 냉소하고, 유혹하는. 그렇다. 삶은 여성이다!

40.

최대의 중력 —어느 날 악령이 너에게 다가와 속삭인다. “네가 현재 살고 있고 지금까지 살아온 삶을 다시 한번 살아

9) 나는 어떤 것도 자신의 모습과 다르게 되는 것을 원하지 않는다, 언제나 나는 그렇게 살았다. 나는 어떤 소망도 가져본 적이 없다.
-《이 사람을 보라》-

야 하고 또 무수히 반복해서 되살아야만 할 것이다. 거기에 새로운 것이란 없으며 모든 고통과 쾌락, 모든 사상과 탄식, 네 삶에서 이루 말할 수 없이 크고 작은 모든 것이 다시금 네게 되돌아올 것이다. 거미와 달빛 그리고 이 순간 바로 너 자신도, 현존재의 영원한 모래시계가 거듭해서 뒤집혀 세워지고… "[10]

"나는 이보다 더 신성한 이야기를 들어보지 못했다." 이러한 생각이 너를 지배하게 되면, 그것은 너를 변화시킬 것이며, 아마도 부숴버리고 말 것이다. "너는 이 삶을 다시 한번 그리고 무수히 반복해서 다시 살기를 원하는가?"라는 질문은 최대의 중력으로 너의 행위 위에 얹히게 된다! 최종적이고 영원한 확인과 봉인 외에는 더는 아무것도 요구하지 않기 위해서는, 어떻게 너 자신과 너의 삶을 만들어 갈 것인가?

41.

비극이 시작되다. —차라투스트라가 30살이 되던 해 고향과 호수를 떠나 산속으로 들어갔다. 그곳에서 그는 10년 동안 지치지 않고 고독을 즐겼다. 마침내 그의 마음에 변화가 왔다. 어느 날 동이 트자 그는 태양을 향해 이렇게 말했다. "… 보라! 잔은 다시 비워지기를 갈망하고, 차라투스트라는 다시 인간이 되기를 갈망하노라." 이렇게 하여 차라투스트라의 하산은 시작되었다.[11]

10) 《차라투스트라》의 중심사상, 영원회귀에 관한 이야기다.
11) 《차라투스트라》의 머리말과 똑같다.

42.

우리의 쾌활함이 의미하는 것 －근래 최대 사건은 "神은 죽었다."는 것 －이 사건은 유럽에 최초의 그림자를 드리우기 시작했다.

우리 철학자들, "자유로운 정신들"은 "늙은 神이 죽었다."는 소식에 서광이 비치는 듯했다. 바다가, 우리의 바다가 다시 열렸다. 그러한 열린 바다는 일찍이 존재한 적이 없었을 것이다.

43.

이 세계는 神적인 것도, 도덕적인 것도 "인간적"인 것도 아니라는 것을 우리는 알고 있다. 지금까지 우리는 세계를 오류와 허위로, 우리의 희망과 의지에 따라, 즉 **필요**에 따라 해석해왔다.

44.

"종種의 수호神"에 대하여 －우리의 의식은 공동체에 유용한 것만 발전해 왔다. 그런데 우리의 행동은 근본적으로 유일하고 무한히 개별적이다. 우리는 **진리**를 위한 기관을 전혀 가지고 있지 않다. 우리는 그것이 인간의 무리, 종에 **유익**한 만큼만 **안다**.[12)]

---

12) 진리와 허위가 따로 있는 것이 아니다. 어떤 공동체에게 유용하면 그것을 진리라고 하고 해로우면 허위라고 한다. 그래서 니체는 말한다. "진리란 일정한 생명체가 그것 없이는 살 수 없다고 생각하는 오류다." -《권력의지》-

45.

예술과 철학은 고뇌하는 자를 전제로 한다. 고뇌하는 자는 두 가지 유형이 있다. 하나는 삶의 충만성으로 인해 디오니소스적 예술과 삶의 비극적 통찰을 추구한다. 다른 하나는 삶의 궁핍으로 인해 구원을 갈망하거나 도취・경련・마취・광기를 추구한다.

디오니소스적 神과 인간은 파멸・해체・부정 등을 자신에게 허용한다. 충만한 힘의 결과로 그에게는 惡한 것・부조리한 것・추한 것, 모든 것이 허용된다. 반면 삶의 궁핍으로 고뇌하는 자는 온화함・평화로움・선의를 가장 필요로 하며, 가능하다면 병자를 위한 神, 구세주로서의 神을 필요로 한다.

2.《차라투스트라》 주석서 :《善惡을 넘어서》

오, 삶의 정오여! 축제의 시간이여!
나는 낮이나 밤이나 친구들을 기다린다.

우리는 승리를 확신하며,
축제 중의 축제를 벌인다.
차라투스트라가 왔다, 손님 중의 손님이!
이제 세계는 웃고, 두려움의 장막은 벗겨지고,
빛과 어두움의 혼인 잔치가 시작되었다.

-산마루에서-

머리말

이제까지 모든 독단론이 구축해 왔던 그 장엄하고 절대적인 철학이 얼마나 빈약한 기반에 있는가. 동양의 베단타(Vedanta) 철학과 서양의 플라톤(Platon) 철학이 바로 그 독단론들이다.

지금까지 모든 과오 중에서 가장 고약하고 가장 지속적이고 가장 위험한 것은 플라톤의 독단론이다. 그것은 순수정신(the pure spirit)과 善 그 자체(the good in itself)를 날조해 냈다. 그러나 지나치게 불쾌히 생각할 필요가 없다. 그 과오는 이제 극복되고, 유럽은 악몽에서 깨어나 다시금 자유로이 숨쉬고 있기 때문이다. 이제 우리의 사명은 깨어 있는 정신을 유지하는 것이다. 예전에는 사람들이 善과 정신에 말할 때, 플라톤처럼 삶의 근본 조건인 **원근법**(Perspective)을 스스로 부인했다.

그러나 플라톤과의 투쟁 혹은 그리스도교에 대한 투쟁—그리스도교는 대중을 위한 플라톤주의(Platonism)다—은 지금까지 없었던 훌륭한 정신적 긴장을 창조했다. 우리는 건강한 유럽인들이다. 극히 자유로운 정신의 소유자들이다.[13)]

실스 마리아에서 / 1885년 6월

---

13) 《善惡을 넘어서》 구성: 제목이 달린 9개 장과 그 안에 296개의 번호가 붙은 아포리즘 형식의 글로 구성되어 있다. 그리고 다른 책에 비해 짧은 서론과 "높은 산에서"라는 후곡後曲으로 끝을 맺었다. 여기서는 머리말과 296개의 단장 중 《차라투스트라》와 관련되는 부분을 발췌, 요약정리했다.

1.

지금까지 철학자들은 진리에 대해서 어떤 의심도 하지 않았다. 어째서 우리는 허위나 불확실성을 추구하지 않고, 진리를 추구하는가?

2.

어떤 판단이 잘못되었다고 반드시 부정할 필요는 없다. 문제는 어떤 판단이 "삶을 고양하고 보존하는가."에, 그리고 어느 정도로 "종種을 유지하고 계발하는가."에 달려있다. 이는 참·거짓과는 전혀 무관하다. 거짓 판단이라고 해서, 그것을 무조건 거부한다는 것은, 삶을 무조건 거부하고 부정한다는 것을 의미한다.

3.

위대한 사상은 철학자의 자기 고백이며 자기 기록이다. 위대한 철학자에게 비개인적인 것이 존재하지 않는다.

4.

모든 생명은 그 자체로 권력의지다.

5.

이 세계가 합법칙적이라고 주장하는 이유는, 거기에 법칙이 전혀 존재하지 않기 때문에, 그렇게 믿고 싶은 것이다. 언제나 궁극적인 결말을 짓는 것은 법칙이 아니라 권력이다.

6.

자기 정원에 황금 울타리가 있다는 것을 잊지 말라! 정원 같은 사람을 선택하라. 다시 말해 멋진 고독을, 자유롭고, 즐겁고, 우아한 고독을 선택하라!

7.

"진리가 현상보다 더 가치 있다."라는 견해는 도덕적 편견에 불과하다. 현상 없이 삶은 존립할 수 없으며, 현상세계를 배제한 진리는 결국 공허한 것이 된다. 진리와 허위는 상반된 개념이 아니라, **명암의 차이**만 있을 뿐이다.

8.

어떤 것이 극도로 해롭고 위험할지라도 진리가 될 수 있다. 정신의 강함은 어느 만큼 진리를 견디어 낼 수 있는가에 따라 측정된다. 즉 어느 정도까지 진리를 희석하고 완화하고 왜곡하는가에 따라 측정된다.

9.

사람은 자신이 독립할 수 있고 명령할 수 있는 능력을 타고났는지, 적절한 시기에 시험해 봐야 한다. 비록 그것이 가장 위험한 놀이일지라도 그것을 회피해서는 안 된다. 사람은 자기자신을 보존하고 강화할 줄 알아야 한다.

10.

미래 철학자는 말할 것이다. "내 판단은 어디까지나 내 판단이다. 나 이외의 어떤 사람도 그것에 관여할 수 없다. 공동선共同善은 그 자체로 모순이다. 다수에 동조하려는 나쁜 취향을 버려라.”

11.

미래의 철학자는 지극히 자유로운 정신의 소유자가 될 것이다. 자유 정신의 소유자는 다양한 영역에서 거주했던 적이 있다. 그는 명예, 돈, 관직 또는 관능의 도취 뒤에 숨어 있는 종속되고 싶은 유혹에 대해 분노한다. 보통 사람들은 고통이나 질병을 제거해야 할 것으로 간주하지만, 그는 궁핍이나 예고 없이 찾아오는 질병에 감사한다. 그것은 어떤 규범이나 편견에서 우리를 해방하기 때문이다.

자유 정신의 소유자는 탕아처럼 보이지만, 실은 자기 힘으로 일어선 인간이고, 배우기와 잊어버리기에 능란하며, 때로는 늦은 밤에도 일하는 올빼미다. 필요하다면 허수아비도 될 수 있다. 말하자면 그는 고독하게 태어났고, 고독을 추구하는 인간이다. 자유 정신의 소유자는 바로 이러한 인간이다!

12.

처음부터 그리스도교 신앙은 철저한 희생을 요구했다. 모든 자유와 긍지, 모든 자기 확신의 희생이었다. 동시에 그것은 굴종, 자기 모멸, 자기 파괴였다.

13.

도덕적 속박에서 벗어나 인간은, 생동감 넘치며 세계를 긍정하는 이상에 도달할 수 있다. 이상을 품은 인간은 존재하는 모든 것과 화해하고 그것과 맞추어 사는 법을 알고 있다. 게다가 지칠 줄 모르고 "처음부터 다시"를 외치며 과거에 존재했고 현재도 존재하는 것이 영원히 회귀하기를 원한다.

14.

통치자는 대중을 교화하고 교육하기 위해서 종교를 이용한다. 종교란 대중을 억압하고 효과적으로 지배하는 수단이다. 반면 대중에게 종교란 자기 위치와 처지를 만족하게 만든다. 종교는 민중의 가난과 복종을 정당한 것으로 만들어, 평화와 幸福을 보장해 준다.[14)]

15.

인간을 고귀하게 만드는 것은 고귀한 감정의 강도가 아니라 그것의 지속력이다.

16.

인간의 성숙, 그것은 어린 시절 놀이[15)]할 때 가졌던 진지함을 재발견하는 것이다.

---

14) 종교는 억압받는 피조물들의 한숨이며, 영혼 없는 상황의 핵심이다. 종교는 민중의 아편이다. 민중에게 거짓 幸福인 종교를 폐지하는 것은 민중의 진정한 幸福을 위한 필수조건이다. -마르크스-

15) 놀이는 특정한 시간과 공간 안에서 벌어지는 자발적 행위 또는 몰입 행위로서 자유롭게 받아들여진 규칙을 따르되 놀이 그 자체가 목적이다. -《호모 루덴스》-

17.

도덕적 현상이란 존재하지 않으며, 현상에 대한 도덕적 해석만이 있을 뿐이다.

18.

위대한 삶의 시기는 惡을 최선이라고 개명할 만한 용기를 얻을 때이다.

19.

한 시대의 惡은 이전에는 善이었는데, 시대를 잘못 만난 메아리(echo), 낡은 이상의 격세유전(atavism)이다.

20.

흔히 惡이라 간주하는 이의, 탈선, 불신 이러한 것은 건강한 징조이다. 무조건적인 것은 병적이다.

21.

인간의 본능적 충동 앞에서는 이성뿐 아니라 양심까지도 굴복한다.

22.

우리가 궁극적으로 사랑하는 것은 자신의 욕망이지 그 욕망의 대상이 아니다.

23.

돕기를 즐기는 사람은, 흔히 자신의 도움을 필요한 사람을 만들어 놓고 보려는 어리석은 짓을 한다. 그리고는 도움받은 자들은 그 도움을 감사하여 자신에게 충성을 다할 것이라 상상한다. 돕는 사람은 소유하고 지배하려는 갈망에서 자비롭고 친절한 사람이 되었기 때문에, 곤란에 처한 사람을 도우면서 그를 자신의 소유물처럼 간주한다.[16)]

24.

인간은 언제나 무리를 이루고 살았다. 그 속에서 명령하는 자는 소수였고 복종하는 자는 다수였다. 그리하여 복종하는 것이 오랜 세월을 두고 훈련되었다. 그 결과 모든 인간이 "너는 해야 한다(You should)."라고 하는 복종의 욕구를 타고났다. 복종 본능은 잘 이어져 왔지만 명령하는 기능이 퇴화하고 있기에 인류 발전이 저지되고 있다.

25.

투쟁의 관점에서 인간은 두 유형으로 구별된다. 병약한 인간은 투쟁하기도 전에 투쟁이 끝나기를 바란다. 이들은 진정제와 유사한 휴식, 안정, 화합에 이르는 것을 幸福으로 간주한다. 반면 건강한 인간은 대립과 투쟁을 삶의 활력으로 간주하고, 이를 통해 자기 지배와 조정 능력을 개발한다.

---

16) 도움을 받은 자가 제대로 고마움을 표하지 않는다면 또는 충성을 다하지 않는다면, 그런 사람을 우리는 은혜를 모르는 배은망덕한 사람이라 욕한다. 하지만 도움을 주고서도 도와주었다고 생각조차 하지 않아야 한다고 부처님이 말씀하셨다.

26.

사람들은 무엇이 善이고 무엇이 惡인가를 알고 있다고 생각한다. 그러나 善과 惡을 안다고 생각하는 것, 그리고 善을 찬양하고 惡을 비난하는 것, 그것이야말로 노예도덕이다. 오늘날 도덕은 바로 노예도덕이다.

27.

이제 우리에게 인간의 미래가 우리 자신의 의지에 달려있고, 스스로 개척해 나가는 것이라고 가르치는 새로운 철학자가 필요하다. 그가 이 과업을 수행하기 위해서 적절한 과정과 시련을 거쳐야 한다.

28.

참된 철학자는 모험을 즐기고, 승산이 없는 도박도 꺼리지 않는다.

29.

객관적인 정신의 소유자는 단순한 도구에 불과하다. 그는 단순히 거울에 불과할 뿐, 자기 목적(Self-destination)이 되지 못한다. 그는 자신에게는 아무것도 아닌 존재이며, 다른 사람의 도구요, 노예일 뿐이다.

30.

철학자의 과업은 가치를 창조하는 일이다. 철학자는 말한다. "이렇게 되어야 한다!"

31.

인간의 위대함은 관점의 다양함과 광범위함에서 찾아야 한다. 그가 얼마나 다양한 것을 또한 얼마나 광범위한 것을 감당할 수 있는가에 달려있다.

32.

참된 자유는 필연과 일치한다.[17)]

33.

고통의 단련만이 인류 향상의 원동력이다. 그래서 편안함은 삶의 목표가 아니라 종말이다. 그것은 인간을 저열한 존재로, 파멸되어야 할 존재로 만들어 버린다. 동정은 모든 유약화・허약화 중에서도 최악이다.

34.

모든 민족은 그들 고유의 위선(hypocrisy)을 가지고 있으며 그것을 덕(德, virtue)이라 부른다.

35.

타인의 가치나 평가에 따라 살아가는 자는 노예이자 천민이다. 그들은 主人이 부여해 준 가치 외에는 어떤 가치도 창출하지 못한다. 오늘날 사람들은 타인의 평판에 굴복한다.

---

17) 공자에 따르면, 사람이 어떤 경지에 이르게 되면, "자신이 하고 싶은 대로 해도 법도와 윤리에 어긋나지 않는다(從心所慾不踰矩)." 고 한다. -《논어》-

그것은 하나의 노예근성이다.

36.

허영에 빠진 인간은 모든 좋은 평판을 기뻐하고 다른 나쁜 평판을 괴로워한다. 이것은 타인의 평판에 예속되어 있기 때문이다. 다시 말해 복종이라는 본능에 예속되어 있기 때문이다.

37.

불리한 상황에서 끊임없이 투쟁하는 것은 한 유형을 보존하고 강화하는 동기가 된다. 언젠가는 幸福한 상황이 발생하고 엄청난 긴장이 풀리게 된다. 더는 적이 없을 것이며 삶을 위한 수단, 삶을 즐기기 위한 수단마저도 넘쳐나게 될 것이다.

38.

다양하며 광범위한 삶은 자신의 입법을, 자기 보존과 자기 향상 그리고 자기 구원을 위한 책략과 기예를 필요로 한다. 하지만 기존의 도덕 "평범하게 살라!"에 충실하면, 자신이 누구인지, 자신이 진정으로 원하는 것이 무엇인지 고백할 수 없다.

39.

혐오감을 자아낼 정도의 무절제 · 음험한 질투 · 고집불통ㅡ이 세 가지 요소는 하층민의 전형적인 특징이다.[18)]

40.

바이런, 뮈세, 포(E.A. Poe) 같은 위대한 시인들은 순간에 충실한 인간이며, 열광적이고 관능적이며 어린아이같이 경솔하고도 당돌하다. 그들은 보통 감추어야 할 어떤 깨진 영혼을 지니고 있지만, 그것을 즐기고 마침내 자신을 별[星]로 착각한다.

41.

고귀한 영혼은 자기자신에 대해 경외심을 품고 있다. 자신의 책임과 의무를 타인의 것으로 전가하거나 분담하지 않는 것. 자신의 의무 속에서 특권을 생각하고 특권을 행사하는 것, 이것은 고귀함의 증거다.

42.

타인의 숭고함을 인정하지 못하는 인간은 그 사람에게 표면적인 것에 불과한 천박함을 날카롭게 잡아낸다. 그는 이렇게 함으로써 자신의 정체를 드러낸다.

43.

철학자란, 새로운 번개를 품고 있는 폭풍우일 것이다. 때

---

18) 병약했던 니체는 철저하게 자기 관리를 하며 살아야 했다. 그의 자서전에 이런 말이 있다. "알콜은 내게 해롭다. 하루 한 잔의 와인이나 맥주는 내 삶을 눈물 골짜기로 만들어 버리기에 충분하다. …간식도 하지 말고 커피도 마시지 말자. 커피는 나를 우울하게 만든다. 차는 아침에 마셔야 건강에 이롭다. 차는 약간만 마시되 강하게 마시자." -《이 사람을 보라》-

때로 그는 자신을 두려워하고 도망치고 싶은 존재다. 동시에 호기심이 강해 그는 언제나 자신에게 돌아오는 존재다.

44.

인간이란 지상에서 비견될 만한 것이 없을 만큼 유쾌하고 용감하고 창의적인 동물이다. 인간은 어떤 미궁 속에 빠져도 자신이 가야 할 길을 찾아낸다.[19)]

---

19) 니체에 따르면, 모든 인간은 초인적 능력을 타고났다. 문제는 그것을 개발하는가 하지 않는가에 달려 있다. 그리고 그것을 어떻게 개발하는가도 관건이다. 인간은 끊임없이 자기를 극복함으로써 초인적 인간이 되어갈 수 있다.

3. 《차라투스트라》 해설서 : 《이 사람을 보라》

내 말을 들으시오! 나는 이러이러한 사람이기 때문이오.
무엇보다도 나를 혼동하지 마시오!
나는 철학자 디오니소스의 제자다. 나는 성인이 되느니
차라리 사티로스이고 싶다.
하지만 이 책을 읽어보아야 할 것이다.
이것은 성공적으로 쓰였으나, 인류를 개선改善한다는 따위는
나는 결코 약속하지 않을 것이다.

-《이 사람을 보라》-

차라투스트라는 이렇게 말했다.

-모두를 위한 그리고 그 누구를 위한 것도 아닌 책-

1.

이제 나는 차라투스트라의 내력을 이야기하겠다.[20] 이 책의 기본사상인 영원회귀 사유라는 최고의 긍정형식은 1881년 8월에 쓰였다. 그것은 "인간과 시간의 6천 피터 저편"이라고 메모되어 있다. 어느 날 나는 호수를 따라 숲길을 걷다가 거대한 바위 앞에서 우뚝 멈추었다. 바로 그때 이 사상이 떠올랐다.

1883년 2월, 즉 바그너가 베니스에서 죽은 그 시각에, 《차라투스트라》 1권의 피날레 부분이 완성되었다. 따라서 이 책의 잉태 기간은 18개월이다.

그 중간에 《즐거운 학문》이 쓰였는데, 이것은 《차라투스트라》의 머리말 그 자체이고, 책 4부 끝에서 2번째 장에서는 차라투스트라의 근본 사상[21]이 드러나 있다.

또 그 사이에 〈삶의 찬가〉가 쓰였다. 이것은 비극적 파토

---

20) 《이 사람을 보라》 구성: 니체는 정신이 혼미해지기 직전에 자신의 삶과 작품들에 대한 해설서를 썼다. 그는 자신이 다른 사람과 혼동되는 것을 원하지 않았기 때문이다. 여기에서 니체는 자신이 어떤 사람인지, 작품들을 어떻게 쓰게 되었으며, 작품에서 중심사상은 무엇인지 설명하고 있다.

21) 차라투스트라의 근본 사상이란 《즐거운 학문》 단장 341에서 말하는 영원회귀를 말한다. "최대의 무게-네가 지금 살고 있고 살아왔던 이 삶을 무수히 반복해서 살아야 할 것이다. 거기에는 새로운 것이란 없으며 모든 것이 같은 순서로 되돌아올 것이다 …이 생각이 너를 지배하게 되면 그것은 지금의 너를 변화시킬 것이고 분쇄할 것이다."

스라고 불렸던 파토스 중의 파토스인 **긍정**의 파토스가 내 안에 최고로 깃들어 있던 그해의 상태를 알려주는 징후이다. 이 노래는 훗날 나를 기억하면서 불리게 될 것이다. 그 텍스트는 내가 쓴 것이 아니라, 러시아의 젊은 여성 루 살로메의 영감이 쓴 것이다.

이 노래는 고통을 삶에 대한 반박으로 여기지 **않는다.** "네가 내게 줄 幸福이 더는 없는가. 자, 보라! **아직 네 고통을 갖고 있지 않은가**…."

그럼에도 불구하고 《차라투스트라》는 그다음 겨울 조용하고 매력적인 라팔로에서 지낼 때, 내가 많이 아팠고 춥고 비가 많이 내린 악조건에서 등장했다. 아침에는 솔숲을 지나 바다를 바라보며, 나는 초알리 방향으로 아름다운 남쪽 길을 오르곤 했다. 오후에는 건강이 좋을 때마다 산타 마게리타에서 만灣을 따라 걸었다. 이 두 산책길에서 차라투스트라가 하나의 유형으로서 내 머리에 떠올랐다. 정확히 **그가 나를 엄습했다.**

2.

차라투스트라라는 유형을 이해하기 위해서는 그의 생리학적 조건을 알아야 한다. 나는 그 조건을 **위대한 건강**이라 부른다. "새로운 자", "이름 없는 자", 미래의 조산아인 우리는 새로운 목적을 위해 새로운 수단이 필요하다. 말하자면 새로운 건강을, 이전의 어떤 건강보다도 더 강하고 능란하고 더 질기며 더 대담하고 더 유쾌한 건강이 필요하다. **위대한 건강**은 보존되는 것이 아니기에 계속해서 획득해야만 하는 것이다.

이제 이상을 찾는 아르고의 뱃사공인 우리는, 오랜 항해 끝에 미지의 나라를 직면한 것이다. 그 나라는 아름다운 것, 기묘한 것, 의심스러운 것, 무서운 것, 신적인 것이 넘쳐흐르는 곳이어서, 우리가 정신을 차릴 수 없을 지경이다.

또 하나의 사상이 우리 앞으로 달려오고 있다. 기묘하고, 유혹적이며, 위험한 이상이. 이로 말미암아 "진정한 의문부호"가 처음으로 찍힐 것이다. 영혼의 운명이 바뀌고, **비극이 시작될** 것이다.

3.

영감(inspiration) 또는 계시(revelation), 이것은 말로 표현할 수 없을 정도의 확실성과 미묘함으로, 갑자기 무엇인가가 **보이고**, 무엇인가가 들리고, 무엇인가가 자기자신을 저 깊은 곳까지 뒤흔들어 놓고 감동하게 한다.

번개처럼 "하나의 생각"이 번쩍 떠오른다. 그리고 눈물이 비 오듯 하고, 황홀경에 이르며, 무아경에 빠져 버린다. 이제, 모든 것은 가장 가깝고, 가장 명백하고, 가장 단순한 표현으로 나타난다. 이것이 영감에 대한 내 경험이다.

4.

그 후 나는 제노바에서 몇 주간 병석에 누웠다가, 로마에 가서 우울한 봄을 지냈다. 로마에서 나는 내 삶을 받아들였다. 물론 쉬운 일이 아니었다. 이곳은 근본적으로 나를 심히 불쾌하게 했다. 여기서 나는 **안티크리스트**(antichrist) 지역을 찾느라 기진맥진해진 다음에야 바르베리니 광장에서 만족할 수 있었다.

그해 여름 번개가 치듯 《차라투스트라》 사상의 영감을 받았던 곳, 실즈 마리아로 가서 Ⅱ부를 썼다. 열흘로서 충분했다. 그것은 Ⅰ부 때에도 그리고 Ⅲ부 때에도 그러했다. 책의 Ⅲ부는 니스의 맑은 하늘 아래에서 완성했다. 전체적으로 한 해가 채 걸리지 않았다.

Ⅲ부 〈헌 서판과 새 서판에 대하여〉라는 그 결정적인 부분은 기차역에서 바위 성 에차까지 오르는 힘든 언덕길에서 쓰였다. 창조력이 가장 풍부할 때, 내 몸은 도취하여 근육이 가장 민감하게 움직인다. 당시 나는 지치지 않고 산을 7~8시간 돌아다닐 수 있었다. 나는 잘 잤고 많이 웃었다.

5.

나는 《차라투스트라》를 쓰던 그 열흘간의 작업 시간을 제외하고는, 그 해와 그 후 여러 해를 말할 수 없이 비참하게 지냈다. 고독은 껍질을 7겹이나 갖고 있어 그것을 뚫고 지나갈 수 없었다. 내 주위 사람들에게서 다양한 반항을 경험했다. 사람들에게서 갑자기 거리감을 느끼는 것보다 더 깊은 상처는 없는 것 같다.

6.

이 작품은 단연 독자적이다. 디오니소스적[22]이라는 내 개

---

22) 삶의 가장 낯설고 가장 가혹한 문제에 직면해서도 삶 자체를 긍정한다. 자신의 최상의 모습을 희생하면서 자기 고유의 무한성에 환희를 느끼는 삶에의 의지, 이것을 나는 디오니소스적이라고 부

념이 《차라투스트라》에서 **최고 행위**가 되었다. 여기서 인간은 매 순간 극복되고 超人이 최고 현실이 되었다. 이제껏 인간이 위대하다고 간주한 전부는 超人에게서 무한히 멀리 떨어져 있다. 대립적인 것에도 접근할 수 있다는 점에서, 차라투스트라는 자신을 **존재하는 모든 것 중에 최고 유형으**로 느낀다.

모든 것에 대한 영원한 긍정 자체일 수 있는 근거, 즉 "웅대하며 한없는 긍정과 '아멘'을 말할" 근거를, 축복하는 긍정의 말을 차라투스트라는 모든 심연 속으로 가져간다. **그런데 이것은 또 하나의 디오니소스란 개념이다**.

7.

언제나 차라투스트라는 누구도 그 **의미**를 착각하지 않게끔 자기의 과제를 엄격하게 규정했으며—그것은 내 과제이기도 하다—그는 과거의 모든 것들도 **긍정**하고 정당화하며 구제하기에 이른다.

차라투스트라는 인간에 대한 엄청난 구토도 극복해 버렸다. 오, 인간이여, 돌 속에는 하나의 형상이 잠자고 있다! 형상 중의 형상이! **이제 내 망치가 형상을 가둔 감옥을 내리친다.** 바위 조각들이 흩어진다. 超人(Overman)의 그림자가 나를 찾아왔다. 이제 神들이 내게 무슨 상관이 있는가!

디오니소스적인 과제를 위해 망치의 단단함과 **파괴 시의 기쁨 자체**가 결정적 전제조건이다. **모든 창조자는 단단하다**. 이는 디오니소스적 본성의 표시다.

른다. -《이 사람을 보라》-

제2장

니체의 삶과 철학

· 삶에 대한 사랑이 최고 희망에 대한 사랑이 되게 하라. 최고 희망이 삶에 대한 최고 철학이 되게 하라.

· 내가 바라는 삶을 살자. 아니면 더는 살지 않는 것, 나는 이것을 원한다.

- 《차라투스트라》 -

1. 니체의 삶

포도가 잘 익었을 뿐 아니라, 모든 것이 잘 익은
이 완벽한 날에 한 줄기 햇살이 내 삶을 비추었다.
되돌아보면 내가 이처럼 좋은 것을 한꺼번에 본 적이 없었다.
나의 44번째 해를, 오늘 내가 묻어버려도 된다.
이 한 해 내 작품이 구원을 받았으며 영구적이 되었다.
어찌 내가 내 삶을 감사하지 않을 수 있을까?
그래서 나는 나에게 내 삶을 이야기한다.

《이 사람을 보라》

생 애

니체는 1844년 10월 15일, 독일 뢰켄(Röcken)에서, 목사의 장남으로 태어났다. 아버지 칼 루드비히(Carl Ludwig Nietzsche, 1813-1849)와 어머니 프란체스카(Franziska, 1826-1897)는 아들이 국왕(Friedrich Wilhelm Ⅳ.)의 생일날 태어난 것을 기념하기 위해, 이름을 프리드리히 빌헬름이라고 지었다.[1] 2년 후 여동생 엘리자베트가 태어나고 1848년 남동생 요제프가 태어났다.

니체의 아버지가 36세 젊은 나이에 뇌연화증으로 죽고 다시 몇 달 후 남동생이 죽었다. 경제력이 없었던 니체의 가족은 할머니가 계신 곳, 나움부르크로 이사했다. 할머니 중심으로 꾸려지는 집안에서, 니체는 어머니, 고모 2명, 여동생 5명의 여자 사이에서, 유일한 남자로 지나친 관심과 사랑을 받으며 성장했다. 여성들 사이에 둘러싸여 니체는 유난히 아버지를 그리워했으며, 강한 남성상과 가부장적 권위를 동경했기에 친구의 아버지까지도 지나치게 미화하곤 했다. 다음은 니체가 자신의 아버지와 친구들의 아버지를 소개한 글이다.

> 그때까지 우리는 기쁘고 幸福하게 살았으나, 어느 날 먹구름이 몰려오더니 하늘에서 벼락이 내리쳤다. 아버지는 뇌연화증으로 극심한 고통을 견뎌야 했으며… 아버지는 그리스도의 덕德을 갖추고 있어서 모든 사람이 그를 사랑

1) 후일 니체는 자신의 이름에서 Wilhelm을 삭제했다.

하고 존경했다. 아버지는 삶 자체를 살기 위해서가 아니라, 단지 삶을 품위 있게 기억하기 위해 태어난 것과 같이, 오직 이 세계를 스치고 지나가야 하는 운명적 존재자인 것 같았다. 아버지의 삶이 기울어지던 바로 그 시기에 내 삶도 기울어지기 시작했다.

내 친구 크루그(G. Krug)의 아버지는 음악의 명수이며, 훌륭한 작품을 여럿 남겼으며… 그의 위풍당당한 모습, 근엄한 모습, 그리고 재기발랄한 표정, 모든 사람이 인정하는 유능함, 이 모든 것이 나에게 깊은 인상을 남겼다.
다른 친구 핀더(W. Pinder)의 아버지는 왕립항소법원의 회원이며 유능한 자질을 지니고 있다…. 그는 빈민구제협회 회장이었는데 그가 베푼 사랑은 설교자들이 거둔 성과 이상을 가져왔다. 게다가 그는 도시를 보다 아름답기 위해서도 쉬지 않고 노력하기도 했으며…."

어린 시절 니체가 동경했던 가부장적 품위와 권위는, 후일 《차라투스트라》에서 제시하는 주인도덕과 권력의지 그리고 초인超人을 구성하는 디딤돌이 되었다. 한편으로 아버지의 부재는 니체를 더욱 자유롭게 했다. 그가 10대에 쓴 시詩 "고향 없이"를 보자.

나를 아는 사람은 누구든 나를 부른다.
고향 없는 사람이라고
.....
나는 공간에도 시간에도
결코 속박되지 않는다.
독수리처럼 나는 자유롭다.

친가와 외가 모두 고위 성직자 집안이라, 종교적 분위기에서 성장했던 니체는 성경을 잘 알았으며 경건한 태도로 인해 "꼬마 목사"라 불리기도 했다. 그러나 중등학교 다니면서 종교에 비판적 태도를 보이기 시작하더니 가족 간의 마찰을 피하려고 더는 종교적 문제를 이야기하지 않았다. 니체는 예수의 행적에서 신화적·초자연적 요소를 제거하려 했던 성경 비판서인 슈트라우스(D. F. Strauss)의 《예수의 생애》를 읽고는 종교를 "유아기의 산물"이라고 비판했다. 그는 종교가 천국의 神을 위해 大地에서 모든 신성한 것과 좋은 것을 강탈해 갔다고 탄식했다.

중등학교에서 철저한 인문교육을 받은 덕분에 니체는 일찍이 고대 그리스의 철학과 문학을 접할 수 있었다. 그리스 시인, 핀다르(Pindar, B.C. 522~438)[2)]의 시구, "너는 너 자신이 되어라!"는 후일 니체의 자서전, 《이 사람을 보라》의 부제로도 사용될 만큼 그에게 삶의 좌표가 되었다. 한편으로 니체는 피아노를 잘 쳤으며 음악 동아리를 결성하고 교향곡을 작곡할 만큼 관심과 재능이 뛰어났다. 니체는 바그너 곡을 즐겨 연주했으며 그를 매우 흠모하여, 처녀작 《음악 정신으로부터의 비극의 탄생》을 헌정하기도 했다.

니체는 종교적 문제로 가족과 갈등을 겪었지만, 어머니의 권유에 따라 본 대학에서 신학과 고전 문헌학을 공부했다. 그러나 지도교수 리츨을 따라 라이프치히(Leipzig) 대학으로

---

2) 핀다르는 신성神性과 인성人性 중 인성을 더 의미있고 중요한 것으로 간주했다. 그는 大地의 삶에서 필요한 모든 것 그리고 이웃을 위해 필요한 모든 것이, 이미 인간 안에 있다고 노래했다. 핀다르의 이러한 사상에 니체는 많은 영향을 받았다.

전학한 후에는, 신학을 포기하고 고전 문헌학 연구에 전념했다. 이 시기에 그는 쇼펜하우어(A. Schopenhauer)와 바그너(W. Wagner) 그리고 랑에(G. Lange)를 만나면서 학자로서의 삶이 시작되었다. 특히 《의지와 표상으로서의 세계》[3]와 《유물론의 역사》는 니체에게 철학자로서의 길을 열어 주었다.

대학에서 공부하면서 니체는 문헌학에 많은 회의와 비판이 일었으나, 졸업 전에 지도교수 리츨의 추천으로 스위스 바젤대학 교수가 되었다(1879년). 리츨 교수는 이렇게 말했다. "39년 교수로 있으면서 니체처럼 재능 있는 천재는 보지 못했다. 그는 앞으로 독일 문헌학계를 이끌고 나갈 인물이다." 교수 임용을 위해 니체는 독일 국적을 포기한 이후, 스위스 국적을 취득하지 않은 채 무국적자로 살았다.

일 년 후 정교수가 된 니체는 독일-프랑스간의 전쟁이 발발하자, 의무병으로 자원입대했다. 전쟁터에서 이질과 디프테리아에 감염되어 대학으로 돌아왔으나 오랫동안 고생했다. 대학에서 니체는 문헌학에 염증을 느끼고 철학과로 옮기려고 했으나 그 희망은 좌절되고 말았다. 하지만 이를 계기로 니체는 본격적으로 철학을 강의하기 시작했다. 주로 고대 그리스[4]의 철학과 문학을 강의했으며, 특히 그리스 비극, 아이스

---

3) 니체는 한 고서점에서 쇼펜하우어의, 《의지와 표상으로서의 세계 *Die Welt als Wille und Vorstellung*》(1819)를 우연히 발견하고는 귀신에 홀린 듯 며칠 밤낮으로 탐독했다. 그는 "쇼펜하우어가 나를 위해 이 책을 저술한 것이 아닌가."라고 할 정도로 깊은 영향을 받았다. 쇼펜하우어는 세계는 나의 표상에 불과한 것으로 "맹목적 의지"를 세계의 근원으로 간주한다. 니체는 "권력의지"를 말한다.

4) 그리스인에 따르면, 인간은 사회적 규범에 따라 자신의 행위에

킬로스와 소포클레스의 작품들을 거의 매 학기 강의했다.

10년간 교직에 있으면서 니체는 수시로 병가를 얻었으나 건강이 악화되어 결국 사퇴했다(1879년). 퇴임 후 그는 질병과 고통 때문에 한곳에 정착하지 못하고 정신이 혼미해질 때까지 육체적 고통을 완화할 수 있는 장소를 찾아 유목민처럼 떠돌았다. 여행지에서의 삶은 매우 단순하고 검소했으며, 그는 건강이 허락하는 범위에서 본격적인 저술 활동을 했다.

니체는 1882년 연말부터 《차라투스트라》를 구상한 후, 1883년 Ⅲ부까지 빠르게 쓰고 출판했다. 몇 달 후인 1884년 1월, Ⅳ부를 완성했으나 출판업자를 찾지 못해 1885년에 Ⅳ부만 자비로 출판해서 지인들에게만 돌렸다. 이후 그는《권력의지》라는 표제로 주저를 구상하고 이에 따라 수많은 단장을 준비했으나 마침내 포기해 버렸다. 하지만 1886년 니체는 자신의 철학을 체계화하려는 의도에서 그때까지 출간된 작품들에 대한 새로운 서문을 첨부했다.

이 시기 니체는 하나뿐인 여동생이 반유대주의자와 결혼을 하자 결혼식에 참석하지 않았다. 그리고 니체가 사랑한 유일한 연인 살로메(L. Salome, 1861-1937)가 결혼했다. 이로 인해 니체는 심각한 우울증을 앓았지만, 의식은 더욱 맑아져 《善惡을 넘어서》, 《차라투스트라》 그리고 《도덕의 계보》 등을 집필하고 출간했다.

1888년 정신이 온전했던 마지막 해, 니체는 덴마크에서

대해서 죄의식을 느끼며 부자연스럽게 살아야 할 존재가 아니다. 그리스인들은 자신의 본성에 충실하면서도 자신의 운명을 기꺼이 수용하고자 했다. 이러한 그리스인들을 인류의 모범으로 간주하여 그들에게 우리는 모든 것을 배워야 한다고 니체는 생각했다.

브란데스(George Brandes) 교수가 "독일 철학자 니체"를 강의한다는 소식을 들었다. 이에 매우 기뻐하며 비록 건강은 나빠졌지만, 마치 자신의 종말을 예견이나 했듯, 신들린 듯이 작품 활동에 몰입했다. 《안티크리스트》, 《바그너의 경우》, 《우상의 황혼》, 《이 사람을 보라》, 《디오니소스 송가》 등 다섯 권의 책을 저술했다. 그리고는 연말 친구들에게 보내는 편지에 "불사조", "니체 카이사르", "십자가에 매달린 자" 등으로 서명하는 광기를 보였다.

1889년 1월 3일 니체는 이탈리아의 카를로 알베르토(Carlo Alberto) 광장에서 정신착란증이 발병했다. 한 마부가 말에게 심하게 채찍질하는 것을 보고, 울면서 달려가 말의 목을 안고 정신을 잃었다. 그의 작품에서 미친 사람이 神을 부정했는데, 이제는 그가 미쳐버리고 말았다. 며칠 후 친구, 오버베크가 니체를 정신병원에 입원시켰다. 당시 의사는 이렇게 기록했다. "동공 불균형, 반응이 매우 느림, 심한 근시, 헛바늘이 많음, 발작 후 매번 환자는 매우 즐겁고 의기양양했으며, 지나가는 사람 누구라도 안고 뽀뽀하며…, 담장에 기어오르는 것을 가장 즐겼다."

졸도한 이후 약 10년간 니체는 어머니와 여동생의 헌신적인 보살핌을 받았으나, 1900년 8월 25일 정오경 죽었다. 니체는 그렇게 그리워했던 아버지 옆에 묻혔으며, 장례식에는 한 명의 목사도 참석하지 않았다. 교회 기록부에는 이렇게 적혀 있다. "니체는 목사의 아들로 태어났으나, 그가 쓴 철학서를 보면 반그리스도인(Anti-Chistian)이다."

니체와 질병

니체의 삶에서 질병을 따로 다루어야 할 만큼 그는 질병과 고통으로 점철된 삶을 살았다. 10대부터 시작된 악성 두통, 심한 근시, 구토를 동반한 위장병 그리고 우울증과 철저한 고독 속에서 일생을 보냈다. 그의 편지에는 질병과 고통을 호소하는 내용이 많으며, 작품에도 건강을 위한 양생법이 종종 서술된다.[5] 그의 글을 보면 질병과 고통이 그를 얼마나 괴롭혔는지 그리고 그 와중에서 어떻게 그 많은 글을 쓸 수 있었는지 신기할 정도다.

니체의 두통은 뇌연화증으로 죽은 아버지에게서 물려받은 것으로 영원한 형벌과 같았다. 니체는 친구에게 보낸 편지에서 "두통 때문에 36시간 이상을 침대에 꼼짝없이 지내야만 했다. 정말로 끔찍하다."고 했고, 자신의 의사에게는 "격심한 두통과 말하기조차 어려운 마비 상태를 교대로 겪는다."고 하소연했다. 니체의 절친 페터 가스트의 편지에도 늘 되풀이 되는 구절이 있다. "오늘 니체는 매우 아팠다, 그는 많은 담즙을 내놓았고 심한 두통으로 고생했다." 며칠씩 니체는 구토와 의식불명을 동반한 격렬한 발작으로 괴로워했다. 두통이 시작되면, 급격한 시력 저하로 앞을 잘 구별할 수 없었

---

5) 자극적인 기후에서 차는 하루 시작으로 권하고 싶지 않다. 차를 마시기 한 시간 전에 기름을 제거한 진한 카카오 한잔을 먼저 마셔야 한다. …가능한 한 앉아 있지 말라. 야외에서 자유롭게 움직이면서 생겨나지 않는 생각은 무엇이든 믿지 말라. 모든 편견은 내장에서 나온다. -《이 사람을 보라》-

고, 마비·저림·바늘로 찌르는 듯한 통증으로 고통을 받았다.

게다가 유전적으로 시력이 약한 니체는 안경을 두 개 겹쳐야만 했으며, 눈의 통증까지 심했다. 이로 인해 니체는 며칠씩 책을 읽을 수도 쓸 수도 없어, 주위 사람이 책을 읽어 주기도 하고 대필해 주기도 했다.

니체의 질병은 여기서 끝나지 않았다. 10대 후반부터 그는 주기적으로 불쾌·피로·수면장애·식욕저하 등을 동반한 우울증을 경험했다. "나는 아무것도 할 수 없고, 어떤 일도 시작할 수 없다. 나는 전적으로 무기력한 상태다. 노력을 요구하는 어떤 것, 읽을 수도 쓸 수도 없다. 식욕도 없고 잠도 못 잤다." 니체는 우울증과 무기력으로 인해 죽을 것만 같다고 지인들에게 호소했다.

이러한 질병과 고통으로 인해 니체는 한곳에 정착하지 못하고, 쓰러질 때까지 여름에는 시원한 고원지방으로, 겨울에는 따뜻한 남쪽으로 옮겨 다녔다. 고통을 조금이라도 덜어주는 곳을 찾아서 수천 킬로미터씩 이동했다. 물론 니체는 질병을 환영하지는 않았지만, 그것과 함께 사는 것 외에는 다른 방도가 없다는 것을 알았다. 2021년 지구촌의 '위드(with) 코로나'처럼, 그는 질병과 더불어 사는 법을 터득했다. 가스트(Peter Gast)에게 보낸 편지를 보자.

> 나는 35세가 끝나는 시점에 와 있네, 이 시점은 "삶의 한 중간"이라고 하지만, 나는 삶의 한 가운데서 "죽음에 포위"되어 있다. …그러나 계속되는 고통도 내 정신까지 약화시키지 못했다. 최근 작품 속에 어떤 병약함이나 권태

도 찾을 수 없을 것이다.[6)]

그는 한편으로 고통을 견디고 다른 한편 기력을 회복하면 그 잠깐잠깐 글쓰기에 몰두했다. 계속 바뀌는 체류지에서 그는 더 많은 작품을 남겼다. 육체적·정신적 고통이 그로 하여금 더 많은 글을 쓰게 했는지도 모른다. 그에게 글쓰기는 "자기 극복"의 과정이었다. 하지만 질병과 고통으로 인해 니체는 장기간 집중력을 요구하는 작업을 할 수 없었다. 그는 "다른 사람들이 책 한 권으로도 말하지 못하는 것을 나는 문장 10개로 표현할 수 있다."고 말할 만큼, 건강문제로 짧은 호흡으로 가능한 단장短章이나 잠언형식의 글을 쓸 수밖에 없었다. 심각한 고통과 질병이 그의 문체를 결정했으며, 그에게 "大地의 철학", "건강의 철학"을 산출케 했다. 니체는 일생을 고독과 고통과 싸우면서도, 부조리하고 불합리한 삶조차도 철저하게 긍정하는 운명애(amor fati)의 사도로 살았다.

6) 니체의 아버지가 36세에 죽었는데, 그때쯤이면 자신도 더는 살지 못할 것이라 니체는 생각했다. 두 사람은 머리가 그렇게 심하게 아팠다는 공통점이 있다.

2. 니체와 친구들

· 나는 너희에게 이웃이 아니라 친구를 가르친다.
그가 너희에게 대지의 축제이며,
超人의 예지가 되어야 한다.

· 그대가 친구를 위해 아무리 아름답게 치장하더라도
충분치 않다. 그대는 친구에게 超人을 향한
하나의 화살이나 하나의
동경이어야 하기 때문이다.

-《차라투스트라》-

니체와 바그너

니체는 중고등부 음악 동아리에서 활동하면서 바그너(R. Wagner, 1813-1883)의 천재성에 매료되었다. 타국 바젤에서 첫 사회생활을 시작할 때, 아버지뻘인 바그너의 초대를 받자 니체는 새 양복을 맞출 만큼 정성을 다했다. 이후 니체는 바그너 부부[1)]의 환대를 받으며 트립센에 있던 그들의 집을 자유롭게 들락거렸다. 니체는 이 시기를 "내 인생의 가장 좋은, 가장 고양된 순간"이라고 부른다.

니체는 바그너를 두고 "참된 인간을 발견했다. 그는 쇼펜하우어가 '천재'라고 말한 그 인상 그대로였고 …그의 가슴은 절대적 이상, 감동적 인간성 그리고 삶에 대한 숭고함이 지배하고 있기에, 마치 神적인 존재와 같다."고 했다.

바그너의 음악뿐 아니라 인품까지 흠모하던 니체는, 그를 自由를 실현하는 이상적 인간으로 극찬을 아끼지 않는다. 그러나 바이로이트 축제에서 니체는 새로운 극장 건립자금을 마련하기 위해서 대중과 영합하는 바그너의 이중성을 보고 완전히 실망했다. 니체는 당시 심경을 "바그너는 내가 경멸하고 있는 모든 것에 점점 더 굴복해 가고 있었다. …승리 넘치는 것처럼 보이지만, 사실 절망한 데카당인, 바그너가

---

1) 당시 바그너는 이혼도 하지 않은 코지마(Cosima)와 함께 살면서 사회적 지탄을 받고 있었다. 코지마는 바그너의 동료인 음악가 리스트(F. Liszt)의 딸이자 제자의 부인이었다. 바그너에 대한 열광과 코지마에 대한 애정 그리고 그들의 환대로 인해 니체는 자주 그들의 집에 머물렀다.

어찌할 바를 모르고 십자가 앞에 무릎을 꿇어 버렸다."고 술회했다. 창조적인 삶을 구가하는 영웅이 아니라, 종교적 구원을 갈망하는 바그너에게, 니체는 슬픈 환멸을 느꼈다. 이제 니체는 바그너의 음악 대신 비제(G. Bizet)의 카르멘에 관심을 쏟기 시작했다. 소원해진 관계에서 바그너가 종교적 귀의를 표현한 〈파르지팔(Parsifal)〉을,[2] 니체는 종교적 이탈을 고하는 《인간적인 너무나 인간적인》[3]을 교환함으로써, 두 사람의 관계는 완전히 끝장났다.

바그너와 결별은 니체의 사상적 독립을 의미한다. 그럼에도 니체는 바그너가 죽자 "이제 나는 어느 때보다도 더 고독하고 더 아프다. 내게는 바그너 외에 아무도 없기 때문이다."라며 그를 그리워했다. 니체는 바그너와 관계를 "어떤 대가를 치르더라도 바꿀 수 없는" 것으로 회상했다. 니체는 정신이 온전한 마지막[4] 해에 《니체 대 바그너》와 《바그너의 경우》 2권을 집필했다.

---

2) 〈파르지팔〉은 바그너의 최후 작품으로, 성배의 전설에 관한 작품이다. 성배는 그리스도가 창에 찔렸을 때 흘렀던 피를 받은 잔을 말한다. 주제: 인간은 타락한 육체적 즐거움을 포기하고, 神에게 봉사함으로써 영혼을 정화해야 한다. 그러면 사랑의 神, 그리스도는 죄 많은 인간을 구원한다.

3) 이 책에서 니체는 예술가, 천재 등의 이름으로 바그너의 불합리한 이중성을 비판했다. 그는 이 책에 "볼테르를 기념하여"라는 헌사를 첨부하여 출판했다.

4) 니체가 코지마에게 보낸 최후의 편지에는 "아리아드네, 당신을 사랑하오. 디오니소스"라 되어 있다. 니체는 코지마를 '아리아드네'라 했고, 자신을 '디오니소스의 제자'라 칭했다.

니체와 연인 살로메

작가이자 정신분석가인 루 살로메(Lou Andreas-Salomé, 1861-1937)는 러시아 장군의 딸이다. 살로메는 스위스 취리히 대학교에서 신학과 철학을 공부하다가 폐병에 걸려서 1882년 남쪽 나라 이탈리아로 갔다. 그곳에서 살로메는 심리철학자 파울 레(Paul Ree)와 깊이 사귀게 되고 곧 레의 절친 니체를 소개받았다.

니체는 살로메의 지적이고 아름다운 외모를 보고 첫눈에 반해 버렸다. 루가 자신의 사상을 이해하고 논의할 수 있는 유일한 사람이라 생각하여, 38세의 니체가 비로소 사랑과 결혼을 꿈꾸게 되었다. 그러면서 니체는 루를 바그너에게 소개하는 등 애정을 쏟았으며 루 역시 니체의 사상에 큰 관심을 보였다. 니체는 17살 연하의 살로메에게 "내 삶의 가장 황홀한 꿈인 너에게 감사한다."고 고백하며 2번이나 청혼했지만 거절당했다.

살로메는 레와 니체에게 어떠한 육체적 관계를 맺지 않고 서로의 생각과 견해를 논의하는 "삼위일체"의 공동생활을 제안했다. 사랑에 빠진 두 남자는 "루와 같은 집에 살 수만 있다면 좋아."라며 그 요청을 받아들였다. 3인의 동거를 기념하기 위해, 두 남자 뒤에서 살로메가 채찍을 든 그 유명한 사진을 찍었다. 그러나 3인의 동상이몽으로 시작된 삼각관계는 곧 끝장났다.

특히 니체의 여동생 엘리자베트의 이간질로 인해 니체와 루의 관계는 매우 악화되었다. 니체는 루에 대해 다음과 같이 쓰기도 했다. "말라빠지고 더럽고 악취 나는 짝짝이 젖가슴을 가진 암원숭이, 한마디로 재앙이다." 그렇지만 루의 결혼 소식을 듣고 니체는 심한 우울증에 빠졌고, 레는 투신자살했다.

당시 지식인들 사이에 살로메는 러시아에서 온 뮤즈로 칭송받을 만큼 남성 편력도 다채로웠다. 루는 니체와 파울 레뿐 아니라 릴케, 톨스토이, 프로이트 등 당대의 최고 지성들과 교류하며 정신적 유희를 즐겼다.

살로메는 니체에게서 뛰어난 감수성으로 사소한 것에서도 영감을 얻어 원대한 사상으로 발전시킬 수 있는 천재성을 간파했다. 니체가 끝없는 고통과 고독조차도 자신을 자극하고 성장시키는 원동력으로 승화시킬 수 있는 위인이라 짐작했다.

당시 니체는 학계에서 주목받는 인물이 아니었으나, 살로메는 그의 작품들을 면밀하게 읽고 분석하여, 니체 사상의 발전과 변화의 과정을 고려하여 철학적 주제들을 정리했다. 이것을 1894년 《니체의 작품으로 본 니체》[5] 제목으로 출간했다. 이 책은 니체의 사상을 유럽에 알리는 첫 번째 철학서이다. 살로메는 니체와 토론하면서 이 책의 구상과 계획을 그에게 밝히고 조언을 받기도 했다. 이 출판으로 인해 살로메가 "니체 사상으로 들어가는 최초의 문을 열었다."고 평가받기도 한다.

니체는 루와 교제하면서 어떤 영감을 받아 《차라투스트

---

5) 이 책은 올해 우리말로 번역되었다. 김정현 옮김, 《살로메. 니체를 말하다》, 책세상, 2021.

라》를 저술했다. 이를 집필하면서 니체는 살로메의 시詩에 곡曲을 붙여 〈삶의 찬가〉로 출판했다. 이 과정에서 얻은 루에 대한 사랑과 공감을 니체는 《차라투스트라》에 쏟아부었다. 이것은 니체가 가장 심혈을 기울인 작품이며, 그에게도 최고의 작품이 되었다.

니체와 친구 가스트

음악가 쾨젤리츠(Heinrich Köselitz, 1854-1918)는 바젤대학에서 니체의 강의를 청강하고 곧 그의 철학에 매료되었다. 건강이 좋지 않은 특히 눈이 나쁜 니체를 위해, 그는 책을 읽어 주기도 하고 원고를 정리하고 교정하는 등 헌신적인 봉사를 했다. 이런 봉사는 니체가 퇴직한 후에도 계속되었다. 쾨젤리츠에게, 이탈리아인들이 쉽게 기억하도록, 니체가 페터 가스트(Peter Gast)라는 예명을 지어 주었다.

1878년에 출판된 《인간적인 너무나 인간적인》은 두통과 시력 저하로 인해 니체가 말하고 가스트가 받아 적고 교정했다. 그래서 니체는, 가스트가 "본래의 저작자"이고 자신은 "단순한 원작자에 지나지 않는다."고 할 만큼, 그를 신뢰했다. 자서전에서 니체는 "내 선생이자 친구이며 '다시 태어난 자'"라며 그에 대한 칭찬을 아끼지 않았다.

니체는 그의 음악적 재능을 높이 평가하여 "최선의 오페라는, 바그너의 독일음악으로부터 자유로운 유일한 오페라는, 내 친구 가스트가 작곡한 <베네치아의 사자>다."라고 하며, 그를 "최후의 고전적인 작곡가"라고 극찬하기도 했다.

가스트는 니체의 정신이 혼미해진 이후, 동생 엘리자베트와 협력하여 니체의 원고를 편집하여 《권력의지》를 출판했다. 이것은 지금까지 임의대로 편집하여 논란의 여지가 있지만, 니체전집 출판에 기여했다. 그는 충실한 추종자로서 그리고 삶의 동반자로서 니체를 가장 잘 이해한 친구이다.

니체와 동생 엘리자베트

엘리자베트(Elisabeth Förster -Nietzsche, 1846-1935)는 니체의 유일한 혈연이다. 그녀는 오빠를 '프릿츠'라고 부르며 전적으로 신뢰하고 존경했으며, 그는 동생에게 '라마'라는 애칭을 붙여 주었다. 어린 시절 남매는 근친상간이라고 소문날 만큼 잘 지냈다. 그녀는 모든 논의를 "프릿츠는 이렇게 말했다."로 매듭지었다. 니체가 바젤대학에 부임했을 때, 그녀도 와서 오빠의 수발을 들었다.

니체와 살로메 사이에 엘리자베트가 끼어들어, 세 사람 모두 오해와 질시로 관계가 끝장났다. 게다가 엘리자베트가 1885년 반유대주의자이자 바그너의 숭배자, 푀르스트(B. Förster)와 결혼하자, 니체는 예식장에 참석도 하지 않았다. 엘리자베트 부부가 종족주의 원칙에 따라서 독일 식민지를 건설하기 위해 파라과이로 떠나게 되자, 두 사람은 사상적 거리뿐 아니라 물리적 거리로 인해 관계가 거의 단절되었다.

니체가 졸도하고 유명해지기 시작할 무렵 그녀는 오빠 곁으로 돌아왔다. 그녀의 남편이 사업실패로 자살했기 때문이었다. 그녀는 1894년 성금을 모아 <니체 문고 Nietzsche Archiv>를 설립하여, 자료를 모으고 편집하여 니체전집과 서간집을 출판했다. 죽을 때까지 그녀는 니체의 전기와 해설서를 집필하여 그의 철학을 알리는 데 헌신했다.

다른 한편 명예욕에 사로잡힌 엘리자베트는 페터 가스트의 도움을 받아 오빠의 글을 마음대로 첨삭하고 편집하여 《권력의지》를 출판하기도 했다. 정신없는 오빠를 십분 활용하여 히틀러와 친교를 맺기도 했다.[6] 이로 인해 엘리자베트가 죽었을 때, 국장으로 장례식을 거행했으며 히틀러가 직접 화환을 바쳤다. 이로 인해 그녀에 대한 평판은 매우 나쁘지만, 니체가 메모한 종잇조각 하나까지도 수집하고 보존한 공적은 높이 평가되어야 한다.

---

6) 엘리자베트는 히틀러를 "차라투스트라의 고귀한 제자", 귀족적 가치를 부흥시키기 위해 "하늘이 점지한 자"라고 칭송하며 오빠 니체를 팔아넘겼고, 히틀러는 이를 정치적으로 활용하고자 했다. 그녀는 오빠와 함께 그들의 명성을 드높이고자, 히틀러의 입맛에 맞게 니체의 원고를 마음대로 첨삭하고 편집했다.
히틀러는 니체 철학을 이해하지 못했으나, 니체 신전을 건축하여 독일인이 순례하는 성소로 삼았으며, 신전 안의 니체 흉상 앞에서 사진을 남기기도 했다.

3. 니체의 철학

위대한 철학은 그 창시자
자신의 보고이며 일종의 자기기록이다.
위대한 철학자에게 비개인적인 것은 존재하지 않는다.
그의 철학은 "그가 누구인가"에 대한
명확한 증거가 된다.

《善惡을 넘어서》

삶의 철학자, 니체

니체의 삶은 곧 그의 철학이다. 그래서 후대 사람들이 그를 삶의 철학자라 부른다. 일생을 삶과 죽음의 경계선을 넘나들었던 니체, 그의 관심은 오직 삶을 보존하고 강화하는 것에 집중된다. 삶을 유지하고 증대하는 것이라면, 그것은 선(善, good)이자 아름다움이다. 삶을 퇴화하고 병약하게 하는 것이라면, 그것은 악(惡, evil)이자 추함이다. 니체는 삶을 병약하게 하는 그 모든 것에 대해서 자신이 "다이너마이트"가 되어 깡그리 부셔버리고자 했다. 이렇듯 삶을 사랑했던 그를 사람들은 "삶의 철학자"라고 칭송한다.[7)]

사실 삶은 고난의 연속이다. 말 그대로 산 넘어 산이다. 그럼에도 불구하고 니체는 삶에 충실할 것을 역설한다. 비록 이 삶이 불합리한 모순에 가득 차 있다 할지라도, 진선미眞善美를 찾아볼 수 없다 할지라도, "大地에 충실하라!"고 그는 당부한다. 삶이 가능한 곳은 이 大地(the earth)뿐이다. 그런데도 가상의 세계로 도망가려는 자는 비겁한 자들이다. 이들은 불완전한 大地에서의 삶을 직시할 용기가 없어, 완전한 세계를 허구해 내고는 그리로 도망가려는 자들이다.

하지만 천상의 세계는 존재하지 않는다. 그것은 비겁한 자들이 만들어 낸 허구일 뿐이다. "천상의 희망을 말하는 자를 믿지 말라! 그들은 大地에 독(poison)을 뿌리는 자들이다."

7) 유럽에서 니체의 사상이 알려지면서 그는 참 많은 별칭으로 불렸다. 흔히 그를 "삶의 철학자", "허무주의자", "주인 도덕가", "망치를 든 철학자", "디오니소스의 제자"라고 부른다.

"神은 죽었다." 그와 더불어 천상의 세계도 사라졌다. 이전에는 神을, 천상의 세계를 모독하는 것이 가장 큰 죄였다. 이제 한 번뿐인 이 삶을, 유일한 이 大地를 모독하는 것이 가장 불경스런 죄이다. 삶이 전개되는 이 大地만이 절대적 긍정의 대상이다. 이외에 다른 어떤 것도 있을 수 없기에 삶 그 자체, 大地 그 자체가 최고의 가치인 동시에 모든 가치의 척도가 되어야 한다.

> 삶은 나를 실망시키지 않았다. 해가 갈수록 나는 삶이 더 참되고 더 바람직하며 더 신비롭다는 것을 발견했다. 삶은 의무도 아니고 비운도 아니고 기만도 아니다. 그것은 인식하는 자의 실험이다. 삶은 나에게 영웅적 감정이 춤추고 뛰노는 위험과 승리의 세계다. 삶은 인식의 수단이다. 이 원칙을 마음속에 품고 있으면 인간은 용감해질 뿐 아니라 즐겁게 살고 즐겁게 웃게 된다.
>
> -《이 사람을 보라》-

니체가 사랑한 것은 삶뿐이다. 진실로 삶을 미워할 때조차 그는 삶을 가장 사랑했다. 삶을 부정하고 병약하게 만드는 神에게 사형을 선고했다.[8] 니체는 생각했다. 삶은 어떤 이유로도 희생될 수 없는 것이다. 중요한 것은 어떤 가치의 잣대로 삶을 평가하고 해석하는 것이 아니라, 전적으로 삶을 긍정하고 옹호하는 것이다, 비록 삶이 부조리하고 모순에 가득 차 있다고 할지라도. 이로써 니체는 철저한 "삶의 옹호자"로 전향했다. 그리하여 우리는 그를 삶의 철학자라 부른다.

8) 神의 죽음을 선포한 니체를 "神의 살해자"라고 부르기도 한다.

허무주의자, 니체

사람들은 니체를 "허무주의자"라고 부른다. 지금까지 삶의 좌표이자 척도가 되어온 神(God), 이러한 神의 죽음을 선포했기 때문이다. 삶의 지주요 목적인 神이 죽음으로써, 인간은 더는 삶의 의미를 찾지 못하고 방황할 수밖에 없다. 최고의 가치가 사라짐으로써 인간은 이제 어디에 기준을 맞추어야 할지, 왜 사는지에 대한 대답을 구할 수 없다. 이렇듯 허무주의(Nihilism)는 삶의 목표와 의미가 상실되었다는 것이며, "도대체 왜?"라는 물음조차 결핍되어 있다는 사실이다.

> 허무주의란 무엇을 의미하는가? 최고 가치들이 그 가치를 박탈당했다는 사실이다. 목표가 결여되어 있다는 사실이다. 그리고 "왜"라는 물음에 "대답"이 없다는 사실이다.
>
> -《권력의지》-

최고의 가치들이 그 가치를 박탈당한 후, 어떤 것도 좋지[善] 않고 어떤 것도 아름답지[美] 않고 어떤 것도 진리[眞]가 아니다. 어떤 진리도 존재하지 않는다는 사실, 어떤 절대적 가치도 없다는 것, 물자체物自體도 없다는 것, 이것이 극한적 형태의 허무주의다. 그래서 어떤 것도 의미가 없다는 사실, 이는 결국 의지의 부정에 이르게 되고 이것은 인간에게 가장 가혹한 형벌과 같다. 마치 시지프스 신화처럼.

시지프스는 영겁의 시간 동안 바위를 산꼭대기로 올려놓아야 하는 천벌을 받는다. 그가 온 힘을 다해 바위를 산꼭대기로 올려놓으면, 바로 그 순간 바위는 그 무게만큼의 속도로 굴러떨어져 버린다. 그를 힘들게 하는 것은 바위의 무게가 아니라 다시 굴러 내려갈 것을 알면서도 바위를 밀어 올려야 한다는 사실이다. 자신의 노력이 아무런 의미가 없다는 사실, 이 의미 없는 일을 영원토록 반복해야 한다는 사실이 가장 끔찍한 형벌이다.

우리의 삶도 시지프스의 운명과 같다. 아침에 일어나 식사하고 직장에 가서 일하고 식사하고 일하고 집에 돌아와 다시 식사하고 잠잔다. 이것은 어제도 오늘도 그리고 내일도 영원히 반복되는 일상이다. 삶은 다람쥐 쳇바퀴처럼 늘 같은 일상이 반복될 뿐이다. 이처럼 "아무런 의미도 목적도 없는 일을 영원히 반복해야 한다는 사실, 이것이 허무주의의 가장 극단적인 형태이다"(《권력의지》). 사실 우리의 삶은 웃음을 고안해내지 않으면 안 될 만큼 고뇌에 가득 차 있다.

삶의 좌표이자 목표인, 神의 죽음으로 인해 우리는 허무주의에 빠져들 수밖에 없다. 이것은 망망대해에서 나침판 하나 없이 나룻배에 몸을 맡기고 있는 것과 같다. 가치의 상실로 인해 우리는 어디로 가야 할지 어떻게 해야 할지 도무지 갈피를 잡을 수 없다는 것이다. 그런데 이를 거꾸로 생각해 보자. 모든 가치가 사라졌기에 우리 자신을 기존의 가치에 억지로 끼워 넣을 필요가 없다는 것이다. 가치의 척도가 사라졌기에 우리 자신이 가치의 척도가 되면 어떨까? 우리가 스스로 새로운 가치를 정립하면 어떨까? 니체가 神의 죽음을 선포한 목적은, 인간을 허무주의에 빠지게 하려는 것이 아니라, 우리 자신이 삶의 主人이 되어 스스로 새로운 가치를 창조하게 하려는 것이었다. 말하자면 최고 가치인 神이 죽음으로 인해 새로운 가치를 창조할 수 있는 기반이 마련된 것이다.

이렇듯 허무주의에는 두 가지 의미가 있다. 능동적 허무주의(Active nihilism)와 수동적 허무주의(Passive nihilism). 전자는 최고 가치가 사라졌다는 사실을 깨닫고, 자기자신이 새로운 가치를 설정하고자 한다. 후자는 최고 가치가 사라진 후, 허무함에서 벗어나지 못하고 그것을 극복하려는 의지도 없이 결국 삶에서 좌절하고 만다. 이는 곧 삶에 대한 의미를 상실하고 창조하려는 의지 없이 염세주의자로 전락할 수밖에 없게 된다.

니체는 우리에게 최고 가치를 상실함으로 인해 "大地의 主人이 되어 새로운 가치를 창조하라."고 역설한다. 다시 말해 神의 죽음으로 수동적 허무주의자에 머물 것이 아니라 능동적 허무주의자로 전환되어야 한다는 것이다. 니체는 우리가 스스로 가치의 창조자가 되어 새 시대에 부합하는 새로운 가치를 창조할 것을 간청했다. 그리하여 사람들은 니체를 "허무주의자", 정확하게 말하면 "능동적 허무주의자"라고 부른다.

주인 도덕가, 니체

사람들은 니체를 "주인 도덕가"라고 부른다. 그는 인간을 두 부류, 즉 주인과 노예, 귀족과 천민, 강자와 약자로 나누고 전자를 높이 평가하고 후자를 경멸했기 때문이다. 여기서 主人-귀족-강자는 같은 부류이고 노예-천민-약자도 같은 부류이다. 두 부류는 태생적으로 결정되는 것이 아니라, "어떻게 처신을 하는가."에 따라 그리고 "얼마나 잘 극복을 하는가."에 따라 결정된다. 강자나 귀족은 자기자신에 대한 확고한 신념과 긍지를 가지고 주인도덕을 실천하는 사람이다. 반면 약자나 천민은 언제나 다른 사람의 눈치를 살피며 노예도덕을 실천하는 사람이다.

> 지금까지 지상을 지배해 온 도덕은 근본적으로 서로 다른 두 개의 유형이 있다. 하나는 주체적 인간의 윤리인 주인도덕, 다른 하나는 예속적 인간의 윤리인 노예도덕이다.
> "주인도덕"은 지배자의 도덕이다. 자신을 고귀하게 생각하여 누구 앞에서도 당당한 사람은, 자신과 상반되는 겁많고 비겁한 인간, 편협하고 굴종적인 인간, 아첨하고 거짓말하는 인간 그리고 눈앞의 이익에만 급급한 인간을 경멸한다. 고귀한 사람은 자신을 자기 행위의 결정자라 생각한다. 이들은 타인의 인정을 필요로 하지 않는다. 이들은 스스로 사물의 가치를 부여하는 가치의 창조자이다.
> 반면 "노예도덕"은 피지배자의 도덕이다. 자기자신에 대한 확신 없이 다른 사람의 눈치를 살피는 인간은 자신과

> 타인을 의심하고 저주한다. 이들은 타인이 평가하는 대로 그리고 기존의 가치에 얽매여 살아간다. 이들은 스스로 가치를 창출하지 못하고 시도조차도 하지 않는다. 이에 대해 아는 바도 전혀 없다. 오늘날 사람들은 타인의 평판에 굴복한다. 그것은 하나의 "노예근성"이다.
>
> -《善惡을 넘어서》-

주인도덕은 자신에 대한 확신과 긍정에서 시작되는 자기찬미의 도덕이다. 主人은 언제나 자기자신을 사랑하여 자기 본성에 충실하고자 한다. 이들은 순수하고 솔직하여 다른 사람 앞에서도 그리고 자기자신 앞에서도 부끄러워하지 않는다. 한편으로 主人의식을 가진 사람은 위험에 직면했을 때, 과감하게 돌진하는 용기의 소유자다. 불의不義 앞에서 분노하고, 보다 나은 사람을 존경하며, 만물을 사랑하고 자연에 대해 감사할 줄 안다. 또한 이들은 기억하기보다는 망각하기를 즐긴다. 그리하여 자신이 받은 모욕과 비열한 행위에 대해서도 심지어 자신의 적에 대해서도 깨끗이 망각해 버린다. 이들은 과거에 연연해하지 않고 현재에 충실하며 미래를 바라볼 뿐이다.

따라서 主人은 기존의 가치, 인습과 관습에서 벗어나 자유롭다. 이들은 타인의 칭찬과 비난에 초연하여 오직 자신의 의지에 따라 삶을 노래하며 춤추듯[9] 살아간다. 主人은 마치

---

9) 차라투스트라가 말한다. "나의 가르침은 춤추는 법부터 배워야 한다. 내가 바라는 것은 여자든 남자든 모두가 춤추는 데 능해지는 것이다. 그리하여 우리가 한 번도 춤추지 않은 날을 헛된 날로 간주해야 한다. 한 번도 웃음을 가져다주지 않는 진리를 거짓된 진리로 간주해야 한다."

어린아이처럼, 엄마가 부르는 소리도 못 듣고 놀이에 열중하듯, 그렇게 삶에 몰입한다. 그렇듯 니체가 주인도덕을 추구한다고 하여 그를 "주인 도덕가"라고 부른다. 주인도덕을 찬양한다고 하여 그를 "귀족주의자"라고도 한다. 니체는 말한다: "나는 무엇의 추구자가 아니다. 나는 나의 태양을 창조하고자 한다."

이 세상에서 사람은 오직 한 번밖에 살 수 없기에, 가장 나[吾]답게 살고자 한 철학자, 삶의 가치를 스스로 정립한 철학자, 철저한 자기 사랑이 이웃 사랑임을 역설逆說한 철학자, 삶의 최고 목적은 자신의 의지를 실현하며 자신을 찾아가는 것이라 역설力說한 철학자가 니체다. 이리하여 니체의 철학을 "군주도덕" 또는 "주인도덕"이라 한다.

망치를 든 철학자, 니체

사람들은 흔히 니체를 “망치를 든 철학자”라고 부른다. 그가 지금까지 최고 가치로 군림해 온 도덕·철학·종교를 망치(Hammer)를 들고서 부숴버리고자 했기 때문이다. 심지어 그는 삶을 궁핍하게 만들고 도탄에 빠지게 하는 것들을 철저하게 분쇄하기 위해 자기 “자신이 다이너마이트가 되고자” 했다. 그는 삶을 평가절하하고 무기력하게 만드는 것이라면 그 어떤 것도 용서하지 않았다.

지금까지 이원론二元論적 가치관이 서양의 정신세계를 지배해 왔다. 이 가치관은 존재와 생성, 진리와 허위, 善과 惡, 이성과 감성, 정신과 육체 등으로 가치를 이원화하여 전자에만 절대적 가치를 부여해 왔다. 이것은 결국 하나의 가치만 긍정하고 참된 것으로 간주하며, 이와 다른 것은 나쁜 것 의미 없는 것, 존재하지 말아야 할 것으로 부정한다. 이 같은 “가치대립에 대한 믿음”은 철학자들의 가장 근본적인 태도다. 하지만 상반된 듯한 가치는 실제로 분리될 수 없다. 설사 어느 한쪽만 존재한다 하더라도, 그렇게 되면 아무런 의미도 없는 것이 되어버린다. 진리 그 자체, 善 그 자체, 미 그 자체와 같이 “존재 그 자체”란 없다. 모든 것은 진리에 접근하는 일 없이 항상 변화하면서 허위로서 생성 상태에 즉 흐름 속에 있다. “진리란 일정한 생명체가 그것 없이는 살아갈 수 없다고 생각되는 일종의 오류”일 뿐이다. 삶의 가치가 결정적이다.

인간의 정신과 육체 그리고 이성과 감성은 분리할 수 없음에도 불구하고, 철학자들은 "인간은 이성적 동물이다."라고 규정하며 오직 이성적 정신만을 강조하고 감성적 육체를 경멸해 왔다. 그런데 인간의 정신이란 육체의 부산물일 뿐 육체 없이는 정신도 없다. 차라투스트라는 말한다. "육체는 큰 이성이요 정신은 작은 이성이며 육체의 도구다." 하지만 철학자들의 오해에서 비롯된 정신이 점차 비대해져 육체는 아무것도 아닌 빈껍데기로 전락하고 말았다. 철학이 감성적·육체적인 것을 멸시함으로써 인간은 점차 나약해지고 병들어갔다. 인간은 근본적으로 감성적이고 육체적 인간이기 때문이다. 이리하여 니체는 철학에 망치를 들었다.

한편 도덕가들은 도덕을 "주어져 있는 것"으로, 즉 절대적 가치로 간주해 왔다. 그러나 "도덕이란 관습에 대한 복종 이외의 다른 것이 아니다. 도덕적이라 간주되어 온 모든 것은 철두철미하게 조장되었고 도식화되어 있으며 하나의 해석"일 뿐이다. 따라서 도덕적 현상이 있는 것이 아니라 도덕적 현상에 대한 해석이 있을 뿐이다. 모든 해석에는 어떤 가치평가가 내재되어 있고 하나의 고정된 관점이 있기 마련이다. 그것은 개인·집단·종족·국가·교회 등을 보존하기 위한 하나의 관점이다. 그런데 이 관점에는 종족 보존이 포함되어 있기에, 논의되어서는 안 되는 것으로 또 의심할 수 없는 것으로 간주하여, 지금까지 절대적 가치를 가지게 되었다.

그러나 언제 어디서나 모든 사람에게 타당한 법칙, 진리란 없다. 한 사람에게 좋은 것이 다른 사람에게 나쁜 것이 될 수 있고, 한 집단에서 진리인 것이 다른 집단에서는 허위로 통용될 수 있다. 그리고 여기서는 아름다운 것이 저기서는 추한 것으로 평가될 수 있다. 상반된 듯한 善惡도 한 뿌리에서 나온 것이다. 따라서 하나의 관점에서 가치를 결정짓는 도덕은 삶의 다양성을 단죄하는 것이요 부정하는 것이다. 도덕 그 자체가 데카당의 징후이기 때문이다. 이리하여 니체는 도덕에 망치를 들었다.

다른 한편, 인간의 삶은 불완전하고 불합리하며 고뇌와 고통으로 가득 차 있다. 그러면서도 부단히 생성 변화하여 우리를 불안에 사로잡히게 한다. 그러자 인간은 완전하고 합리적인 영원불변하는 세계, 진선미가 충만한 저 세계를 날조했다. 이 세계에서 고통스럽게 사는 인간이 저 세계에서 神은 영생을 누리며 幸福한 삶을 구가한다고 허구해 낸 것이다. 그리고는 모든 가치는 저 세계에 있는 神에게 귀속되고 이 세계는 가치 없는 것으로 무미한 것으로 전락하고 말았다. 다시 말해 종교는 모든 가치를 피안彼岸에 둠으로써 "차안此岸에 대한 비방의 공식"이 되어 삶을 불신하게 만들어 버린 것이다. 만일 삶의 중심을 삶에 두지 않고 삶 밖에 옮겨 놓는다면 그것은 삶을 박탈하는 격이다. 결국 종교는 大地의 삶에 상응하는 점이 없고 오히려 삶을 경시하고 왜곡되게 만들었을 뿐이다. 건강해야 할 삶이 종교로 인해 병약하게 되고 죄스러운 것이 되고 말았다.

니체는 삶을 병약하게 만든 종교적·철학적·도덕적 가치들을 大地 위에 세웠다. 그리고는 삶의 옹호자 니체가 망치를 들었다. 그는 大地의 삶을 모독하고 평가절하해 온 도덕·철학·종교를 분쇄하고자 했다. 이는 온전한 삶을 위한, 인간다운 삶을 위한 전제조건이다. 달리 말해 새로운 가치를 창출하기 위한 선행조건이다. 창조자가 되려는 자는 먼저 파괴자가 되어야 한다. 이를 위해 니체는 망치를 들었다.

디오니소스의 제자, 니체

니체는 자신을 "디오니소스의 제자"라고 부른다. 그렇다면 디오니소스는 누구인가? 신화에서 디오니소스(Dionysos)는 술에 취하여 도취와 광기에 빠진 神이다. 그는 언제나 박해 당하고 수난을 받으면서도, 승리를 거두는 자, 죽어서 다시금 소생하는 자다. 삶과 죽음을 일관하여 영원히 살아 움직이게 하는 근원적 기운을 대표하는 神이다. 따라서 디오니소스는 생명을 주재하는 神인 동시에 광기와 도취의 神이다. 이러한 기운 속에 디오니소스는 해방자가 된다. 그는 자신으로부터 모든 것을 해방하면서 동시에 자기자신도 지금까지의 모든 구속- 풍습, 도덕, 종교 심지어 일상의 크고 작은 일에 이르기까지-에서 해방된다. 이러한 디오니소스의 특성을 지닌 자, 디오니소스의 제자라고 니체는 자칭한다. 디오니소스 특성은 축제를 통해 가장 잘 드러난다.

디오니소스 축제[10]는 생명이 탄생하는 봄에 가을에 담은 포

---

10) 축제[祝-빌 축, 祭-제사 제/festival]는 神에게 제사를 지내는 신성하고 엄숙한 제의祭儀에서 시작되었지만, 神에게 제물을 받치고 그것을 함께 먹으면서 복을 기원하고-음복飮福- 그리고 神을 기쁘게 맞이하기 위해 노래하고 춤추는 과정에서 놀이의 특성이 두드러지게 나타난다. 신성한 제의에서 공동체의 구성원들이 함께 먹고 마시고 노래하고 춤추는 과정에서 축제는 하나의 놀이가 된다. 이 과정에서 신분의 격차, 빈부의 격차가 사라지고 더 나아가 자연과 인간 간의 경계까지도 허물어져 모두가 혼연일체渾然一體가 된다.

문화학자인 요한 하위징아(Huizinga, Johan)에 따르면 제의와 놀

도주 통이 개봉되면서 모두가 자유분방하고 환상적이며 도취적인 분위기 속에서 열린다. 축제에서는 주관적인 것은 완전히 사라지고, 모든 개체화의 원리(Principle of individualisation)가 무너져 내린다. 이때 자연과 사람은 최고 힘을 표현한다. 이때 인간끼리 유대관계를 맺을 뿐 아니라, 인간과 자연이 화해한다. 가장 광폭한 야수마저도 서로 친근해져, 표범과 호랑이가 꽃으로 장식한 디오니소스의 마차를 이끈다. 신분이 사라져, 主人과 종이 바쿠스의 합창단원이 된다. 합창의 소리가 높아질 때, 마치 온 세상이 마법에 걸린 듯, 인간은 자신이 마치 神이 된 듯 느낀다. 그는 꿈속에서 보았던 神처럼 그 자신도 도취되고 고양되어 춤을 추듯이 날아다닌다. 디오니소스의 추종자들은 머리에 뱀을 두르고, 표범이 새겨진 주석 지팡이를 들고 디틀람부스(Dithyrambus)[11] 부르며 광란한다. 이들은 숲에서 횃불을 높이 들고 열정적 춤을 추면서 자기를 망각한다. 이때 인간은 자신의 능력을 최고로 발휘한다. 이것과 저것, 너와 나를 구별하는 개체화의 원리가 사라진 곳에서 자연과 인간이 주인과 노예가 하나가 되어 축제를 벌인다.

> 오, 친구들이여, 너희가 쾌락을 "좋다"라고 말한 적이 있는가? 그렇다면 너희는 모든 고통을 "좋다"라고 말한 것이 된다. 모든 것은 사슬로 연결되고 실로 묶여 있고 사

이 그리고 축제는 근본적으로 매우 유사하다. 일상생활에서 공간적 분리 혹은 격리, 참석자들의 몰입과 그에 따른 일상에서 해방이라는 공통점이 있다. -《호모 루덴스*Homo ludens*》-

11) Dithyrambus는 디오니소스 축제에서 부르는 열광적인 송가이다.

> 랑으로 이어져 있는, 오, 너희는 이런 세계를 사랑한 것이다.
> 너희가 어떤 순간을 다시 한번 원한 적이 있다면, "너, 내 마음에 든다. 幸福이여!, 찰나여!, 순간이여!"라고 말한 적이 있다면, 너희는 모든 것이 다시 돌아오기를 원한 것이다!
>
> -《차라투스트라》-

니체는 지금까지 삶에서 부정되었던 惡, 고통, 불쾌 같은 것이 필요할 뿐 아니라, 진선미眞善美와 마찬가지로 소망할 정도로 가치 있다고 간주한다. 우리가 부정하는 것들도 사실은 그 자체가 惡이 아니다. 추함이나 허위도 아니다. 그것들 역시 우리의 의지를 더 분명하고 강력하게 자극하여 더 풍성한 결실을 거두게 하는 것들이다.

그리하여 니체는 세계를 있는 그대로의 모습으로, 필연적인 것으로 긍정하고자 한다. 다시 말해 세계를 더하거나 빼지 않고 디오니소스적 긍정에 이르고자 한다. 진위眞僞, 미추美醜, 선악善惡을 다 같이 긍정할 수 있는 것은 철학자가 도달할 수 있는 최고의 상태이기 때문이다. 이러한 디오니소스 철학을 구가하는 니체는 자칭 타칭 "디오니소스 제자"이다.

제3장

주요 개념

나는 인간이 아니다. 나는 다이너마이트다.
나는 성자이기를 원치 않는다. 차라리 광대이고 싶다.
모든 가치의 전복, 이것이 인류를 위한 내 정신이다.
수천 년을 내려온 허위에 맞서는 것이 내 운명이다.
나는 허위를 허위로서 경험한 최초의 인간이다.
그리하여 나는 진리를 발견한 최초의 인간이다.

-《이 사람을 보라》-

차라투스트라(Zarathustra)는 누구인가?

차라투스트라는 고대 페르시아의 종교, 조로아스터교의 창시자이다. 조로아스터교(Zoroastrianism)[1]는 불을 숭배하기에 '배화교拜火敎'라 한다. 이는 제례의식을 불이 타오르는 제단 앞에서 치르기 때문이다. 조로아스터의 본명은 스피타마 차라투스트라(Spitama Zarathustra)이며, 조로아스터는 차라투스트라의 그리스식 발음이다. 조로아스터교는 이원론적 일신론(dualistic monotheism), 즉 최고신 아후라 마즈다에서 쌍둥이 선한 영靈과 악한 영이 태어나, 善惡이 투쟁한다. 그런데 **善惡의 갈등은** 물질세계에서 일어나는 것이 아니라 **인간의 마음에서** 일어난다는 것이다.

자유의지를 가진 인간은 善惡의 다툼에서 승패를 결정할 수 있는 능동적이고 적극적인 존재이다. 인간이 어떻게 하는가에 따라 善이 승리할 수도 있고 惡이 승리할 수도 있다. 하지만 이 전쟁을 영원히 종결시키는 것은 사오쉬안트(Saoshyant)라고 불리는 메시아이다. 메시아의 등장과 함께 善한 神의 승리로 세상은 완성된다.

-유흥태, 《에스파한》 참고-

---

1) 현재 이란에는 조로아스터교 신전이 남아 있다. 불의 신전인 아타슈카다(Atashkada, 꺼지지 않는 성스러운 불)에 신자들이 470년 이후 한 번도 꺼지지 않고 타는 불꽃을 보기 위해 찾아온다. 이란 사람들은 대부분 이슬람을 믿지만, 내적으로는 조로아스터교 방식을 따른다. 한국인의 밑바닥에 유교와 무속이 깔린 것과 같다.

니체의 차라투스트라가 배화교의 조로아스터와 동일한 인물이라고 할 수는 없다. 그렇지만 니체가 고전문헌학을 연구했기에 고대의 페르시아 종교에 대해도 충분히 알고 있었을 것이다. 그는 배화교의 특징을 참작해 善惡을 넘어서 영원히 생성 소멸하는 창조적 존재를 차라투스트라라고 명명했을 것이다.

그리하여《차라투스트라》에서 니체는 자신의 입이 아니라 대변자를 통해 자신의 사상을 설파하고 있다. 그렇다면 차라투스트라는 니체 자신의 분신이며 초인超人의 또 다른 이름이라 할 수 있다. 차라투스트라는 피안의 세계에서 어떤 목표도 가치도 인정하지 않고, 오직 大地에서 고독과 성실로 **자신을 초극해 가는 영웅이자 천재**이다.

초인(Übermensch, Overman)은 누구인가?

《차라투스트라》의 超人은 "어린아이", "디오니소스", "차라투스트라"와 전적으로 같다고 할 수는 없으나 궁극적인 점에서는 같다. 超人은 "자신의 영혼을 마음대로 통제할 수 있는 인간"이며 동시에 "인간을 넘어서는 탁월한 능력을 지닌 자"이다. 《차라투스트라》의 "인간은 극복되어야 할 그 무엇이다."라는 표현에서 보면, 超人은 인간 자신의 "자기 극복"이라는 의미가 내포된 최고·최상의 인간 유형을 의미한다.

니체는 말한다. "너는 너 자신이 되어야 한다! 네가 지금 행하고 생각하고 원하는 것은 네가 아니다. 너의 참된 본질은 네 안에 감추어져 있는 것이 아니라, 너보다 훨씬 위에(über), 네가 자아(yourself)라고 생각하고 있는 것보다 훨씬 더 위에 있기 때문이다."

그렇다면 인간은 참된 자기자신이 되기 위해 끝없이 극복해야 한다, 자신의 능력은 생각보다 훨씬 탁월하며 자신 가능성은 무한대로 열려있기 때문이다. 자기자신의 참된 존재를 향해 무한히 극복해가는 자가 현실을 사는 超人의 모습이다.

한편 차라투스트라는 말한다. "모든 神은 죽었다. 우리는 이제 超人이 살기를 원한다. 이것이 우리의 최후 의지이기를." 그리고 이어서 말한다. "神 따위는 없어져라! 혼자서 운명을 개척하는 편이 더 낫다!" 따라서 超人은 죽은 神의 자리를 대치하는 또 다른 의미의 神적 존재가 아니라, 神의 죽음을 깨닫고 스스로 가치를 창출하는 자유로운 존재, 관습과 제도를 자신의 힘으로 넘어서는 참된 영혼의 해방자, 大地에 충실한 자, 운명애 정신의 소유자가 超人의 경지에 다가설 수 있다.

超人을 über(넘어서, 위에 있는)+mensch(인간)이라 하여, 영어로 "superman"으로 번역하는 것도 가능하지만, 슈퍼맨은 기존의 영상 이미지가 강하게 작용하기에, 일반적으로 그렇게 번역하지 않는다. 독일어 위버맨쉬를 영어로 오버맨(overman)으로 번역된다. 니체는 우상숭배와 영웅숭배를 절대적으로 거부했지만, 그의 超人 사상에는 나치스에 의해 악용될 소재가 다분히 포함되어 있다.[2)]

2) 히틀러는 자신의 저서 《나의 투쟁(*Mein Kamp*)》과 니체의 《차라투스트라》를 탄넨베르크에 건립된 전승 기념비의 아치형 천장에 동판으로 만들어 넣었다. 이는 니체 철학에서 超人, 금발의 야수, 육성과 도야 그리고 호전주의, 반도덕주의, 반민주주의 등, 잘못 이해하면 나치즘의 도구로 악용될 요소가 내포되어 있기 때문이다.

“神은 죽었다(God is dead)”는 말

니체가 “神은 죽었다”고 선포할 때, 神이란 단순히 종교적인 석가모니 또는 예수 그리스도를 말하는 것은 아니다. 여기서 神은 “초감각적 세계” 전체, 즉 이념과 이상의 영역을 부르는 이름이며, 넓은 의미에서 형이상학적, 초자연적 세계를 총칭한다. 따라서 神은 영원불변하는 세계, 참된 세계, 완전무결한 세계이지만 지상에는 없는 이상적 세계를 의미한다. 죽을 수밖에 없는 불완전한 인간에게 神은 모든 가치의 척도이자 기준이며 삶의 좌표이자 목적이 된다.

“神의 죽음”은 《즐거운 학문》 단장 125에 처음 등장한다. 한 미치광이가 대낮에 등불을 밝혀 들고 장터에 가서 말한다. “우리가 神을 죽였다. 너희와 내가, 우리가 모두 神의 살해자다!” 비록 그는 많은 사람의 비웃음거리가 되었지만, 이 위대한 행위로 인해, 우리 이후에 태어난 자들은 기존의 역사보다 더 높은 역사를 창출할 것이라고 차라투스트라의 선구자인 미치광이가 강조했다. 이렇게 神의 죽음은 인류 역사에서 하나의 결정적인 전회를 이루는 개념이며, 《차라투스트라》의 주제다.

차라투스트라는 우리에게 역설한다. “이전에는 神에 대한 모독이 가장 큰 모독이었다. 그러나 神은 죽었다. 이제는 大地를 모독하는 것이야말로 가장 두려워해야 할 일이다.” 그러니 제발 “大地에 충실하라.”

모든 가치의 척도이자 삶의 목적인 神의 죽음으로써, 인간은 더는 삶의 의미를 찾지 못하고 방황할 수밖에 없다. 가치의 기준이 사라짐으로써, 인간은 어디에 기준을 맞추어야 할지, 삶의 의미를 찾을 수가 없다. 이는 오아시스 없는 사막에서 길을 잃은 것과 같으며 망망대해에서 나침반을 잃어버리고 일엽편주에 몸을 맡기고 있는 것과 같다.

다른 한편, 기존에 있던 가치 척도가 사라졌다는 사실은 모든 가치를 새롭게 창조할 수 있다는 말도 된다. 최고의 가치가 무가치하게 되었다는 사실은 기존의 가치에 자신을 억지로 끼워 맞출 필요가 없다는 것이다. 다시 말해 神의 죽음은 각자가 자기자신에게 합당한 가치를 새롭게 정립하라는 것이다. 神의 죽음을 통해 니체는, 우리가 대지大地에 충실하며 삶의 主人으로 살아갈 것을, 촉구하고자 한다.

오직 한 번뿐인 삶을 기존의 가치에 얽매여, 다른 사람이 설정한 가치에 따라 산다면 이 얼마나 불행不幸인가? 현실에는 없는 이상적 가치에 구속되어, 大地의 삶을 저버린다면 이 또한 얼마나 바보 같은 짓인가? 모든 가치의 척도인 神의 죽음으로 인해, 인간이 참으로 삶의 主人이 될 수 있는 토대가 조성되었다.

중력의 영(The Sprite of Gravity)

중력의 영은 "神을 대변하는 자"이다. 차라투스트라는 더없이 강력한 악마인 중력의 영을 "웃음으로" 살해하고자 하나 그것이 쉬운 일이 아니다. 비록 차라투스트라라 할지라도. "반은 난쟁이, 반은 두더지"로 묘사되는 중력重力의 영靈은 기존의 가치관에 사로잡혀 있으며, 다른 사람의 눈치를 살피느라 전혀 자기 삶을 살지 못한다. 삶이 고통스럽고 힘든 것은 우리가 중력의 영을 벗어던질 수 없기 때문이다.

차라투스트라가 극복하고 상승하려고 하나 그를 심연으로 끌어 내리기 위해, 중력의 영인 난쟁이가 "납덩이 같은 사상"을 머릿속에 방울방울 떨어뜨려 극복과 상승을 저지하고자 한다. 우리 어깨에 올라앉아 일일이 방해하는 중력의 영과 대처하기 위해서는 "공격적 용기"와 "자기 사랑[自己愛]"이 절대적으로 필요하다.

지금까지 최고 가치로 인정되어 온 가치들, 중력의 영에서 해방되어야 사람은 가장 자기답게 삶을 노래하며 춤출 수 있다. 차라투스트라가 중력의 영에서 해방되었을 때, 그는 가장 심오한 사상인 "삶에서 크고 작은 모든 것들이 무수히 반복된다."는 영원회귀 사상을 깨닫는다.

권력의지(Will to Power)

인간의 의지는 언제나 더 큰 권력에로 향하는 의지다. "세계는 권력의지다. 그 외에 다른 것이 아니다." 권력의지는 모든 존재의 가장 내적 본질이자, 모든 변화의 궁극적 근거, 다시 말해 **모든 생명체는 항상 자신을 보존하고 강화·확장하려는 권력에로 향하는 의지**가 있다. 어떤 생명체가 한 단계에서 머물려고만 한다면, 그것은 곧 권력의지가 쇠퇴하려는 징후이다. 인간이 삶의 본질적 특성인 권력의지權力意志에 충실할 때, 삶이 유지되고 보다 나은 삶도 가능하게 된다. 인간이 진선미眞善美를 추구하려는 의지도 권력의지의 한 측면이다.

· 인간은 자신의 권력이 확장된다고 느낄 때, 자신이 善하다고 생각하고 자신을 善한 사람이라 부른다. 바로 그 때 그가 자신의 권력을 방출하는 대상인 타인은 그를 惡한 사람이라 부른다.

-《아침놀》-

· 각 민족이 기록한 善惡은 그 민족의 권력의지가 발하는 목소리이다.

· 살아있는 것을 발견할 때마다 나는 항상 권력의지를 발견한다. 심지어 봉사자의 의지 속에서조차 나는 主人이 되려는 의지를 발견할 수 있었다.

-《차라투스트라》-

· 진리의 감각은 삶의 보존을 위한 수단, 즉 권력의지이다.

· 세계는 어떤 목표도 어떤 도착점도 갖지 않는다. 세계는 영구불변한 존재(being)를 가질 수 없다. 그것은 생성(becoming)이기 때문이다.

· 세계의 평형상태는 결코 달성된 일이 없으며, 앞으로도 결코 가능하지 않다. 세계 내에서 권력의 양은 일정한 것이기는 하지만 그 권력의 본질은 유동적이다. 권력은 정지할 수 없는 까닭에 끊임없이 변화하며, 시간도 한순간도 멈출 수 없다. 이런 까닭에 변화는 필연적인 사실이다.

· 세계란 시작도 끝도 없는 거대한 힘이다. 증대하는 일도 감소하는 일도 없는 권력의 양, 소모되는 것이 아니라 끊임없이 변하기만 한다. 이러한 세계의 이름을 너희는 원하는가? 이 세계는 권력의지다. 그리고 그 외에 다른 것이 아니다! 너희 자신도 권력의지다. 그리고 그 외에 다른 것이 아니다.

-《권력의지》-

영원회귀(The Eternal Recurrence)

차라투스트라는 "영원회귀를 가르치는 자"이다. 동일한 것의 영원한 회귀는 일반적으로 도달할 수 있는 한에서 "**최고 긍정의 정식**"이다. 다시 말해 大地에서 인간의 삶, 그 혼란과 고통, 이성의 승리와 패배, 감성의 폭발과 위축 등, 이 모두를 긍정하는 최고의 명칭이다.

니체는 《차라투스트라》 이전에 쓴 《즐거운 학문》에서 영원회귀를 이렇게 말한다. "어느 날 밤에 악령이 나타나 이렇게 말한다면 너는 어떻게 하겠는가. '네가 지금 살고 있고 살아왔던 이 삶을 너는 다시 한번 살아야만 하고, 또 무수히 반복해서 살아야만 할 것이다. 거기에는 새로운 것이란 없으며, 모든 고통, 모든 쾌락, 모든 사상과 탄식, 네 **삶에서 이루 말할 수 없이 크고 작은 모든 것이 네게 다시 찾아올 것**이다. 이 순간과 너 자신마저도 모래시계와 더불어 거듭해서 뒤집혀 세워지게 될 것이다!' 이러한 생각이 너를 지배하게 되면 그것은 너를 변화시킬 것이다. '**너는 이 삶을 다시 한 번 그리고 영원히 반복해서 다시 살기를 원하는가?**'라는 질문이 너의 행위 위에 얹힐 것이다, 이것 외에 더는 아무것도 요구하지 않기 위해서, 어떻게 너 자신과 너의 삶을 영위할 것인가?"

《차라투스트라》 이후에 쓴 《善惡을 넘어서》에서 니체는 영원회귀를 이렇게 말한다. "善惡을 넘어서 있는 사람은 가장 대담하고 생명력 넘치며 세계를 긍정하는 인간의 이상에 눈을 뜨게 된다. 그러한 인간은 **과거에 존재했고 현재 존재**

하는 것과 타협하고 화합하는 법을 배워왔을 뿐 아니라, **과거에 그렇게 존재했고 현재도 그렇게 존재하는 방식대로** 그것을 다시 갖고자 한다."

영원회귀永遠回歸는 삶이 비록 터무니없고 부조리할지라도, 그것을 필연적인 것으로 받아들인다. 인간이 삶을 합리적으로 이성적으로 사유하면서 쓸데없는 고통을 당하는 것보다, 용기를 내어 부조리 자체를 온전히 수용한다. 인간은 삶을 깊이 보는 것만큼 고통도 깊이 볼 수 있다. 그러면 공격하는 용기는 최고의 살해자가 되어, "그것이 삶이었던가? 좋다! 그렇다면 다시 한번!"이라고 말하는 경지에 이르면, 용기는 죽음조차 죽인다는 것이다.

달빛도 거미도 그리고 티끌 같은 존재도 영원히 반복된다는 영원회귀는 인간이 감당할 수 있는 최대의 중량이며 끝 모를 심연의 사상이다. 이것을 인식한 인간은 "변모하는 자", "빛에 둘러싸인 자"로 거듭나게 된다. 말하자면, 〈환영과 수수께끼에 대하여〉에서 뱀의 대가리를 물어 뜯어버린 목동처럼, 빛에 둘러싸인 채 가장 멋지게 웃을 수 있다.

운명애(Amor Fati) : 디오니소스적 긍정과 어린아이

존재하는 모든 사물에는 빛과 그림자가 있다. 각 사물에는 善惡, 미추, 진위 그리고 장단, 노소, 음양과 같이, 상반되는 것들이 함께 존재한다. 이것들은 동전의 양면과 같아서 어느 하나만을 취사선택할 여지가 없다. 빛이 있으면 반드시 그림자도 있게 마련이다. 심지어 가장 어두운 그림자는 가장 밝은 빛의 경계선에 있다.

그런데도 인간에게는 어느 한쪽만을 긍정하고 다른 한쪽을 부정하려는 경향이 있다. 사실 어둠이 없는 곳에 빛이 무슨 의미가 있으며, 추함이 없는 곳에 아름다움이 무슨 의미가 있을 것인가. 허위가 없는 곳에 참됨은 무슨 의미인가. 상반되어 보이는 이 양자가 같은 뿌리에서 자라난 것은 아닐까? 善惡은 본질적으로 다른 것이 아니라 정도의 차이만 있는 것은 아닐까? 惡이 승화되어 善이 된 것은 아닐까?

사물의 긍정적인 면뿐 아니라 부정하고 싶었던 부분까지 온전하게 수용하는 디오니소스적 긍정에 이르게 되면, 지금까지 삶에서 부정되었던 것들을 필요하다고 이해할 뿐 아니라, 소망할 정도로 가치 있다고 이해하게 된다. 지금까지 긍정되었던 측면들과 관계해서가 아니라 부정되었던 측면 그 자체를 위해서, 즉 삶의 의지가 더 분명하게 표명되는 더 강력하고도 결실이 더 풍부하며 더 진정한 삶의 측면을 위해서 말이다.

있는 그대로의 세계에 대해서 공제하거나 제외하거나 선

택하는 일 없이 **디오니소스적 긍정**(das dionysische Jasagen)의 형식에 이르기까지, 세계의 절대적인 회귀와 영원성을 소망하는 데까지 이르는 긍정이야말로 세계를 온전히 긍정하는 것이다. "부정된 삶이나 동강이 난 삶이 아니라, 온전하고 전적인 삶에 대한 종교적 긍정"을 위해 니체는 그리스 주신酒神 디오니소스를 내세운다. 철학자가 도달할 수 있는 최고의 상태, 존재에 디오니소스적 관계를 가세시키는 것, 이것이 운명애運命愛에 대한 정식이다. -《권력의지》-

소망하지 않았던 것, 피하고 싶은 것 그리고 부정하고 싶었던 것마저도 그래, 정말 그렇다라고 긍정하는 디오니소스는 놀이하는 어린아이와 같다. 어린아이는 선과 악을, 아름다움과 추함을, 진리와 허위를 따로 구분하지 않는다. 이 모두를 어린아이는 온몸으로 받아들이며 -사실 긍정도 부정도 하지 않고- 그냥 논다.

> 어린아이는 순진무구이자 망각이다. 어린아이는 새로운 시작이며, 놀이이고, 스스로 굴러가는 바퀴이고, 최초의 운동이자 하나의 신성한 긍정(Yes)이다.
>
> -《차라투스트라》-

천진난만한 어린아이는 온종일 그냥 놀이한다. 어떤 목적을 위해 놀이하는 것이 아니라 단지 놀기 위해 논다. 놀이하는 어린아이는 특별한 목적의식이 없지만, 엄마의 부름을 듣지도 못하고, 배가 고픈 줄도 모르고 화장실에 가고 싶다는 생리적 욕구마저도 잊어버리고, 놀이에 몰입한다. 이 몰입은 의도한 것이 아니라 저절로 일어나는 것이다. 어린아이는 그저 놀 뿐이다. 그러면서도 어린아이는 자신의 놀이에만 완전히 몰입해 있다. 잘 놀고 있는 어린아이에서 善惡이 무슨 의미가 있겠는가?

"운명을 사랑한다[運命愛]."라는 말은, 자기 모습 그대로를, 자신의 장점뿐 아니라 단점까지도, 있는 그대로 수용한다는 말이다. 즉 디오니소스적 긍정에 이르기까지. 인간이 자신의 치부를 감추기만 하고 수용하지 않는다면, 그것을 결코 극복해 낼 수 없다. 치부를 극복하기 위해서는 그것을 내 것으로 먼저 긍정하고 수용해야 한다. 그런 다음 극복하는 것이 가능하게 된다.

물론 자신에게 주어진 상황을 긍정한다고 하여 모든 것을 포기하고 주저앉아서, 상황이 좋아지기만을 마냥 기다리고 있으라는 말은 아닐 것이다. 어둠이 찾아왔을 때, 그것이 싫으면 불을 밝혀야 한다. 그래야 어둠이 가실 것이다. 따라서 운명애는 자신에게 주어진 상황을 적극적으로 수용하고 -비록 감추고 싶고 부정하고 싶을지라도- 다시 말해 디오니소스적 긍정을 통해 극복해간다는 것이다. 이런 전적인 긍정을 '운명애'라 한다.

> 아모르 파티(Amor Fati), 이제부터 이것은 내 사랑이 될 것이다! 나는 추하다고 하여 어떤 싸움도 하지 않을 것이다. 나는 비난하지 않을 것이며, 심지어 비난하는 자를 비난하지도 않을 것이다. 시선을 돌리는 것, 그것만이 내가 하는 유일한 부정일 것이다.
>
> -《즐거운 학문》-

인간의 삶은 시지프스 신화에서처럼 근본적으로 부조리하고 비합리적이다. 우리의 일상은 아침에 일어나서 씻고 식사하고, 일터로 가서 일하다가 식사하고 다시 일하다가, 귀가해서 저녁 식사하고 잠자리에 든다. 마치 일하기 위해 먹는 것처럼 또는 먹기 위해 일하는 것처럼, 이것은 다음날에도 그다음 날에도 똑같이 반복된다. 이러한 일상은 일주일이나 일 년 만에 끝나는 일이 아니라, 우리가 죽을 때까지 매일같이 반복하며 살아야 한다는 것이다. 그렇다면 우리는 실로 의미도 없고 부조리하고 모순에 가득 찬 삶을 영원히 반복하며 살아가고 있다.

지금까지 인간은 불합리한 삶을 두 가지 방법으로 해결하고자 했다. 하나는 삶을 포기하는 것이고 다른 하나는 초월적인 존재에 삶을 위탁하는 것이다. 전자는 자살을 최후의 방법으로 선택하고, 후자는 절대적인 神에 귀의하는 종교적 방법을 선택한다. 그런데 삶을 포기하는 자살은 부조리한 이 삶과의 대결에서 결국은 패배와 굴복을 의미한다. 종교에 의탁하는 것도 하나의 일시적 도피처가 될지언정 진정한 해결책이라 할 수 없다. 그것 역시 일상의 삶을 떠나는 것이기에 또 다른 의미의 굴복이요 굴종이다. 이런 이유로 니체는 이 두 가지 방법을 모두 거부한다.

니체에 따르면, 부조리한 삶을 극복하는 유일한 방법은 이 "삶을 있는 그대로" 긍정하고 사랑하는 것이다. 다시 말해 "부조리한 삶 그 자체를 사랑한다."라는 말이다. 삶 그 자체를, 삶에서 진선미뿐 아니라 거짓과 위선 그리고 추함까지 적극적으로 긍정하고 사랑한다는 것이다. 니체는 말한다. "모든 것과 위대한 것 속의 모든 것, 나는 언제나 오직 긍정하는 자, 그런 사람이 되고 싶다." 이처럼 삶에 대한 절대적 긍정 그리고 끊임없는 자기 극복, 이것이 니체가 말하는 운명애, '아모르 파티'다.

“인간”은 어떤 존재인가?

《차라투스트라》에서 인간은 심연 위에 매어진 밧줄과 같은 존재다. 밧줄은 超人(overman)과 짐승(beast)으로 연결되어 있다. 그 줄 위에서 인간은 한쪽으로 계속 가다 보면 超人이 되어가고, 다른 한쪽으로 계속 가면 인간말종, 짐승만도 못한 존재가 되어간다. 달리 말해 모든 인간은 超人이 될 수 있는 특성과 짐승이 되는 특성을 함께 지니고 있다. 초인적 존재 또는 인간말종으로 태어나는 것이 아니다. 인간이 어떤 행위를 함으로써 초인적 존재로 거듭날 수 있고 또는 다른 어떤 행위를 함으로써 짐승만도 못한 존재로 전락할 수도 있다.

> 나는 너희에게 超人을 가르치려 한다. 인간은 극복되어야 할 무엇이다. 너희는 자신을 극복하기 위해 무엇을 했는가? 지금까지 모든 존재는 자신을 넘어서 무엇인가를 창조해 왔다. 그런데 너희는 자신을 극복하기보다는 짐승으로 되돌아가려 하는가?
>
> -《차라투스트라》-

2400년 전 아리스토텔레스가 말했듯, 인간은 집을 지으면서 건축가가 되고 리라를 연주하면서 악사가 되어간다. 착한 행위를 반복하다 보면 善한 사람이 되어가고 나쁜 행위를 수시로 하면 惡한 사람이 되어간다. 더는 극복하려 하지 않고 현실에 안주하며 살아가는 인간 말종의 특성은 다음과 같다.

인간 말종은 온화한 이웃 사랑을 추구한다. 건강에 마음 쓰고 불신을 품지 않으며 싸우지 않기 위해 조심하며 지낸다. 술과 담배를 조금씩 즐기며, 먹고 살기 위해 몸에 무리가 되지 않을 정도로 일한다. 이들은 가난함도 부유함도 원하지 않는다. 조금이라도 성가신 일은 피하고자 하기에, 모험이나 위험을 감수하는 일은 애초에 시도조차도 하지 않는다. 이들은 다른 사람을 명령하지도 복종하지도 않는다. 사실 할 줄도 모른다. 그러면서 모든 사람은 평등하다고 스스로 위로한다. 이들은 "모두가 평등하기를 원하며 실제로 평등하다. 누구든 자신이 특별하다고 느끼는 사람은 제 발로 정신병원으로 가기 마련이다."

"**인간은 극복되어야 할 그 무엇**이다." 인간은 超人으로 건너갈 수도 있고, 짐승으로 추락할 수도 있는 줄 타는 광대와 같다. 인간이 위대한 점은 인간이 하나의 과정이요 다리이기 때문이다. 인간이 비록 목표에 도달하지 못했다 할지라도, 超人에 이르는 과정만으로도 그 존재의 의미를 찾을 수 있다.

니체가 역설하는 바는, 모든 가치가 사라진 후 인간 스스로가 창조자가 되어서 새 시대에 부합하는 새로운 가치를 정립하라는 것이다. 大地의 主人이 될 超人은 삶을 구속하는 그 모든 가치를 부수어 버리고 새로운 가치를 정립하는 가치의 창조자이다. 그는 자신의 운명마저도 극복해 내고 마침내 자신의 의지로 삶을 창조해 간다. 인간은 超人이 될 수 있다는 것이며 그리고 超人이 되어가야 한다는 것이다.

제4장

소설 속에 나타난 차라투스트라

인간은 오직 이미지를 통해서만 사고한다.
그래서 철학자가 되려거든 소설을 쓰라.

-알베르 카뮈-

해 설

니체는 죽었지만, 그의 작품 《차라투스트라》는 살아있다. 살아있기에 이렇게 저렇게 움직인다, 시대의 움직임에 따라 그리고 우리의 원망遠望에 따라. 삶의 철학자 차라투스트라가 중력의 영과 싸움을 끝내고, 가볍고 새롭게 단장하여 우리와 함께 곳곳을 누비고 있다.

곳곳에서 나타나는 차라투스트라의 다양한 모습을 통해서 우리는 그를 더 잘 이해할 수 있다. 그리하여 그를 사랑하게 될지도 모른다. 사실 철학은 아무래도 무겁고 어렵다. 하지만 문학은 가볍고 재미있어 좀 더 쉽게 접근할 수 있다. 문학작품에서 드러나는 다채로운 차라투스트라의 모습을 주의 깊게 본다면, 그의 말이 흥미롭게 들릴 것이다. 그래서 문학과 철학 더 나아가 역사까지 문사철文史哲은 한통속이라 했다.

프랑스 문학자 카뮈(A. Camus)가 말했다. "우리는 오직 이미지를 통해서만 사고한다. **철학자가 되려거든 소설을 쓰라**." 역으로 소설가가 되려거든 철학을 하라. 문학과 철학은 경계선이 따로 없다. 그것들은 언제나 그 시대의 산물이다. 비록 매우 생소하게 느껴질지라도. 카뮈가 노벨문학상을 받게 된 계기도 "시대를 사는 인간의 정의를 탁월한 통찰과 진지함으로 밝힌 작가"였기 때문이다. 문학과 철학이 좀 더 날카롭게 좀 더 적극적으로 그 시대의 목소리를 표현하지만, 그 시대를 그려낸다는 공통점이 있다. 문학자이든 철학자이든 모두 "시대의 아이"이기 때문이다.

필자가 니체 철학을 공부하면서, 여러 문학자가 니체의 사상에 영향을 받았다고 했지만, 실제로 어떻게 영향을 받았다는 말인지 이해하지 못했다. 문학작품에서 그 어려운 철학이 어떻게 그려질 수 있는지 의심스럽기도 하고 궁금했다. 그리고는 막연하게 문학작품으로 사상을 제대로 전할 수 있다면 그것은 매우 기쁜 그리고 좋은 일이라 생각했다. 그렇지만 필자의 경우, 철학을 공부한다는 핑계로 문학작품을 접할 시간을 많이 갖지 않았다.

여러 해 《차라투스트라》를 읽고 쓰면서, 별다른 의도 없이 몇몇 문학작품을 읽었다. 순전히 머리에 쥐가 날 듯한 철학으로부터 도피하기 위해. 그런데 이것이 웬 말인가. 소설에서 철학이 전개되는 것이 아닌가. 소설에서 철학이 이렇게 흥미진진하게 이야기되는 것을 보며 놀랍고 반가웠다. 그래서 카뮈가 철학자가 되려거든 소설을 쓰고 소설가가 되려거든 철학을 공부하라고 했구나.

문학작품 중 소설에서 특히 《그리스인 조르바》, 《페스트》 그리고 《노인과 바다》는 마치 차라투스트라의 가르침이 구체화 된 듯하다. 《차라투스트라》의 초인超人이 소설을 통해 다양한 전형으로 그 모습을 드러낸 것이다. 차라투스트라가 어떤 곳에서는 "조르바"로 어떤 곳에서는 "리외나 그랑"으로 또 다른 곳에서는 "늙은 어부"로 변신한 것이다. 이들은 모두 《차라투스트라》에서 추상적일 수 있는 超人의 모습이 大地의 삶에서 구체화 된 양상으로 전개되었다고 생각할 수 있다.

소설 속의 "조르바"를 통해 그리고 "리외와 그랑"을 거쳐서 마지막에는 "늙은 어부"를 통해, 超人의 일면을 엿볼 수 있다. 여기서 필자가 超人에 대해 왈가왈부할 수 없다. 그것은 니체도 차라투스트라도 超人을 은유적으로 표현했을 뿐 그에 대한 세부적인 설명은 없기 때문이다. 그는 이것을 오롯이 독자의 몫으로 남겨두었다. 다시 말해 차라투스트라를 통해 독자가 나름대로 이해하고 해석하면 그것으로 충분하다는 말이다. 니체가 《차라투스트라》를 통해 원하는 것도, 수천수만 가지 해석이다.

텍스트는 언제나 독자에 따라 다양한 해석이 가능하다. 전문가의 가이드라인도 제거해 버리고, 독자가 보이는 대로 보고 생각나는 대로 생각하면 그것으로 충분할 듯하다. 우리 모두 자기 삶의 主人이듯 이 책도 자기 뜻대로 이해하고 해석하면 된다. 그것이 니체가 바라는 바이기도 하다. 그런데 독자의 이해를 돕기 위해 超人의 일면을 나타내는 부분을 굵은 글씨체로 표시했다. 이것도 불필요한 일일 듯하지만. 필자로서 니체를 처음 접하는 독자를 위해 최소한의 성의를 표해야 할 듯하다.

니체의 영향력이 뚜렷하게 드러나는 다음 문학 작품들을 읽어보자. 그러면 우리가 원망遠望하는 초인超人의 모습이 좀 더 구체화 될 것이다. 그 작품들이 바로 카잔차키스의 『그리스인 조르바』(1943)와 카뮈의 『페스트』(1947) 그리고 헤밍웨이의 『노인과 바다』(1952)이다. 그렇다면 이제 이 소설들 속에서 다양한 모습으로 등장하는 超人을 만나보자.

1. 그리스인 조르바 *Zorba The Greek*

니코스 카잔차키스,
《그리스인 조르바》
Nikos Kazantzakis,
Vios ke politia tou alexi zorba

그리스에서 1943 출판
이윤기 옮김, 열린책들, 2017.

작품에 대한 배경 지식

■ 작가 소개

니코스 카잔자키스(Νίκος Καζαντζάκης, 1883-1957)는 오스만 제국 지배하에 있던 크레타 섬에서 태어났다. 독립운동에 투신한 부모님 세대 덕분에 크레타가 자유를 되찾았지만,[1] 격동의 과정에서 그는 神과 세계 그리고 인간과 자유를 통찰했다. 특히 自由는 그의 일생을 관통하는 주제였다. 그는 주교主敎가 된다는 예언을 믿고, 성직에 대한 열망과 책임감을 느끼고 주교처럼 처신하려고 노력했다. 하지만 그도 니체처럼 결국 그리스도교와 멀어졌다.

아테네 대학에서 법학을 공부했으며, 이후 파리에서 니체 연구로 학위를 받은 후 니체의 자취를 따라서 순례하기도 했다. 그는 자서전에서 고백하기를, "내 삶을 풍부하게 해준 것은 여행과 꿈이었다. 내 영혼에 깊은 골을 남긴 사람은 호메로스, 베르그송, 니체, 조르바 4명이다."

주교가 되려 했던 카잔차키스를. 그리스 정교회와 로마 가톨릭은, 그의 작품에 나타난 종교 비판적 관점과 육체 지향적 경향이 신성을 모독했다는 이유로 파문했다. 이로 인해 그의 시신은 성문 밖에 안치되었다."

---

1) 크레타 독립전쟁(1896-1898. 그리스와 터키 간 전쟁), 소설에서 조르바가 독립군으로 참전했다.

<생전에 자신이 쓴 묘비명>

Δεν ελπίζω τίποτα. Δε φοβούμαι τίποτα. Είμαι λέφ τερος. (나는 아무것도 바라지 않는다. 나는 아무것도 두려워하지 않는다. 나는 自由다.)

이 소설의 원제는 《알렉시스 조르바의 삶과 모험(*Vios kai politia tou Alexi Zormpa*)》이다. 이 작품은 작가에게 깊은 영향을 준 실존 인물을 바탕으로 쓴 장편 소설로, 니체의 초인超人사상, 베르그송의 자유의지自由意志 그리고 부처의 무소유無所有 사상이 제대로 반영되어 있다.

■ 주인공 알렉시스 조르바

작가 카잔차키스는 고향인 크레타 섬에서 갈탄 채굴과 벌목 사업을 했는데 그때 책임자로 고용한 인물이 바로 기오르고스 조르바였다. 그 후 카잔차키스가 복지부 장관에 임명되어 볼셰비키에 의해 처형될 위기에 처한 15만 명의 그리스인을 송환할 때, 다시 조르바의 도움을 받았다. 이렇듯 알렉시스 조르바는 작가가 실제 인물 기오르고스 조르바(1867-1942)와의 만남을 통해 소설 속에서 재창조되었다. 실존 인물 조르바는 관습과 율법뿐 아니라 돈과 명예 심지어 죽음까지도 구속받지 않는 자유로운 인간이었다. 自由에 대해 동경을 저자가 소설, 《그리스인 조르바》에 담았다.

■ 카잔차키스가 말하는 超人

神은 죽었다. 그렇다면 구원의 문은 우리 손으로 열지 않으면 안 된다. 이제 초인超人이 우리의 희망이다. 超人은 大地의 종자이며, 해방은 희망의 종자 속에 있다. 니체는 "神은 죽었다."고 선언하고 우리를 심연의 가장자리로 데려다 놓았다. 인간은 마땅히 저 자신의 본성을 뛰어넘어 超人이 되어야 한다. 神의 빈자리를 인간인 우리가 차지해야 한다.

—《영혼의 자서전》—

■ 거룩하게 되기[성화聖化]

《그리스인 조르바》를 이해하기 위해서는 작가가 지향한 궁극적 가치 "미토이코스" 즉 성화(Holy change)를 알아야 한다. 보이는 것과 보이지 않는 것, 육체와 영혼, 물질과 정신의 임계 상태 저 너머에서 일어나는 변화, 그것이 바로 "거룩하게 되기"이다. 포도가 포도주가 되는 것은 화학적 변화다. 미토이코스란 포도주가 사랑이 되고, 성체(Sacrament)가 되는 것이다. 사업이 거덜 난 그 시간 그 자리에서, 세상에 거칠 것이 없는 자유인 조르바는 춤을 추었다. 자신의 사업체를 '춤'으로 변화시킨 것, 이것이 바로 미토이코스다.

작품 《그리스인 조르바》 속으로

항구의 카페에서 나는 크레타 섬으로 가는 배를 기다리고 있었다. 카페 한쪽에 자리를 잡은 나는 단테의 《신곡》을 읽고 있었다. 그때 키가 크고 몸이 마른 60대 노인이 유리창에 코를 박고, 찌르는 듯한 시선으로 나를 보고 있었다. 그는 먹물인 나와는 영 딴판이었다. 그의 냉소적이면서도 불같이 강렬한 시선이 나를 사로잡았다.

눈길이 마주치자, 그가 성큼성큼 다가오더니 물었다. "젊은 양반, 어디로 가슈?" 내가 크레타 섬으로 간다고 하자, 그는 다짜고짜로 "날 데려가시겠소?" 했다.

갑작스런 그의 요구에 놀라 엉겁결에, "왜요? 우리가 무슨 일을 함께할 수 있겠어요?" 말해 버렸다.

못마땅하다는 듯 그는 소리치듯 말했다. **"왜요!, '왜요'가 없으면 아무것도 못 하는 건가요? 가령, 하고 싶어서 한다면 안 됩니까?"**[2)]

그의 열정적 태도와 공갈적 말투가 마음에 들었다. 그래서 물었다. "무슨 일을 하십니까?"

"닥치는 대로 하죠. 발로도 하고 손으로도 하고 머리로도 하고……, 하지만 해본 일만 해서야 어디 성이 차겠소. 최근에는 광산에서 일했어요. 광맥도 찾고 갱도 짜는 것도 좀 아는 괜찮은 광부라오."

2) 《그리스인 조르바》에서 굵은 글씨는 《차라투스트라》의 특성이 잘 드러나는 것으로 생각하여 필자가 임의로 표시한 것이다.

"그 보따리는 뭔가요? 먹을 것인가요? 옷인가요?"

"산투르요, 무엇을 먹을까, 무엇을 입을까, 장차 이러다 무엇이 될까? 이런 젠장, 이래선 안 돼요. 온 정성을 쏟아야 해요. 산투르를 치려면 마음이 깨끗해야 해요. 그런데 내가 산투르를 칠 때는, 당신이 말을 해도 내게 들리지 않아요."

"왜죠, 조르바?"

"열정 때문에, 바로 열정이라는 것이지요."

조르바는 살아있는 가슴과 커다랗고 푸짐한 언어를 쏟아내는 입과 위대한 야성의 영혼을 가진 사나이, 아직 大地에서 탯줄이 떨어지지 않은 사나이였다. 예술, 사랑, 순수성, 정열의 의미가 그의 단순한 말로 내게 분명히 전해져 왔다.

"조르바, 나와 같이 일합시다. 마침 크레타엔 내 갈탄광이 있어요."

"좋소!, 그렇지만 처음부터 분명히 합시다. 일은 충분히 하겠소만, 나한테 윽박지르면 끝장이에요. 당신은 내가 인간이라는 것 인정해야 합니다."

"인간이라니, 무슨 뜻이지요? 조르바",

"인간이란 자유라는 말입니다."

우리는 술잔을 부딪쳤다. "하느님의 가호가 우리와 함께하시기를!", "하느님뿐 아니라 악마도!" 조르바가 덧붙였다.

조르바의 왼쪽 집게손가락이 반 이상 없었다. 그것은 그가 한때 도자기를 만들었는데, 녹로 돌릴 때 손가락이 거치적거려서 도끼로 잘라버렸다는 것이다.

그가 이다 산을 바라보며, 말을 시작했다. "크레타에서 혁명이 일어났을 때, 나는 행상 보따리 대신 총을 들고 독립군에 가담했어요. 그때는 우리는 죄도 없는 터키인들을 덮쳐 목을 자르고 코와 귀를 도려내어 얼마나 많이 절였는지. 그러면서 우리는 진심으로 기도했습니다. '전능하신 하느님 저희를 도우소서!' 결과적으로, 우리가 자유를 누리고 싶으면 다른 사람을 죽여야 한다는 말이 아닙니까?"

조르바를 보며 생각했다: 지금까지 나는 보다 고상한 정열을 위해 내 정열을 버리는 것, 이념이나 민족 또는 하느님을 위해 자기를 희생시키는 것, 이를 숭고한 것으로 생각했다. 하지만 이것은 결국 우리를 묶는 노예의 사슬이 길어지게 하는 것은 아닐까? **그 사슬을 벗어나 보지도 못하고 죽는 것은 아닐까? 우리가 자유라고 부른 것은 무엇일까?**

이렇게 해서 우리는 크레타 해안에 오두막을 짓고 채광사업을 시작했다. 조르바는 새벽에 일어나 인부들보다 먼저 탄광으로 들어가서 갱도를 팠다. 그는 일에 열중했지만 나와 더는 상의하지 않았다. **첫날 모든 결정권이 그의 손으로 넘어가 버렸다, 그의 임무는 일을 결정하고 집행하는** 것이었다. 내 임무는 인부들의 임금을 주는 것이었다.

날이 저물면, 조르바는 마치 大地에서 불쑥 솟아나듯 성큼성큼 걸어왔다. 나는 그의 표정과 모습으로 그날의 성과를 알아낼 수 있었다.

매일 밤 그는 그리스, 불가리아, 콘스탄티노플 구석구석으로 나를 데리고 다녔다. **예사로 보아 넘기는 사실도 조르바 앞에서는 무서운 수수께끼로** 떠오른다. 지나가는 여자를 봐도 그는 큰일이나 난 듯이 말한다. "대체 저 신비의 정체는 무엇일까요?" 그는 묻고 또 물었다. 조르바는 **모든 사물을**

매일 처음 보는 듯이 대하는 것이다.

조르바는 퇴물 가수, 오르탕스 부인과 이내 연인이 되었다. 그에게 여자는 젊든 늙든, 아름답든 추하든 상관없이 신비로운 아프로디테가 되었다. 조르바는 언제나 **세상의 온갖 속박이나 굴레에서 벗어나 본능적 욕구에 충실**했다. 이는 여자 앞에서도 마찬가지다.

그와 함께 지낼수록, 나는 세상의 온갖 근심과 속박에서부터 해방된 조르바를 점점 더 경이로운 눈으로 바라보게 되었다. 그는 세상만사에 도무지 거칠 것이 없는 인간이었다.

처음에는 나도 현장에서 인부들을 감독했다. 나는 다른 양식의 삶을 살아보려고 시도했고, **책이 아닌 살아있는 인간들과 어울리는 기쁨을** 맛보려 했다. 그러면서 나는 갈탄광이 성공하면, 인부들과 공동체를 만드는 낭만적인 구상을 했다. 거기서는 모두가 같은 음식을 먹고 같은 옷을 입고 모든 사람이 평등하다. 일요일 조르바에게 내 계획을 말하자, 그는 미간을 찌푸리면서도 끝까지 들었다.

"두목, 인간이란 짐승이에요. 제발, 인부들과 거리를 둬요! 우리는 평등하다. 이딴 소리 하면 안 돼요. 그러면 그들은 당신의 권리와 자유를 빼앗고, 당신의 빵까지 모두 훔쳐 먹어버릴 거요. 그러니 **거리를 둬요!**

난 아무도, 아무것도 믿지 않아요. **오직 조르바만 믿어요**. 조르바가 딴 놈보다 나아서가 아니라, 그도 역시 짐승이오! 내가 조르바를 믿는 건, **내 마음대로 할 수 있는 게 조르바뿐이**기 때문이오."

학교 문 앞에도 조르바는 가보지 못했지만, 복잡하고 난해한 문제를 칼로 자르듯, 알렉산드로스 대왕이 고르디아스의 매듭을 자르듯이 풀어냈다. 만고풍상을 겪은 덕분에 그의 가슴은 열려있었고 원시적인 배짱을 고스란히 품고 있었다. 어떤 것이든 온몸의 체중을 싣고 두 발로 大地를 밟고 있는 조르바의 겨냥을 빗나갈 수 없었다. **그는 뱀처럼 온몸을 땅에 붙이고 있어 大地의 비밀을 더 잘 알고** 있기 때문이다. 뱀은 배로, 꼬리로 그리고 머리로 大地의 비밀을 안다. 뱀은 늘 어머니인 大地와 접촉하고 동거한다.

크레타 해안에서 나는 처음으로 먹는 것이 얼마나 즐거운 일인가를 깨달았다. 나는 조르바와 먹고 마시면서, 그것이 숭고한 의식이며, 빵과 포도주는 정신을 만드는 원료임을 깨달았다. 조르바가 맛있게 먹고 나면, 그의 말대로 엔진에 연료를 채우면, 그의 눈에는 불이 켜지고 발에는 날개가 달린 듯 춤을 추었다.

"먹는 음식으로 뭘 하는가를 가르쳐 주면, 나는 당신이 어떤 사람인지 말해 줄 수 있어요. 나는 먹은 것을 일과 유머에 씁니다. 하지만 두목! 당신은 먹은 걸 하느님께 돌리려고 애를 쓰는 것 같소만, 그게 잘되지 않으니 괴로운 거지요. 까마귀에게 일어났던 일이 당신에게도 일어나고 있어요. 원래 **까마귀는 까마귀답게 점잖고 당당하게 걸을 줄 알았어요. 그런데 까마귀가 비둘기처럼 걸어보려는 그날, 까마귀는 자신의 보행을 까먹어 버렸다**지 뭡니까?"

날이 저물자 조르바의 발소리가 들렸다. 그날따라 얼굴엔 우울한 표정이 확연히 드러났고, 양팔은 힘없이 덜렁거렸다.

"수고했어요, 조르바. 오늘은 기운이 하나도 없어 보여요."

그는 아무 응답도 하지 않았다. 그의 눈에는 근심과 불안이 가득했다. 한참 후, "두목, 나는 우리가 어디로 가고 있는지 짐작조차 할 수 없어요."

"내가 아니까, 당신은 그런 걱정하지 말고 그저 해나가면 됩니다." 그러자 조르바의 눈이 빛났다. "그 말씀을 한 번 더 해주시오. 그렇게 내게 용기를 좀 주시오."

나는 다시 말했다. "**아무 걱정하지 말고 그냥 해나가면 됩니다**." 그러자 조르바의 얼굴이 상기되었다. "**춤을 추시겠소? 춤춥시다!**"3)

그는 춤에다 몸을 맡기고 공중으로 뛰어올랐다. 그의 영혼은 더 높이, 다시 더 높이 뛰어올라 쉴 새 없이 다시 땅에 떨어졌다. 이를 악문 그는 **불가능을 성취하려고 악전고투를 벌이는 동안 점점 새[鳥]가 되어 가고** 있었다.

내가 보고 들은 것을 깡그리 지우고, 조르바라는 학교에 들어가 진짜 알파벳을 배울 수 있다면, 내 인생은 얼마나 다른 길로 들어설 것인가!

나는 늘 조르바를 기다렸다. 사람의 마음을 즐겁게 해주는 그의 모든 것을; 거침없는 웃음, 친절한 말, 맛있는 요리를 기다렸다. 저녁을 먹은 후 조르바는 산투르를 연주했다. 산투르를 싼 천을 벗길 때, 그는 여인의 옷을 벗기는 것처럼

3) 차라투스트라의 마지막 명령; "노래하라. 춤을 춰라."

곰살맞았다.

밤이 늦도록 우리는 화덕 옆에 묵묵히 앉아 있었다. **幸福이라는 것은 포도주 한잔, 밤 한 알, 화덕, 바닷소리처럼 참으로 단순하고 소박한 것**이라는 생각이 들었다. 필요한 건 그것뿐이었다. 幸福이 술 탓은 아니었다. 우리는 하루살이에 지나지 않지만, 서로에게 의지하는 하루살이였다.

"결혼을 몇 번이나 했어요, 조르바?"

"정직하게 말하면 한 번, 양심적으로 말하면 천 번, 이천 번, 삼천 번쯤 될 거요. 그걸 다 어떻게 계산합니까?"

우린 마을로 산책갔다. 울타리에 핀 수선화를 생전 처음 보는 사람처럼 조르바는 오랫동안 들여다보며 말했다. "두목, 우리가 돌과 비와 꽃이 하는 말을 들을 수 있으면 얼마나 좋겠어요. **그들이 우리에게 말하고 있는데 우리가 듣지 못하는 것일 거예요. 언제면 우리 귀가 뚫릴까요! 언제면 우리가 팔을 벌리고 만물을 안을 수 있을까요?**"

"그런데 두목, 화내지 마시오. 당신 책을 쌓아 놓고 불이나 확 싸질러 버리쇼. 그리고 나면 누가 압니까. 당신이 바보를 면할지. 당신은 괜찮은 사람이니까……."

나는 나 자신에게 소리쳤다. "조르바 말이 옳아! 옳고 말고, **하지만 난 그럴 용기가 없어**."

나는 이웃에 사는 아름다운 과부에게 관심이 많았지만, 말썽이 생길까 염려하여 말 한마디 못하고 속으로만 끙끙 앓고 있었다. 이런 나를 보며 조르바가 말했다.

"산다는 게 곧 말썽이오. 죽으면 말썽이 없지. 말썽거리를 만드는 게 바로 삶이오! 두목, 계산 같은 건 그만하쇼. 이제 저울을 부숴버리고 구멍가게 문을 닫아버리라고요."

이삼일 간 읍내에 자재를 사러 간 조르바가 일주일 만에 편지를 보냈다. 첫 장에는 화살에 꿰뚫린 심장이 그려져 있었다. 그는 철필을 곡괭이 쥐듯이 잡는 버릇 때문에 편지지에 구멍이 뻥뻥 뚫리고 잉크 번진 자국이 많았다.

두목! 나는 이따금, "말이나 소가 되려고 태어난 건 아니다." 이런 생각을 합니다. 짐승들만 먹으려고 살아갑니다.

많은 사람이 허무를 두려워하지만 난 그럴 필요가 없어요. 나는 좋다고 기뻐하지도, 안 됐다고 실망하지도 않아요. 내게 여자가 있든 없든, 돈이 있든 없든, 권력이 있든 없든 내겐 그건 중요하지 않아요. **중요한 건 "내가 살았느냐 죽었느냐"**는 거죠.

인생이란 오르막길도 있고 내리막길도 있지요. 잘난 놈들은 모두 자기 브레이크를 씁니다만, 난 그것을 오래전에 버렸어요. **꽈당 부딪치는 것을 두려워하지 않기에, 나는 밤이고 낮이고 전속력으로 내달리며 신명 꼴리는 대로** 합니다.

그런데 사람에겐 바보 같은 것이 있게 마련입니다. 가장 바보 같은 놈은 바보 같은 구석이 없는 놈일 것입니다. 분명한 것은 **自由를 갈구하는 자만이 인간**입니다.

난 혼자 산책을 나섰다. 희미한 어둠 속에서 아나그로스티 영감을 만났다. "난 참 복 많은 사람이오. 돈 있고 가족 모두 건강하고 **난 삶에서 불만 없어요. 그렇지만 이 삶을 한**

번 더 살라고 하면 난 물에 빠져 죽을 것이요. 산다는 것이 고통이지요."

영감과 헤어지고 주위를 둘러보았다. 캄캄했다. 나를 볼 수 있는 사람은 아무도 없었다. 완전히 혼자였다.

나는 구두를 벗고 발을 바닷물에 담갔다. 나는 벌거벗은 몸을 大地와 바다에 밀착시키고, **이 사랑스러운 그러나 덧없는 것들의 존재를 확인하고** 싶었다. 幸福에 충만한 나는 바다에 뛰어들었다. 모든 것이 조르바 덕분이다.

우리 오두막에 불빛이 새어 나왔다. 조르바가 돌아왔다. 급한 일로 읍내 보냈는데, 내 돈만 몽땅 써버리고 계집과 어울려 놀다가, 열이틀이나 늦게 돌아왔다. 화가 난 척하고 싶었지만, 어느 순간 난 들뜬 목소리로 불렀다.

"조르바! 조르바!"

조르바가 맨발로 달려 나왔다.

밖에는 별이 반짝거렸다. 자갈밭 위에 앉자 파도가 우리 발을 핥았다. "조르바, 당신 고향 마케도니아 노래를 불러봐요." 조르바는 굵은 손가락을 산투르에 올리고 노래를 불렀다.

마음을 먹었으면 밀고 나가라. 후회도 주저도 말고
고삐는 젊음에게 주어라. 다시 오지 않을 젊음에게
용기! 빌어먹을! 모험! 올테면 오라!
죽기 아니면 까무러치기!

그와 함께 있으면 일은 포도주가 되고 여자가 되고 노래가 되어 인부들을 취하게 했다. 그의 손에서 大地는 생명을 되찾았고 석탄과 인부들은 그의 리듬으로 빨려 들어갔다.

어느 날 난 조르바 몰래 갱도로 들어갔다. 늘 그러듯이 그는 인부들에게 큰 소리로 말하고 있었다.

"힘 좀 내! 명색이 사내잖아. 우리가 못하는 일이 뭐 있겠어! 크레타인 자네들과 마케도니아인 내가 이 산을 파먹어 치우는 것이야. 사내에게 조그만 야산 하나쯤이야 아무것도 아니잖아."

부활절 우리는 오르탕스 부인을 기다리며 바닷가에서 앉았다. "나는 거짓말도 하고 도둑질도 했으며 사람도 죽였으니 **계명이라는 계명은 깡그리 어긴** 인간입니다. 계명이 100개가 되어봐야 내가 다 깨뜨렸을걸요! 하느님이 있다고 해도 하나도 겁나지 않아요. **하느님이 미쳤다고 지렁이가 한 짓을 꼬치꼬치 캔답니까?"**

나는 혼자서 조르바의 말을 중얼거렸다. "바다, 여자, 술 그리고 맹렬한 노동! 일과 술과 사랑에 자신을 던져 넣고, 하느님도 악마도 두려워하지 말지어다……. 그것이 젊음이란 것이다!" 그러면 용기를 얻을 수 있는 것처럼 그의 말을 되뇌었다.

조르바와 약혼했던 오르탕스 부인이 죽었다. 그녀는 조르바를 위해 새벽기도 다니다가 폐렴이 걸렸다는 것이다.

조르바가 말했다. "왜 사람은 죽는 것일까요?"

"두목, 나는 **매일 죽음을 응시**해요. 그렇다고 죽음을 좋아하는 것은 아니고, 단지 **죽음과 동시에 삶을** 생각해요."

영혼은 불멸하는 것인가? 우리의 염원이 영원불멸을 섬긴 데서 유래한 것은 아닐까? 침묵의 나날을 보낸 그가 처음으로 마음의 문을 열고 그의 말을 쏟았다.

"내 몸은 상처가 아문 자리투성이지요. 이번에도 상처를 입었다가 아물었으니 상처 자국이 보이지는 않는 거지요.

나는 **어제 일어난 일은 생각 안 합니다. 내일 일어날 일을 자문하지도 않아요. 내게 중요한 것은 오늘, 이 순간에 일어나는 일**입니다. 나는 나 자신에게 묻지요.

'조르바, 지금 무엇을 하고 있는가?', '여자와 키스하고 있네',

'조르바, 잘해 보게. **키스하고 있는 동안 딴 일이랑 잊어버리게. 이 세상에는 아무것도 없네. 자네와 그 여자밖에는**, 그러니 마음껏 하게'"

그는 말을 계속했다. "부풀리나[4]가 살아있는 동안, 어떤 사람도 나보다 그녀를 더 기쁘게 해준 사람은 없을 겁니다. 왜냐구요? 다른 사람들은 키스하면서도 자기 함대나 왕이나 훈장이나 마누라나… 이런 걸 생각합니다. 그러나 나는 이런 걸 깡그리 잊어버립니다. 그 늙은 것이 그걸 알고 있었지요. 여자에게는 그 이상의 기쁨은 없는 법입니다."

나는 조르바가 한 말의 무게를 가늠해 보았다. 그것은 충분히 의미 있고 흙냄새가 나는 말들이었다. 존재의 심연에서 나오는 그런 말은 따뜻한 인간미를 품고 있었다. 반면 내 말

4) 조르바는 늙고 추한 오르탕스 부인을 "부풀리나"라는 애칭으로 불렀다. L. Bouboulina(1771-1825): 그리스 독립 전쟁의 여걸. 사후 해군 명예 제독의 지위를 부여받았다.

들은 머리에서 나오는 것이라서 피 한 방울 묻지 않은 것이었다. 말의 가치는 그 말이 품고 있는 핏방울로 가늠될 수 있으리.

갈탄광 사업에서 의욕적으로 추진했던 케이블 선로 작업은 개통식 당일 산산조각이 났다. 케이블에 매단 통나무에 악령 같은 가속도가 붙더니 철탑을 무너뜨리고 숯덩이가 되어 바다에 처박혔다. 굉음과 동시에 불꽃과 파편이 사방으로 튀었다. 참석했던 수도원장과 마을 유지들 그리고 인부들까지 모두 도망쳐버렸다.

모든 것이 깡그리 날아가 버린 그 해안에서, 우리는 개통식을 위해 마련한 크레타의 양고기와 포도주를 마음껏 먹고 마셨다. "두목, 맛이 기가 막히지요?"

"정말 근사해요! 조르바, 우리가 깡그리 마셔버려요!"

붉은 **포도주를 마시게 되면, 혈관에는 힘이 넘치고 삶의 고통은 잊히고 고삐는 사라진다. 그러면 인간과 짐승 그리고 神과 연결되어 우주와 하나가** 된다.

그 자리에서 나는 조르바에게 춤을 배웠다. 조르바가 말했다. "당신이 춤을 배우면 우리가 나누지 못할 이야기가 어디 있겠소! 두목, 당신에게 하고 싶은 말이 쌓이고 쌓였지만 내 혀로는 안 돼요. 춤으로 보여 드리지요."

조르바의 **춤[5]을 바라보며 나는 중력을 극복하려는 인간의 처절한 노력을** 이해했다. 그의 인내와 그 날램, 긍지에 찬 모습에 나는 절로 감탄했다. 그는 하늘에 대고 이렇게 외치

---

5) 조르바가 심혈을 기울인 사업이 실패로 끝나자 그 자리에서 춤을 춘다. 그 춤은 자기 극복이자 성화聖化다.

는 것 같았다. "전능하신 하느님, 당신이 날 어쩔 수 있다는 것이오? 죽이기밖에 더하겠소? 그렇다면 죽여요. 상관 않을 테니까. 난 **지금껏 하고 싶은 일을 마음껏 했소. 더는 미련이나 후회는 없어요. 춤도 마음껏 추었**으니, 당신은 필요 없어요!"

졸지에 모든 것을 잃어버린 우리는 절망 대신 도리어 홀가분한 자유를 만끽했다. 내가 뜻밖에 해방감을 맛본 것은 모든 것이 끝장난 순간이었다. 정확히 말해 **외적 재앙이 최고의 행복幸福으로** 바뀌었다.

헤어질 시간이 되자, 미련을 버리지 못하는 나에게 조르바가 마지막 충고를 했다. "**당신은 자유롭다고 생각할지 모르나,** 전혀 자유롭지 않아요. **당신은 긴 줄 끝에 묶여** 있어요. 당신은 오고 가고 그걸 자유라고 생각하겠지만, 결코 그 줄을 잘라 버리지 못해요. 그러려면 **모든 걸 도박에다 거는 바보가** 되어야 하는데, 사람들은 장사치처럼 계속 계산을 하지요. 이익이 얼마고 손해가 얼마다! 가진 걸 다 걸어 볼 생각은 않고 꼭 예비금을 남겨두지요. 그러면 줄을 끊지 못하고 더 붙잡아 매는 격이지요. **그 줄을 끊어내야 삶을 제대로 살게** 되는데!"

우리의 이별은 칼로 벤 듯이 깨끗했다. 7년 후 나는 그의 유언을 편지로 받았다. "**최후의 순간까지** 정신이 말짱했으며, 내가 **무슨 짓을 했건 후회하지 않더라고** 전해 주시오."

2 페스트 *The Plague*

알베르 카뮈, 《페스트》
Albert Camus, *La Peste*

프랑스에서 1947년 발표
김화영 옮김, 민음사, 2011.

작품에 대한 배경 지식

■ 작가 소개

알베르 카뮈(Albert Camus, 1913-1960)는 프랑스 식민지였던 알제리에서 태어났다. 가난한 농부였던 아버지가 1차 세계대전 중 전사하자, 카뮈는 청각 장애인 어머니와 형 그리고 할머니와 함께 지독한 가난 속에 살았다. 초등학교 L. 제르맹 교사의 도움으로 장학금을 받아 간신히 학업을 이어갈 수 있었다. 중등과정부터 니체를 흠모한 카뮈는, 그에게 니체는 법이고 예언자였다. 알제리 대학 철학과에 진학하여 니체의 작품들을 본격적으로 탐독하고 번역했다.

생계와 학업을 위해 카뮈는 자동차 수리공, 과외교사, 시청 임시직 등 각종 아르바이트를 했다. 그러면서도 그때그때 떠오르는 단상들을 기록했다. 그것들이 후일 3권으로 출판되는 《작가노트》가 된다. 지병인 결핵으로 인해 교수 임용을 단념하고 신문기자와 작가로 활동했다. 1957년 노벨문학상을 받고 한 스톡홀름 연설문을 교사, 제르맹에게 헌정했다.

1942년, 독일이 점령하고 있을 때 《이방인》을 출판하자 카뮈는 일약 스타가 되었다. 이후 《시지프의 신화》, 《칼리굴라》, 《정의로운 사람들》, 《반항하는 인간》 등 여러 작품을 저술했다. 작품에서 그는 부질없는 짓일지라도 인간이라면 부조리에 반항하며 살아갈 것을, 그리고 부조리한 현실에서 자유를 쟁취할 것을 역설했다. 카뮈는 최고 전성기에, 자서전적 장편 소설 《최초의 인간》을 집필하던 중, 교통사고로 사망했다. 미완성 소설을 카뮈의 이란성 쌍둥이 딸이 30년 만에 완성해서 출판했다.

■ 《페스트》 *La Peste* (*The Plague*)

1947년에 출판된 이 책은 양차 세계대전과 대공항을 겪으면서 생지옥으로 변해가는 현실 앞에서, 운명과 대결하는 인간의 모습을 그려낸 20세기 걸작이다. 여기서 작가는 고립된 상황에서 재앙에 대응하는 다양한 인간을 보여주면서도, 끝이 보이지 않는 재앙에 맞서는 길은, 희망을 잃지 않고 자기 일을 충실하게 해 나아가는 것이며, 이것이 부조리한 세계에 대한 참된 반항이며 인간이 걸어가야 할 길임을 역설했다. 작가는 운명을 거부하고 재앙에 맞서 싸우는 인물들을 통해, 어떤 극한 상황에서도 각자가 소신대로 당당하게 투쟁하며 참된 길을 찾아갈 것을 거듭 촉구했다.

처음에 책명은 "감옥에 갇힌 사람들(*Les Prisonniers*)"이었는데, "헤어진 사람들(*Les Séparés*)"로 수정되었다가 최종적으로 《페스트》로 출판되었다. 페스트는 인간이 경험한 질병이나 전쟁 또는 부조리한 삶을 표현한 것이다. 즉 삶은 운명적 죽음으로 둘러싸인 감옥이며, 그 속에 살아야 하는 인간은 모두 죄수와 같은 신세다. 이 소설은 카뮈의 작품 중 가장 인간미 넘치는 작품이며 동시에 공동선共同善이 가장 잘 구현된 작품이다. 7~8년의 잉태 기간을 거친 이 책은 출간과 동시에 센세이션을 일으키며 카뮈가 노벨문학상을 받는 데 크게 이바지했다.

■ 전염병 페스트

오랜 역사를 가진 페스트는 중세 유럽에서 대유행한 이래 흑사병(黑死病: Plague)이라 불리기도 한다. 원래는 설치류(다람쥐 · 쥐 · 비버 등)의 전염병이며, 쥐벼룩에 의해 사람에게도 감염된다. 페스트균은 잠잠하고 있다가도 인간이 방심하면 어느새 부활하고 변이를 일으켜 빠르게 확산한다. 그렇다면 페스트는 곧 삶과 닮은 점이 있다.

페스트균은 2~5일의 잠복기를 거쳐, 목이나 허벅지 등의 림프샘에서 출혈성 염증을 일으킨다. 고열, 구토와 가래 그리고 현기증과 호흡곤란 등 증세로 고통이 격심하고 사망률도 높다. 페스트는 쥐벼룩뿐 아니라 감염자의 비말이나 분비물에 의해 감염되기에, 환자는 철저한 격리가 필요하다.

중세는 페스트로 인해 당시 유럽 인구가 1/5로 줄었고, 백년전쟁이 중단되기도 했다. 대규모의 인구 손실은 노동력의 손실로 이어져 경제기반을 통째로 뒤흔들었다. 한편 죽음에 대한 공포로 인해 사람들이 미신에 지나치게 의존하고 집착하게 되었다. 감염병이나 전쟁은 처음에는 조용하고 작게 시작되지만, 삽시간에 전체로 퍼지어 무고한 사람들이 희생된다.

■ 오랑 시市

《페스트》의 무대가 되는 오랑 시는, 카뮈가 신혼살림을 차린 곳이다. 당시 알제리는 프랑스령이었기에 '알제'나 '오랑' 같은 대도시에는 아랍인들과 프랑스인들이 함께 거주했다. 소설에서 묘사되는 오랑의 모습은 실제 모습과 크게 다르지 않다. 한때 오랑에서 페스트가 발생해 시민들이 큰 공포에 휩싸였으며, 다른 때는 내란으로 인해 실제로 카뮈는 약혼녀와 몇 달 생이별을 경험했다. 카뮈는 오랑에서의 삶을 토대로 작품을 구성했기에, 소설에서 현장감을 실감할 수 있다.

작품 《페스트》 속으로

이 사건은 194x년 알제리 오랑이라는 아주 평범하고 조용한 해안 도시에서 발생했다. 이 도시 사람은 **돈 버는 일에 골몰하고, 시간이 없어 사랑이 무엇인지 알지도 못한 채 사랑하는 전형적인 현대인**[1]이다. 이 도시의 특이한 점은 한결같이 건강한 몸을 요구한다는 것이다. 그래서 이곳에서 병든 사람은 매우 외로워진다.

4월 16일.

의사 리외는 병원 계단에서 피를 토하며 죽어가는 쥐를 목격했다. 이를 수위 미셸에게 알리고 집으로 갔다. 다음날 나이 30에 병색이 완연한 아내가 산중 요양소로 떠나기로 했다.

아내를 기차역까지 배웅한 후, 리외는 플랫폼에서 어린 아들의 손을 잡은 판사 오통과 인사를 나누었다. 그때 역무원이 쥐로 가득 찬 상자를 들고 지나갔다.

4월 18일

외곽지의 쓰레기통은 죽은 쥐들로 넘쳐났고, 도시 곳곳에 죽은 쥐들이 널브러져 있었다. 이것이 마음에 걸려 리외가 시청에 전화했지만, 담당자는 이를 진지하게 받아들이지 않

---

1) 《페스트》에서 굵은 글씨는 《차라투스트라》의 특성이 잘 드러나는 것으로 생각하여 필자가 임의로 표시한 것이다.

았다.

4월 28일

나날이 사태가 악화되어 갔다. 랑스 통신이 쥐 8,000마리를 수거했다고 하자, 시민의 불안은 절정에 달했다. 사람들이 근본적인 대책을 세우라고 시장에게 요구했다.

그날 저녁 미셸 영감이 붉은 담즙을 토했으며 목과 사타구니에 멍울이 맺혔다. 다음날 리외가 격리치료를 위해 미셸을 구급차로 옮기는 도중에 그는 "쥐들" 한마디 하고는 죽었다. 곳곳에서 미셸과 같은 사망자가 속출했다. 환자는 멍울이 곪아 터져 악취를 풍기며 죽었다. 리외의 불안감은 더욱 짙어졌다.

사망자 수가 빠르게 증가했으나 누구도 자발적으로 움직이려 하지 않았다. 그것이 진짜 유행병이라는 사실이 명백해졌음에도 불구하고. 그때쯤 나이 많은 의사 카스텔이 리외를 찾아왔다: "이것은 20년 전 파리에서도 발생한 일이지만, 누구나 그것이 자취를 감추었다고 알고 있어요. 하지만 여론이 무서우니 조심해야겠지요." 리외가 조심스럽게 말했다: "이건 **확실히 '페스트'이지요.**"

사람들은 재앙을 수없이 경험하고서도, 그것이 발생하면 언제나 속수무책이다. 재앙을 자기 식으로 이해하여, 악몽이라 간주할 뿐이다. 사람들은 말한다. "오래가지 않겠지. 곧 사라질 거야."

그들의 미래, 장소이동, 집회나 토론금지, 심지어 가족 간의 만남까지 금지해 버리는 페스트를 어떻게 상상이나 했을

까? 지금까지 페스트가 약 1억 명의 생명을 앗아갔지만, 사람들은 시체를 자기 눈으로 볼 때만 실감한다.

리외는 생각했다. '지금 해야 할 일은, **사실을 솔직히 인정**하면서도, 쓸데없는 두려움을 쫓아버리고 **적절한 대책을 세우는 것**이다. 한편 어떤 상황에서든 우리에게 **가장 중요한 것은 맡은 직책을 충실하게 수행**하는 것이다.'

리외가 시청에서 사망자 집계를 확인했다. 이를 근거로 그가 고집을 세워서 간신히 보건위원회를 소집할 수 있었다. 사실 많은 사람이 입방아를 찧어, 모든 것이 과장되고 왜곡되어 시민이 불안에 떨고 있었다.

시장市長 리샤르가 신신당부했다. "위원회를 소집하겠지만, 페스트라는 말이 안 나게 해야 합니다." 시장은 리외가 공연히 야단법석을 떠는 것이라고 굳게 믿고 싶었다.

위원회에서 리외가 말했다. "그것을 뭐라고 표현하든 그건 중요하지 않습니다. 현시점에서 가장 중요한 일은 시민의 죽음을 막기 위해, 지금 당장 예방조치를 취하는 것입니다."

의사 리외의 조언에도 불구하고, 시장은 사태를 직시하지 못하고 피하려고만 했다. 아무런 방책을 세우지 못한 채 병은 급속도로 퍼졌다. 시장은 결국 페스트 사태를 선언하고 도시를 폐쇄해야만 했다. 시의 문이 폐쇄되자 시민들은 독 안에 든 쥐가 되었다.

언제 다시 보게 되리라는 확신도 없이 사람들은 헤어지고 말았다. 시청은 한동안 시민의 진정으로 골머리를 앓았다. 그들의 호소는 한결같이 절실하고 거절 불가능한 사연이었지만 예외가 될 수 없었다. 전화도 긴급한 일에만 허용되었고,

전보가 유일한 통신 수단이었다. 오랑 시로 들어오는 것은 허용되지만 어떤 경우에도 나갈 수는 없었다.

과거와 원수가 되고 미래마저 박탈당한 우리가, 단절에서 벗어나는 유일한 방법은 그 기간을 채우는 길뿐이었다. 끔찍한 절망감으로 인해 사람들은 가족이 죽어도 그것을 느낄 여유도 없었다. 그렇다면 불행에도 좋은 점이 있는 셈이다.

오랑시의 출구마다 보초병이 지켰으며 선박이나 각종 차량은 머리를 돌려야만 했다. 번화했던 항구 역시 페스트로 죽어버리고 말았다.

페스트 발생 한 달, 시민들은 불안의 한복판에서도 그것이 일시적일 것이라는 환상을 버리지 못했다. 식량이 제한되었고 휘발유는 배급제가 되었다. 그러나 할 일이 없어진 많은 사람이 거리에 쏟아져 축제 같은 착각을 불러일으켰다. 사람들은 포도주와 술을 더 많이 마셨다. 그러면서도 일요일 성당은 사람들로 가득 찼다. 파늘루 신부는 사람들이 고통과 죽음으로 아우성치는데도, 그것은 神의 징벌이기에 신앙생활에 충실할 것을 강조했다.

조제프 그랑은 지난 수십 년간 시청에서 임시직으로 일했다. 그의 생활은 모범적이었으며 어디에서나 보기 드문 善하고 용기 있는 사람이었다. 하지만 가난과 피곤으로 인해 사랑하는 부인을 떠나가게 했다. 그는 부인에게 편지를 보내 변명이라도 하고 싶지만, 그것도 생각뿐이다. 그는 부인을 그리워하며 밤에는 소설을 쓰고 있었다. 그런데도 페스트가 발생하자 그는 **순수한 마음으로** 보건봉사대에서 자질구레한 일을 도맡았다. **그는 어떤 일을 하든 없어서는 안 될 그 직**

책을 수행하기 위해 세상에 태어난 사람처럼 성실하게 임했다. 사실 **그의 성실성이 공동체를 살아 움직이게** 했다. 리외는 **그랑이 실질적 미덕(美德)의 대표자**라고 생각했다.

취재차 오랑 시에 온 신문기자 랑베르는 도시가 폐쇄되자 탈출하기 위해 여기저기 다니며 도움을 호소했다. 그는 리외에게 와서도 자신은 이 고장 사람이 아님을 거듭 강조하며 탈출을 도와달라고 간청했다.

리외가 말했다. "유감스럽지만, 지금부터 선생은 이 고장 사람이오. 나도 선생이 이 난관을 벗어날 수 있다면 기쁘겠지만, 지금도 규칙과 법률이 있고 **페스트가 있으니, 시민들은 마땅히 각자의 위치에서 해야 할 일을 해야** 합니다."

그러자 랑베르는 리외가 너무 이상적이고 추상적이라고 쏘아붙였다. 리외가 생각했다. '페스트로 인해 수백 명이 죽어가는 병원에서 보낸 그 많은 날이 정말로 추상적인가?'

리외는 환자를 격리하기 위해 그 가족과 쓸데없는 실랑이를 벌여야 했다. 그러면서 그의 마음은 서서히 닫혔고 온몸이 으스러지는 듯했지만, 어디에서도 위안을 찾을 수 없었다.

6월 말

사망자가 급상승하자 외출 금지 포고령이 내려졌으며 위반자는 엄벌로 다스렸다. 파리에서 보내온 혈청은 아무 효과가 없었다. 페스트는 변종까지 생겼지만, 아직 예방법이 발견되지 않았다.

이때쯤 타루가 리외를 찾아왔다. "질병은 급속히 퍼지고 있다. 지금도 당신 혼자로는 역부족이다. 보건봉사대를 조직

해서 선생을 돕고 싶다."

리외: "알고 있겠지만 그런 일을 하다가 생명을 잃을 수도 있어요."

타루: "그 점은 각오하고 있어요. 그런데 파눌루 신부는 페스트가 사람들을 깨우치게 하는 점에서는 유익하다고 했지요."

리외: "**페스트를 용인하는 것은 어리석거나 비겁한 사람의 태도일** 수밖에 없어요. 만일 신부가 죽어가는 사람을 본다면 병고의 **유익한 점을 증명하기 전에 우선 치료부터** 할 것입니다."

타루: "당신은 神을 믿지 않으면서도 어떻게 그리 헌신적일 수 있나요?"

리외: "내가 만일 전지전능全知全能한 神을 믿는다면, 병을 고치는 일을 神에게 맡겨버리겠어요. 난 창조된 세계를 거부하고 **투쟁함으로써 진리의 길을 걷고자** 합니다. 앞으로 일이 어떻게 될지 알 수 없지만, **당장은 환자를 치료해야 하는 일이 급선무. 있는 힘을 다해 죽음과 싸우는 것이 합당한** 일이라 생각합니다. 나에게 **페스트는 끝없는 패배와 같지만, 그것이 내 싸움을 멈추게 할 이유는 못 됩니다.**"

리외와 타루의 일치된 결론: **어떤 방법으로든 싸워야지 결코 무릎을 꿇어서는 안 된다. 죽음과 이별을 막아내는 유일한 방법은 페스트와 싸우는 것이다.**

반면 랑베르는 오랑을 빠져나가기 위해, 수단과 방법을 가리지 않고 카페 웨이터부터 시청 공무원까지 찾아다녔으나 계속 허탕을 쳤다.

<자원보건대에 관한 랑베르 · 타루 · 리외 세 사람의 대화>

랑베르: "그래요, 인간은 위대한 행동을 할 수 있습니다. 하지만 인간이 사랑에 등을 돌리는 순간 인간은 하나의 관념이 됩니다. 이제 영웅주의 놀음은 그만하고 전반적인 해방을 기다립시다."

리외: "지금 당신이 시도하는 일을 나도 정당한 일이라 생각해요. 하지만 **우리가 하는 일은 영웅주의와는 관계가 없어요. 그건 성실성의** 문제입니다. 당신이 비웃을지도 모르지만, **페스트와 싸우는 유일한 방법은 성실성**입니다. 성실성이란 자기가 맡은 직분을 충실히 수행하는 것입니다."

타루가 리외의 부인이 수백 킬로 떨어진 요양소에 있다는 사실을 랑베르에게 귀띔해 주었다. 다음날 랑베르가 리외를 찾아왔다. 이곳을 떠날 때까지, 그도 보건대 일에 동참하기로 했다.

페스트가 세력을 확장해 가고 있었지만, 몇몇 사람들은 아직 자유인처럼 행동했다. 실상은 페스트가 모든 것을 점령한 상태였다. 가족의 죽음에 분노한 사람들은 페스트를 태워 죽인다며 집에 불을 지르곤 했다. 그리하여 불상사가 끊임없이 일어났다. 당국은 방화나 절도에 계엄령을 적용하여 범인 2명을 일벌백계 차원에서 총살했지만, 아무런 효과도 없었다.

감염이 확산되자 환자들은 낯선 곳에서 혼자 죽었고 시체는 지체 없이 매장되었다. **모든 일은 최대한의 신속성과 최소한의 위험성이라는 원칙에 따라** 진행되었다. 초기에는 시민들이 매장 방식에 괴로워했지만, 먹기 위해 줄을 서고, 절차를 밟고, 서식을 갖추는 일에 골몰하다 보니, 가족이 어떻게 죽어가는지 그리고 자기들이 어떻게 죽어갈 것이지 생각해 볼 여유가 없었다. 물질적 곤란이 고통스러운 일이기는 하지만 고마운 일이 되었다.

관은 귀해지고 수의壽衣도 모자라게 되었다. 역시 효율성 차원에서 관은 되풀이해서 사용되었고 시신은 알몸으로 매장되었다. 재앙이 최종단계에 이르자, 커다란 구덩이에 남녀노소 구분 없이 뒤범벅으로 묻어버렸다.

무덤 파는 인부들이 감염되어 많이 죽었지만, 놀라운 것은 인력이 부족하지 않았다는 사실이다. 페스트가 모든 경제생활을 파괴했고, 엄청난 실업자를 만들었기 때문이다. 어디에서나 배고픔이 감염의 공포보다 더 절박하다는 사실을 확인할 수 있었다.

사람들은 점점 낙담하고 체념해 갔다. 절망이 습관이 되어버렸다. 이제 사람들은 불행하다고 생각하지도 않았다. 어디에서나 멍하고 무심한 얼굴을 하고 있었으며 도시 전체가 마치 하나의 대합실 같았다. 도시는 눈뜨고 잠자는 사람들로 가득 차 있었다. 페스트가 모든 가치를 말소시켜 버린 것이다.

보건대 **봉사자들이 더는 피로를 감당할 수 없게 되자, 자기 일 외에는 아무것에도 관심을 두지 않게 되었다.** 페스트와 맞서 싸우는 리외를 영웅주의라고 비난했던 랑베르도 보건대 일에 매우 충실했다. 그래도 그는 여전히 탈출을 위해 백방으로 노력하고 있었다.

허약한 그랑이 시청 일과 보건대 일 그리고 글 쓰는 일까지 일인삼역을 겸하고 있어 언제나 탈진 상태에 있었다. 그는 페스트가 물러나면 글쓰기에 전념해 보겠다는 희망으로 간신히 지탱하고 있었다. 그런데도 한번은 이웃 사람을 간호할 사람이 필요할 때, 그랑은 주저 없이 "잘 알지 못하지만 서로 돕고 살아야지요."라고 말하며 자원했다.

이제 의사 리외의 역할은 병을 고치는 것이 아니라, 환자를 격리하고 죽어가는 사람들을 지켜보는 일이었다. 만약 리외에게 힘이 남아있었다면, 곳곳에 널린 죽음이 그를 감상적으로 만들었겠지만 과로한 사람에게는 그럴 수 없었다. 모든 것을 끔찍하고 바보 같은 정의의 눈으로 보는 것이다. 이제 그도 저 불행한 사람들과 마찬가지로 속수무책의 신세였다.

페스트 이후 코타르는 가장 만족한 삶을 사는 듯했다. 그는 페스트 확산에 전혀 불만이 없었다. 그 속에서 그는 성장하고 있었기 때문이다. 그는 죄수가 되어 혼자 지내기보다 다른 사람과 함께 포위당하는 편을 더 좋아했다. 코타르는 공공연히 모든 사람을 묶어두는 유일한 방법은 페스트라고 말했다.

코타르가 말한다. "페스트가 지나고 나면 이걸 해야지, 저걸 해야지… 하는데, 이것은 자신의 생활을 망치고 있는 것입니다. 사람들은 일이 흘러가는 대로 가만 놓아두지 않기 때문에 불행한 것이지요." 페스트는 하나의 시작이지 끝이 아니라는 것이다.

랑베르는 리외 옆에서 열심히 일했다. 그는 몸을 아끼지 않고, 새벽부터 밤까지 일한 덕분에 밤에는 깊은 잠에 빠졌다. 하지만 일에 지쳐 그는 꿈도 기력도 없는 사람이 되어, 탈출에 대해서 입 밖에 내지 않았다.

하루는 리외가 랑베르에게 경고했다. “오통 판사가 당신을 주목하고 있으니, 일을 서둘러야 해요.”

“고맙습니다.” 리외의 손을 잡고 랑베르가 웃으며 응답했다. 그때 리외는 처음으로 랑베르의 미소를 보았다.

며칠 후 드디어 탈출할 수 있게 되자, 랑베르가 리외를 찾아와 말했다. “나도 이곳에 남겠습니다. **만일 나 혼자 여기를 떠난다면 평생 그 부끄러움을 지울 수 없을 것**입니다.”

리외: “幸福을 선택하는 일은 부끄러운 일이 아닙니다.”

랑베르: “그러나 **혼자만 幸福하다는 것은 부끄러운 일**입니다. 여기서 일하면서 **원하건 원하지 않건 나도 이곳 사람**임을 알았습니다.”

리외: “사랑을 무시할 만큼 가치가 있는 건 없습니다. 나 역시 왜 그러는지 모르지만 거기서 돌아서 있습니다.” “당신이 그렇게 결심했다면, 가능한 한 빨리 치료부터 합시다.”

공동체가 위기에 처했을 때, **그것을 위해 우리가 할 수 있는 첫 번째 방법은 “해야 할 일을 성실히 해내는 것”**이다. 그렇게 하지 않는다면 다른 일은 다 소용이 없어지는 것이다.

리외와 랑베르는 예방격리를 엄격하게 체계화했다. 오통 판사의 어린 아들이 감염되자 그도 이를 받아들여 가족이 각각 격리되었다.

어린애의 병상 곁에는 리외, 타루, 그랑, 랑베르, 파늘루, 카스텔… 모두가 어린애를 지켜보고 있다. 작은 멍울들이 아이의 사지를 움직일 수 없게 만들었다. 리외는 희망이 없다고 판단하고, 아이에게 카스텔이 연구한 혈청을 시험했다.

발작을 일으키다가 기진맥진한 어린애는 살이 다 녹아버린 듯한 팔다리를 벌려 십자가에 못 박힌 듯한 자세가 되었다. 리외는 죽어가는 아이를 지탱해주려는 듯 맥을 짚었다. 그러자 아이의 맥박이 자신의 것과 뒤섞여 그는 고통받는 어린애와 한 몸이 된 것처럼 느꼈다.

죽기 전 어린애의 입에서 神에 항변하는 듯한 괴이한 비명이 터져 나왔다. 파늘루 신부는 까맣게 타버린 그 입을 바라보더니, 무릎을 꿇고서 간절히 기도했다. "하느님!, 제발 이 어린애를 구해주소서!" 모두가 같은 마음이었다.

혈청 덕분에 어린애가 오래 견디기는 했으나, 모든 것을 다시 시작해야 했다. 그러자 리외는 파늘루 신부를 바라보며 고개를 세차게 흔들었다. "아닙니다. 신부님, **어린애마저도 주리를 틀도록 창조한 세상이라면, 나는 죽어도 그것을 거부**하겠습니다."

잠시 침묵이 흐르고 리외가 말을 이었다. "난 신부님과 종교를 토론하고 싶지 않습니다. 우리는 그것을 넘어선 그 무엇을 위해 함께 일하고 있어요. 그것이 중요합니다. 구원이란 너무 거창합니다. 내 관심은 건강이고, 내가 증오하는 것은 죽음과 질병입니다. **우리는 그것들을 물리치기 위해 함께 싸우고 있습니다. 이제 하느님도 우리를 갈라놓을 수 없을 것**입니다."

오통 판사는 격리되어서 어린 아들의 임종을 지켜주지도 못했다. 그러나 그는 어딘지 분명 달라졌다. 퇴소 후 그는 보건봉사대에서 일하기 위해 수용소로 다시 왔다. 그의 딱딱하고 멋없는 눈에도 부드러운 빛이 깃들었다.

페스트가 장기화하자 대부분 사람에게 종교는 의미를 상실하고 있었다. 사람들은 기도보다 악귀를 물리친다는 부적을 더 많이 지니고 다녔다. 터무니없는 예언이나 미신을 맹목적으로 믿었다. 많은 사람이 **페스트의 종말을 희망했지만, 그것을 위해 아무것도 하지 않았다.** 단지 그것이 저절로 물러나기를 기다릴 뿐이었다.

파늘루 신부는 보건대에서 최전선의 자리에 나섰다. 어린애의 죽음을 지켜본 이후 그는 변한 듯 보였다. 그는 설교에서 "여러분"이 아니라 "우리"로 용어를 바꾸었다. 그는 무관심이 죄가 되는 시대가 되었으며, **살아있는 한 좋은 일을 하는 인간이 되어야 하며, 더듬거리더라도 전진을 계속해야** 한다고 역설했다.

이제는 병원이나 검역소로 개조되지 않은 공공장소란 한 군데도 없었고, 운동장은 수용소로 개조되었다. 수용된 사람들은 날이 갈수록 점점 말수가 줄어들었고 활기도 잃어갔다. 사람들은 흐릿한 눈빛으로 주위를 두리번거리거나 넋이 빠져 있었다. **모두가 일상에서 격리된 슬픔으로 고통 받았다.**

하지만 각종 언론은 정부에서 하달된 절대적 낙관론을 순종하여, 오랑 시민이 "냉철함과 침착함을 유지하며 감동적 모범"을 보여준다고 보도했다. 실상은 격리된 수용소에서 모범을 보여주는 사람은 없었다. 시간이 지날수록 투기가 성행해서 생필품이 터무니없는 가격으로 팔렸다. 이를 이용하여 코타르는 상당한 수익을 챙기고 있었다. 페스트가 그에게 은총인 듯했다.

11월이 되자 카스텔이 개발한 혈청이 조금씩 효과를 거두기 시작했다. 어느 날 고달픈 하루를 보내고 타루와 리유가 처음으로 진지한 대화를 나누었다.

타루가 먼저 속마음을 털어놓았다. "나는 이 도시와 전염병을 만나기 이전부터 페스트로 고생한 사람입니다. 말하자면 나도 이곳 사람들과 마찬가지다. 내가 불가항력이라는 이유로 **페스트 환자들의 사소한 요구를 용인한다면, 거대한 요구도 물리칠 수 없게** 될 것입니다. 한번 양보하게 되면 끝도 없이 양보해야 하지요. 오늘날 모두가 미친 듯이 살인에 열중하고 있지만, 난 **도살 행위에 정당성을 부여하는 것을 절대로 거부**하겠습니다.

죽을 위험을 감수하지 않는다면 우리는 이 세계를 더 낫게 만들 수 없습니다. **우리는 모두 페스트 속에 있어요. 감염되지 않으려면 우리가 해야만 할 일을 해야** 합니다. 그것만이 우리에게 평화를 가져다주며 때로는 약간의 善까지 행하도록 해준다는 것입니다. 모든 사람이 페스트 환자입니다. **늘 스스로 살피고 있어야지 자칫 방심하다가는 남에게 병독을 옮길 수 있어요. 자연스러운 것, 그것은 병균**입니다. 그래서 건강, 청결, 배려 등은 결코 멈추어서는 안 될 의지의 소산이지요. 내 관심사는 '어떻게 하면 성인이 되는가.'이랍니다."

리외: "난 영웅주의나 성자 같은 것에 관심이 없어요. **내 관심사는 그저 인간이 되겠다**는 것입니다."

타루: "그래요, 우리는 같은 것을 추구하고 있어요."

타루와 리외는 **같은 리듬, 같은 힘으로 페스트를 헤쳐가면서 둘만의 추억을 공유**했다.

페스트는 추위에도 물러섬 없이 기승을 부렸다. 모두가 미래에 대한 희망 없이 살고 있었다. 그해 성탄은 과거의 성탄을 연상시키는 것이라곤 하나도 없었다. 교회는 감사의 기도보다는 차라리 탄식으로 가득 찼으며, 음울하고 얼어붙은 동네에는 몇몇 아이들만 뛰어놀았다. 아무도 선물을 가득 실은 그 옛날 神이 찾아오는 이야기를 해주지는 못했다. 모든 사람의 마음속에는 삶에 대한 단순한 아집에 불과한 그런 희망밖에는 없었다.

성탄절, 리외는 장식품으로 가득 찬 진열장 앞에서 한없이 눈물을 흘리고 있는 그랑을 보았다. 리외는 그 이유를 알고 있었다. 늙고 지친 그 사내는 장식품을 보고 있을 때 떠나버린 아내가 되살아난 것이다. 그의 슬픔은 리외 자신의 슬픔이기도 했다. 그랑을 보면서 리외는 **사랑이 없는 이 세계는 죽은 세계와 다를 바 없음**을 다시금 체감했다. 인간이 감당해야 하는 고통 앞에서 리외는 견딜 수 없는 분노로 치를 떨었다.

그랑이 리외에게: "**참 초라해 보이겠지만 이 정도 되기 위해서 난 엄청나게 노력**했어요. 그런데 이제 너무 힘이 들어요." 말을 마치고 그는 차가운 바닥에 풀썩 쓰러졌다. 리외가 그랑을 부축했다. 그는 이미 폐가 감염되어 호흡조차 힘들어했다.

그랑의 병세는 빠르게 악화하였다. 병약한 그랑이 지금까지 너무 무리한 것이다. 그랑은 무언가를 예감했는지 리외에게 그동안 쓴 원고를 태워달라고 부탁했다. 그러면서 그랑이 농담했다. "만약 내가 이 지경에서 벗어난다면 모자를 벗고 경의를 표해야지요. 고맙습니다. 선생님!"

리외가 혈청주사를 놓았지만, 그랑이 밤을 넘기지 못하리라 생각했다. 가족이 없는 그랑을 위해 타루가 밤새도록 간호했다. 그런데 다음날 그랑은 확연히 호전되어 있었다. 그랑처럼 **모든 법칙을 깨뜨리고 살아난 환자**가 같은 주에 무려 네 명이나 되었다.

새해가 되자 갑자기 병세가 확연히 감소로 이어졌다. 시민은 선뜻 **기뻐하지 못했지만, 커다란 희망이 꿈틀거리고** 있었다. 시민들의 얼굴에 희미한 미소까지 피어났다. **희망하는 것이 가능해진 그 순간부터 페스트의 실질적 지배는 끝난** 것이다.

도시는 여전히 폐쇄되었고 검역도 여전했지만, 페스트의 쇠퇴가 곳곳에 파급되었다. 수도원의 공동생활이 시작되었고 군인들도 복귀하기 시작했다. 사람들의 머리에는 벌써 기차가 기적소리를 내며 달리고, 선박은 먼 바다로 출항했다.

당시에도 리외는 페스트가 맹위를 떨치던 때 못지않게 지쳤지만, 희망이 그 피로를 씻어 주었다. 그러나 모든 것이 좋은 것만 아니었다. 페스트가 물러나는 시점에, 모두가 희망을 품게 된 시점에, 타루가 페스트에 감염되었다.

리외를 보며 타루가 말했다. "죽고 싶지 않아요. 싸워보겠어요. 그렇지만 죽는다면 깨끗하게 최후를 마치고 싶어요."

리외와 그의 어머니는 타루에게 온 정성을 쏟았다. 하지만 오랑 시가 페스트에서 해방되는 날, 타루는 가장 근원적인 줄이 뚝 끊어지기나 한 것처럼 숨을 거두었다. 이어서 혼자 투병하던 아내가 죽었다는 전보를 받았다. 희망과 기대 앞에서, 리외는 친구와 아내를 한꺼번에 잃었다.

2월 어느 날, 시의 출입문들이 활짝 열렸다. 모든 종이 울리면서 하늘을 기쁨의 진동으로 가득 채워놓았다. 지금까지 글을 서술한 리외에게 남은 일은, 비록 기뻐할 자유가 없었지만, 시가 개방되던 기쁜 순간을 기록하는 일이다. 의사 리외는 **재앙 속에서 배운 것**, 즉 **인간에게는 경멸해야 할 것보다는 찬양해야 할 것이 더 많다는 사실**만이라도 말해두기 위해 이 이야기를 글로 쓸 결심을 했다.

도시의 문을 폐쇄한 순간부터 사람들은 인간적 체온으로부터 차단된 채 지내왔다. **그들이 진실로 소망하는 것은 바로 사랑임**을 깨달았다. 리외는 인간의 幸福이 항상 위협받고 있다는 사실을 상기했다. 페스트균은 죽거나 소멸하지 않고 수십 년간 잠자코 있다가, 어느 순간 인간에게 불행과 교훈을 주기 위해서, 쥐들을 깨워 幸福한 인간들을 절망의 구렁텅이에 몰아넣을 것이다.

3. 노인과 바다 *The Old Man and the Sea*

헤밍웨이, 《노인과 바다》
Ernest Hemingway,
The Old Man and the Sea

미국에서 1952년 출판
이정서 옮김, 세움출판, 2019.

작품에 대한 배경 지식

■ 작가 소개

헤밍웨이(Ernest Hemingway, 1898-1961)는 니체의 말 그대로 "위험에 직면한 삶"을 추구했다. 그는 미국에서 태어났으나, 1차 대전에 지원하여 프랑스에 갔었고, 후에 이탈리아 전선에서 중상을 입고 귀국했다. 이로 인해 조국에서 무공훈장을 받은 전쟁영웅이다. 이후에도 이탈리아 내전에 참가했었다. 한편 그는 아프리카 탐험대로 활동했으며 경비행기에 추락하는 등 그의 삶 자체가 모험이라 할 만큼 역동적이다. 그의 별명, '파파(Papa)'가 말해주듯 그는 건강하고 용감한 남성상의 상징이다.

■ 《노인과 바다》 *The Old Man and the Sea*

1952년 미국에서 발표된 《노인과 바다》는 출판과 동시에 크게 성공하여 퓰리처상과 노벨문학상을 받았다. 헤밍웨이는 쿠바의 아바나에서 전용 어선을 사들일 정도로 낚시광이다. 그곳에서 7년간 현지 어부들과 친구처럼 지내며 작품 활동을 했다.

당시 세계는 양차 대전 후 허무주의와 쾌락주의가 동시에 지배하고 있었다. 이 상황에서도 헤밍웨이는, 삶이 고통스럽고 때로는 역겹지만, 大地의 삶과 인간의 사랑 그리고 인내와 용기를 노래하고자 했다.

■ 등장인물 : 소년 마놀린은 노인 산티아고에게 어릴 때부터 고기잡이를 배우는 조수다. 노인이 40일 동안 고기를 잡지 못하자 소년은 부모님의 말씀에 따라 다른 배를 타게 되지만, 매번 노인의 출항과 귀선을 돕는다. 소년은 한물간 어부로 낙인찍힌 노인을 최고의 어부로 받들어 모신다.

■ 청새치(striped marlin)

주둥이는 창처럼 길고 뾰족하게 튀어나와 있으며 몸에는 짙은 푸른색 줄무늬가 여러 개 있다. 전체를 덮고 있는 등지느러미가 독특하여 멀리서도 한눈에 알아볼 수 있다. 청새치는 갈고리에 걸리면 무서울 정도로 반항한다. 몸길이는 최대 6m까지 자란다.

소설에서, 노인이 물고기를 낚기 위해 4일간 목숨을 건 사투를 벌여서 간신히 잡았다. 잡고 보니 청새치가 너무 웅대하고 장엄하여 잡은 것을 후회했다. 그렇지만 노인은 물고기를 잡아야 하는 어부이기에 형제와 같은 애정을 갖고서도 사투를 포기하지 않았다. 물고기가 배의 길이보다 2피트(약 61㎝) 이상 더 길고 덩치가 커서, 싣지 못하고 배 앞에 묶어 놓을 수밖에 없었다.

작품 《노인과 바다》 속으로

멕시코 만류에서, **그는 84일째 고기를 한 마리도 잡지 못했던 노인**[1]이었다. 처음 40일간은 한 소년이 함께 있었다.

85째 되던 날, 노인은 **어두운 새벽 혼자 바다로** 나왔다. 물 한 병만 가지고. 날이 밝기도 전에 그가 희망했던 곳보다 훨씬 더 멀리 나와 있었다.

다랑어 떼가 있는 곳에서 그는 미끼를 던지고 해류와 함께 이동하고 있었다. 첫째 미끼는 40패던, 네 번째는 125패던 밑에 있었다. 그는 소년이 준 크고 싱싱한 정어리를 가장 깊은 곳에 추처럼 매달았다. **이제 물고기가 향기로운 냄새와 훌륭한 맛을 느끼지 못할 깊이는 어디에도 없었다.**

그는 혼자 말했다. "나는 **언제나 패던 깊이를 엄밀히 지킨다.** 단지 근래 운이 없었다. **그렇지만 누가 아나? 어쩌면 오늘일지. 하루하루가 새로운 날**이다. 운이 왔을 때 난 준비가 되어있을 테니."

태양은 높이 떠올라 햇살이 눈을 찌를 정도는 아니었다. 크고 검은 군함새 한 마리가 급강하더니 날치 떼를 쫓았다. 새의 헛된 날갯짓이 이어졌다.

"새는 큰 조력자지" 노인이 말했다. 그때 낚싯줄이 팽팽해졌다. 그는 날개다랑어를 잡았다. "훌륭한 미끼군, 4.5kg 족히 되겠네."

---

1) 《노인과 바다》에서 굵은 글씨는 《차라투스트라》의 특성이 잘 드러나는 것으로 생각하여 필자가 임의로 표시한 것이다.

소년이 떠난 후, 그는 소리 내어 말하는 버릇이 생겼다. "다른 사람들이 내 정신이 이상해졌다고 생각할 테지, **그렇지만 난 미치지 않았으니 상관하지 않겠어.**"

그는 오직 한 가지만 생각했다. **내가 무엇을 위해 태어났는지. 오늘은 제대로 낚아야지.**

그때, 그는 녹색 찌가 급격히 내려가는 것을 보았다. 그는 낚싯줄을 가로 쥐고 고기가 어떤 긴장감도 감지하지 못하도록 서서히 풀려나가게 했다.

"자, 어서, 이 정어리가 얼마나 신선하고 맛있는지 한번 먹어보렴."

그렇지만 그는 아무것도 감지하지 못했다. "가 버렸을 리 없어." 노인이 말했다. "방향을 틀어 돌아올 거야."

그때 낚싯줄의 당김이 있더니, 그는 상당한 정도의 묵직함을 느꼈다. "굉장한 놈이야." 그는 말했다. "녀석은 미끼를 물고 움직이고 있어."

노인은 왼손을 뻗어 두 개의 여분 다발을 고리에 단단히 붙들어 맸다. 그리고는 말했다. "조금만 더 먹어, 완전히 삼켜라."

"지금이다!" 그는 사지四肢의 모든 힘과 몸의 중심축을 이용하여 몇 번이고 낚싯줄을 잡아챘다. 그러나 아무 일도 일어나지 않았다. 물고기는 서서히 멀어져갔고 노인은 조금도 끌어올릴 수 없었다. 배는 북서쪽으로 천천히 이동했다.

"그 애가 있었으면 좋을 텐데" 노인이 말했다. **"지금 내가 할 수 있는 일은 낚싯줄을 다잡고 있어야만 하고 녀석에게 줄을 내주어야 해."**

노인은 낚싯줄을 등에 대어 잡고는 바닷속을 가늠해 보았다. 4시간 후에도 물고기는, 아무 일도 없었다는 듯, 배를 이끌고 먼 바다로 나갔다.

"놈을 낚은 게 정오였지." 그는 말했다. "그런데 한 번도 녀석을 본 적이 없군."

밀짚모자를 너무 세게 눌러썼는지 그것이 이마를 파고들었다. 그는 **물을 한 모금 마시고 뱃머리에 기대어, 오로지 견디어내야 한다는 것 말고는 다른 생각을 하지 않으려** 했다.

이제 육지가 보이지 않았다. 그는 생각했다. 해가 지기까지 아직 2시간이 남았고 그 전에 녀석이 올라올 거야. 그렇지 않으면, 달과 함께 어쩌면 해와 함께 올라올지도 모르지. 나는 쥐도 나지 않았고 아직 기운도 남아있어. 갈고리에 입이 끼인 것은 녀석이야. 하지만 이처럼 당기는 물고기라니 도대체 뭐지.

해가 지자 추워졌고 노쇠한 팔다리는 차갑게 식어 있었다. 그는 조심스럽게 마대 자루를 등에 덮었다. 그것이 낚싯줄의 충격을 흡수해 조금 편안해졌다. 밤새도록 물고기가 방향을 한 번도 바꾸지 않았다는 것을, 그는 별들을 지켜보며 알았다.

나는 그로 인해 아무것도 할 수 없고 그도 나로 인해 아무것도 할 수 없군. 그는 생각했다. 해류가 그들을 동쪽으로 이끌었다. **몇 시간 동안 아무 일도 없었지만, 그는 지금 하는 일에 집중하려** 했다.

"그 애가 있었으면 좋을 텐데." 그는 생각했다. 늙어서는 누구도 혼자 있어서는 안 되는 거야. 하지만 그건 피할 수 없는 일이지.

다시 물고기가 움직이기 시작했다. 그는 생각했다. 나이가 얼마나 된 걸까? **이토록 힘이 센 물고기를 본 적이 없어. 놈은 싸우는 것에 전혀 당황하지 않고 있어. 놈도 나처럼 필사적**일까?

그는 어둠 속에서 낚싯줄을 어깨에 고정한 채, 40패던 낚싯줄을 끊어내고 두 개의 예비 다발을 연결했다. 그러다가 물고기의 요동으로 그는 고꾸라져 눈 밑이 찢겼다. 피가 뺨을 타고 흘러내렸으나 턱 밑에서 응고되었다.

이제 문제 될 수 있는 일은 정리되었고, 그는 충분한 예비 다발을 준비했다. **이것이 그가 갖출 수 있는 전부였다.**

"물고기야" 그는 말했다. **"죽을 때까지 나는 너랑 함께 있을 작정이야."**

이어서 노인은 생각했다. **이놈 역시 나와 함께 머물 테지. 이놈이 하는 한 나도 할 수 있다.**

태양이 높이 떠올랐을 때, 노인은 녀석이 전혀 지치지 않았다는 것을 알았다. 다행스러운 일은 녀석이 좀 더 배 가까이 왔다는 것이다.

밤사이 등이 마비되어 노인은 정말 고통스러웠다. 지친 휘파람새가 배에 내려앉자 조금 위로가 되었다. 노인이 말했다. "새야, 여기서 충분히 쉬렴. 네가 좋다면 내 집에 머물러도 된단다."

물고기가 갑자기 요동을 치자, 새는 날아가 버리고, 노인은 다시 내동댕이쳐졌다. 낚싯줄 잡은 오른손에 피가 흘렀다. 그는 낚싯줄을 왼편 어깨로 옮기고, 바다에 손을 씻어 햇볕에 말렸다. "손아, 좀 어떠니?" 그는 사후경직처럼 뻣뻣해져 있는 손에게 물었다. "널 위해 좀 먹어야겠다."

그는 가다랑어를 먹었다. 저 물고기에게도 먹을 것을 줄 수 있다면 좋겠군. 그는 생각했다. **그는 내 형제다.** 그러나 **나는** 그를 죽여야 하고 그러기 위해서는 **강해져야만 한다.** 그는 천천히 다랑어 한 마리를 다 먹었다.

그리고는 쥐가 난 손을 바지에 비비며 손가락을 부드럽게 하려고 애썼다. 하늘에는 뭉게구름이 피어있었다.

그는 말했다. "물고기야, 너보다 내게 더 유리한 날씨야."

갑자기 낚싯줄의 당김이 달라졌으며 경사면도 바뀌었다. 낚싯줄이 한결같이 올라오더니 물고기가 드디어 모습을 드러냈다. 머리와 등은 짙은 자줏빛이었으며 양옆 줄무늬는 연보랏빛을 띠었다. 그의 주둥이는 야구 배트만큼 길었고 양날칼처럼 가늘었다. 녀석은 마치 자신이 얼마나 큰지 노인에게 보여주려는 듯 높이 뛰어올랐다.

"배보다 2피트는 더 길군." 노인이 말했다. **지금껏 본 물고기 중 가장 큰 것이다. 하지만 그는 혼자였고 왼손은 오그라진 독수리 발톱처럼 뻑뻑한** 상태였다.

그는 생각했다. 녀석에게도 내가 어떤 사람인지 보여주었으면 좋겠군. 하지만 **지금 나보다 더 나은 사내로 보이게 하고 싶군. 실제로 그렇게 될 테고.** 내가 물고기였으면 좋겠다. 오로지 내 의지와 내 재능에 맞서고 있는 저 물고기였으면.

그는 갑판에 기대어 앉아 바람과 바다를 바라보았다. 정오쯤 왼손의 쥐가 풀렸다. 그는 무의식적으로 주기도문을 외웠다. "주님, 저는 녀석이 그렇게 크다는 것을 알지 못했나이다. 그런데도 녀석을 죽일 겁니다. 당신의 위대함과 영광 안에서, 비록 그것이 부당할지라도."

그는 생각했다. 저는 녀석에게 **사람이 할 수 있다는 가능**

성과 사람이 견뎌낼 수 있다는 인내와 끈기를 보여 줄 참입니다.

"지금 그것을 입증할 때야." 그는 말했다.

지금껏 **그가 입증했던 수천 번은 아무런 의미가 없다. 매번 새롭게 나 자신을 입증해야** 한다. **그는 결코 자신의 영웅적 과거에 대해서 생각하지 않았다.**

오후로 접어들었고, 배는 한결같이 움직였다. 이제 그는 물고기가 가슴지느러미를 날개처럼 펼치고 당당하게 유영하는 모습을 그려 볼 수 있었다.

배는 천천히 나아갔다. 그는 물고기를 끌어 올릴 수 있는지 알아보려고 등 위에 줄을 당겼지만, 꼼짝도 하지 않았다.
"그는 전혀 달라지지 않았군" 그가 말했다.

태양이 바닷속으로 들어갔다. 이제 **물고기를 가만히 두는 것이 좋겠다. 해가 지는 것은 모든 물고기에게 힘든 시간이다.**

그는 낚싯줄을 꼬나쥐고는 뱃머리에 최대한 기대어 배가 좀 더 가중을 받도록 했다. **나는 어떻게 해야 할지를 알아가는 중이군**. 그는 생각했다. 게다가 녀석은 미끼를 문 이후, 아무것도 먹지 못했다는 것과 그 덩치만큼 많이 먹어야 한다는 것을 기억해 두자. 소금이 없어 아쉽기는 하지만, 나는 다랑어 한 마리를 통째로 먹었고 내일은 만세기를 먹을 테고.

9월이라 빠르게 어둠이 내렸다. 첫 별이 나왔다. 그는 곧 다른 별들도 나오리라는 것을 알고 있다. 그러면 그는 먼 친구를 갖게 될 터였다.

"**물고기도 내 친구지.**" 그는 소리 내어 말했다. "나는 저런 물고기를 본 적이 없어. **하지만 그를 죽여야만 해. 별들을 죽이는 것이 아니라 다행이군**." 사람이 달이나 태양을 죽여야 한다고 상상해 봐. 그는 생각했다. **우린 참 운 좋게 태어났군.**

그는 지금껏 아무것도 먹지 못한 물고기에게 미안했다. 녀석에 대한 애도 속에서도 죽이겠다는 결심은 흔들리지 않았다. 그는 생각했다. 녀석의 장엄한 기품으로 보자면, 사람들은 놈을 먹을 자격이 없다. 중요한 것은 녀석이 엄청난 물고기임에도 불구하고, 자신도 알 수 없는 어떤 것과 맞서고 있다는 사실이다.

"이제 쉬게, 늙은이, 자네 임무가 닥칠 때까지." "자넨 아직 잠을 자지 못했어," 그는 말했다. **"뜬 눈으로 3일을 지새웠어,** 자넨 잘 방법을 궁리해야 하네. 물고기가 쉬고 있는 동안 말일세."

그러다가 그는 모든 무게를 오른쪽 어깨 위에 싣고 허리를 꺾고 잠이 들었다. 이 와중에 그는 황금빛 해변에서 뛰노는 사자 꿈을 꾸었다.

갑자기 낚싯줄이 얼굴을 치더니 오른손을 태울 듯 빠져나갔다. 왼손은 느낌이 없었고 오른손으로 최대한 낚싯줄 움켜잡았지만, 줄은 계속 풀려나갔다. 그의 손과 등은 태우는 듯했으며 심하게 쓸렸다.

노인은 줄을 한계치까지 당겼다가 풀고, 당겼다 풀기를 되풀이했다. 그러다가 배 뒤편에 처박혀 그는 움직일 수 없었다. 그는 물고기가 뛰어오르는 것을 볼 수 없었지만, 그것이 떨어질 때 첨벙 소리를 들을 수 있었다.

만약 그 애가 여기 있었다면, 만약 그 애가 여기 있었다면. 그는 생각했다. 그는 얼굴에 달라붙은 만새기 살점을 뜯어내며 천천히 고개를 들었다. 녀석이 선회하기 시작할 테니 그때 잡아야 해.

물고기는 천천히 돌기 시작했다. 몸은 땀범벅이었고 **노인은 뼛속까지 지쳐있었다.** 그는 어지러움과 현기증을 느꼈다.

"물고기 눈앞에서 **쓰러져 죽을 수는 없나이다**." 그는 말했다. "저 녀석이 저에게 오게 했으니 제가 견딜 수 있도록 도와주소서! 주기도문과 성모송을 백 번씩 외겠나이다."

노인은 처음으로 배 밑을 지나는 짙은 그림자를 보았는데, 그 크기는 믿을 수 없는 것이었다. 녀석이 모습을 제대로 드러냈다. 꼬리는 자루 낫보다 높았고 연한 라벤더 색을 띠고 있었다. 몸통에는 자줏빛 줄무늬가 있었으며 거대한 가슴지느러미를 쫙 펼치고 있었다.

이제 햇볕 말고도 그 밖의 어떤 것으로 노인은 땀을 흘리고 있었다. 그는 녀석의 심장을 노렸기에 낚싯줄을 최대한 끌어당겼다. 이번엔 그를 제압할 수 있을지도 몰라. **당겨라. 손아**. 그는 생각했다. **견뎌라, 다리야. 마지막으로 나를 위해. 정신을 차려라, 머리야. 마지막으로 나를 위해.**

물고기를 끌어당기기 위해 **노인은 모든 힘을 쏟았으나 녀석은 몸을 세우고 유유히 사라져 버렸다.** 입이 바짝 말랐지만, 물병에 손을 뻗을 상황이 아니었다.

네가 나를 죽이겠구나, 노인은 생각했다. 넌 그럴 자격이 있어. **나는 결코 너보다 더 장엄하고, 더 침착하며 당당한 물고기를 본 적이 없어. 형제여, 어서 와서 나를 죽이렴. 나는 누가 누구를 죽이건 개의치 않겠어.**

"정신을 바짝 차려야 해, 사내답게 견뎌내야 해", 노인은 자신도 알아들을 수 없는 목소리로 말했다. "맑아져라, 머리야."

그는 **몇 번을 더 시도했지만, 그때마다 자신이 까무러치고** 있었다. 물고기는 거대한 꼬리를 흔들며 당당히 사라졌다. 노인의 손은 이미 곤죽이 되었고 눈은 반짝이는 것들만 볼 수 있었다.

그런데도 노인은 고통과 힘 그리고 자존심을 걸고 물고기에 맞섰다. 마침내 그는 줄을 밟고 체중을 실어 작살을 물고기 안으로 박아 넣었다. 커다란 쇳덩이에 작은 못을 박는 듯했지만, 그는 혼신의 힘을 쏟아 작살을 더욱 밀어 넣었다.

그러자 물고기는 죽음을 품은 채 부활했고, 자신의 거대한 길이와 넓이 그리고 재능과 아름다움을 온전히 보여주면서 높이 솟구쳐 올랐다. 그러나 노인은 어지럼증과 매스꺼움으로 그것을 제대로 볼 수 없었다.

"정신을 차리시게." 배에 기대어 노인은 말했다. "내 형제이기도 한 이 물고기를 죽였으니 나는 이제 그 대가를 치러야 해." 하지만 그는 먼저 그 물고기를 만져보고 느끼고 싶었다.

정오가 많이 지나지 않았다. 그는 눈으로 확인하면서도 그 크기가 믿기지 않았다. 물고기가 배보다 더 커서 배에 실을 수 없었다. 노인은 밧줄을 끊어서 아가미와 꼬리를 배 앞뒤에 단단히 매었다. 그러자 큰 배 하나를 작은 배 옆에 매달아 놓은 듯했다.

파김치가 된 노인은 반쯤 누워 돛을 당겼고 배는 남서쪽으로 나아갔다. 그에게는 나침판이 필요하지 않았다.

어떤 기이한 일이 일어났음을 확신했지만, 노인은 그 사실을 믿을 수 없었다. 그것이 꿈일지도 모른다. 하지만 손과 등의 아픔이 꿈이 아님을 깨닫게 했다. 그는 현실임을 확인하기 위해 물고기를 한 번 더 보았다.

한 시간 후, 상어 한 마리가 피 냄새를 맡고 돌진했다. 그는 작살을 준비했다. 상어가 물고기를 공격하자 노인은 물고기의 살이 찢어지는 소리를 들을 수 있었다. 그 소리가 마치 자신의 살집이 뜯겨 나는 듯했다. **희망이 없음을 알고 있었지만, 그는 확고한 결의와 철저한 적의를 담아 상어를 공격했다.**

단숨에 상어를 죽였지만, 그로 인해 노인은 작살과 줄을 전부 잃고 말았다. 그런데 물고기의 피가 신작로新作路를 만들고 있어 곧 더 많은 놈이 나타날 것이다.

끝이라기엔 너무 좋았다. 그는 생각했다. 만일 지금 꿈을 꾸고 있다면, 물고기를 낚지 않았을 텐데.

"하지만 인간은 패배하기 위해 태어나지는 않았어." 그는 말했다. "**인간은 파멸될 수 있을지언정 패배하지는 않아**(A man can be destroyed but not defeated)."

곧 힘든 시간이 다가올 텐데 이제 그에게는 작살조차 없었다. "**생각하지 말자.**" 그는 말했다. "**이렇게 가다가 그것이 오면 맞서자.**"

바람은 신선했고 항해도 순조로웠다. **희망希望을 품지 않는 것은 어리석은 짓이며, 심지어 죄악罪惡**이라 그는 생각했다.

저 물고기를 죽인 것은 죄악일 거야. 비록 내가 살기 위해서였고 다른 사람들을 먹이기 위해서였다 하더라도 말이야. 그렇게 따지만 모든 것이 罪惡이다. 이제 죄악에 대해 생각하지 말자. 그러기엔 너무 늦었잖아. **난 어부로 태어난 거다. 물고기가 물고기로 태어난 것처럼 말이야.**

그렇지만 그는 단지 먹고살기 위해서 물고기를 죽이지 않았다. **그는 자존심을 걸고 녀석과 사투死鬪를 벌인 것이다. 어부로서 그는 녀석이 살아있을 때 사랑했고 죽은 후에도 사랑했다. 진실로 녀석을 사랑한다면 죽인 것은 죄악이 아니다.** "나는 정당방위로 녀석을 죽인 거다." 노인은 소리 내어 말했다.

그는 생각했다. 어떤 것이 나머지 모든 것을 죽이는 거다. **고기 잡는 일이 나를 살리고 있는 것과 똑같이 나를 죽이는 거다. 나는 나 자신을 속여서는 안 된다.**

배 후미에 기대어 노인은 청새치를 한 조각을 떼어내어 씹었다. 휴식과 힘을 충전하기 위해 애쓰던 그때, 상어 두 마리가 물고기에게 접근하는 것을 보았다. 그들은 피 냄새를 맡고 흥분해 있었다.

노인은 마지막 무기인 칼을 집어 들고 말했다. "덤벼라, 갈리노. 덤벼라." 그러나 그들은 배 밑에서 물고기를 뜯어먹었다. 살점이 뭉텅뭉텅 뜯겨나갈 때마다 배는 요동쳤다. 한 놈이 물 위로 올라왔을 때 그는 칼로 상어의 눈을 깊숙이 찔렀다.

"이것이 꿈이었으면 얼마나 좋았을까. 녀석을 낚지 않았으면 좋았을 텐데." 그는 말했다. "너에게도 나에게도 정말 미안하구나. 물고기야."

"다른 놈들이 더 몰려올 텐데, 칼을 갈 숫돌이라도 있었으면 좋을 텐데" 노인은 말했다. 그러나 자넨 가져오지 않았어. 그는 자신에게 조언했다. **이제 자넨 가져오지 않은 것을**

생각할 겨를이 없어. 그 대신 있는 것으로 무엇을 할 수 있는지를 생각해야지.

겨울 동안 먹고 살 수 있는 물고기였는데, 그는 생각했다. 이제 쉬면서 남겨진 것이라도 지키려면 손을 회복하는 편이 더 낫다. **내 손에서 나는 피는, 바다를 물들이고 있는 물고기의 피에 비하면 아무것도 아니다. 이렇다 할 상처도 크게 없고, 피가 나고 있으니 쥐가 나지도 않잖아.** 아무 생각 말고 다음 상어를 대비하자. 정말 이게 꿈이라면 좋겠군. 그러나 누가 알겠는가? 좋은 쪽으로 풀려갈지.

다음에는 쇼블노우즈 레이 상어 한 마리, 그 다음에는 갈리노 상어 두 마리가 왔다. 그는 두 개의 노와 키 손잡이 그리고 짧은 곤봉으로 죽을힘을 다해 그들과 싸웠다.

상어와 싸우는 사이 태양은 바닷속으로 몰락했다. "곧 어두워지겠군." 그는 말했다. "그리고 나면 아바나의 불빛이 보일 거야." 그는 생각했다. 많은 사람이 걱정하지 않았기를, 물론 걱정할 사람은 그 애밖에 없지만.

"반쪽 물고기야" 그는 말했다. "내가 도를 넘어서 유감이로구나. 내가 우리를 몰락하게 했어."

이제 어둠 속에서 노인은 반복적으로 노를 저으며 자신이 죽은 것은 아닌지 의심스러웠다. 그는 손을 폈다 오므렸다 하면서 살아있음을 확인했다.

정말 운(luck)을 파는 곳이 있다면 노인은 얼마간이라도 사고 싶었다. 그는 좀 더 편안하게 키를 조정할 수 있도록 자리를 다잡았다. 드디어 그는 불빛으로 생기는 반사광을 보았다. 이제 모든 것이 끝났다고 생각하자 온몸이 뻐근하게 욱신거렸다. 손의 상처는 매우 쓰라렸다. 그는 진심으로 희망했다. 이제 다시는 싸우게 되지 않기를.

그렇지만 한밤중에 상어가 떼 지어 왔다. 그는 **무모한 싸움인 줄 알면서도,** 곤봉과 키 손잡이를 들고 **물고기를 지키기 위해 있는 힘을 다해 계속 싸웠다**. 상어의 정수리에 곤봉질했지만, 살 뜯는 소리와 배가 요동치는 소리가 진동했다. 그는 **어둠 속에서 느낌과 소리에만 의존하여 필사적으로 싸웠다.**

상어 떼가 물러갔다. 더는 먹을 것이 없었기 때문이다. 배는 가볍게 나아갔다. **그는 배를 조정하는 것 외에는 어떤 것에도 주의를 기울이지 않았다**. 그는 생각했다. **광대한 바다는 우리의 친구이면서 적이기도** 하다.[2)]

항구에 도착하자 불빛은 모두 꺼져있었다. 바람은 한결 강하게 불었다. 그는 돛을 메고 자빠지고 넘어지며 집으로 갔다.

이른 아침부터 바람이 거세지자 모든 배가 출항할 수 없었다. 소년은 언제나처럼 노인의 오두막으로 갔다.

소년은 노인이 숨 쉬고 있는지 살폈고 시뻘겋게 상처투성이가 된 손을 보고 울었다. 그러면서 카페로 달려갔다.

노인은 소년이 가져온 달콤한 커피를 마시며 다음엔 소년과 함께 고기잡이에 가기로 약속했다. 다시 잠이 든 **노인은** 예전에 **아프리카에서 보았던 사자 꿈을 꾸었다.**

---

2) 최고의 친구는 최고의 적이기도 하다. -《차라투스트라》-

■ 니체 연보 ■

1844년

· 10월 15일, 독일 작센에서 목사인 아버지와 목사의 딸인 어머니 사이에 장남으로 태어난다. 2년 후 여동생 엘리자베트가, 1848년 남동생이 태어난다.

1849년/5세

· 아버지가 죽고, 몇 달 후 남동생마저 급사한다. 이후 한평생 아버지를 그리워한다.

1850년/6세

· 친할머니가 계신 나움부르크(Naumburg)로 이사. 집안에서 할머니와 어머니 그리고 고모 2명과 여동생 다섯 여자에게 둘러싸여 과잉보호를 받으며 성장. 이로 인해 강한 힘과 남성적 권위를 동경하게 된다.

1851년/7세

· 사설 교육기관에서 종교, 라틴어, 그리스어를 공부한다.

· 친구의 집에서 음악에 눈을 뜨게 됨, 집에서 피아노를 치며 음악교육을 받는다.

1858년/14세

· 중등교육 기관, 김나지움 슐포르타(Schulpforta) 입학, 철

저한 인문학 중심 교육을 받음. 언어와 독일 문학에 뛰어난 소질을 보임, 동아리를 만들어 작시作詩와 작곡을 함. 음악에 천부적 재능을 보임과 동시에 문학과 고전어에도 탁월한 역량을 발휘한다.

1864년/20세

- 본(Bonn) 대학에서 신학과 고전문헌학 공부를 시작한다. 아버지의 길을 따라 목사가 되기 위해 신학을 전공하나, 곧 종교에 비판적이기 되어 신학을 포기하려 한다.
- 고전 문헌학자 리츨(F.W. Ritschl)의 제자가 된다.
- 친구 도이센과 함께 학생조합 "프랑코니아"에 입회 후 작곡하며 음악회에 다닌다.
- 《신약성경》에 대한 비판적 시각이 형성됨. 종교 문제로 가족 사이에 갈등이 생긴다.

1865년/21세

- 리츨 교수를 따라 라이프치히 대학으로 옮긴 후, 신학을 포기, 문헌학 공부에만 전념한다. 리츨의 권유로 "문헌학 연구회"를 조직하고, 프랑코니아는 탈퇴한다.
- 쇼펜하우어 《의지와 표상으로서의 세계》를 읽고 열광한다.
- 류머티즘, 위장병, 눈병 등이 악화, 매독 치료를 받는다.

1868년/24세

- 여러 편의 논문과 논평을 쓰고, 호메로스에 관한 학위논문을 구상하면서 전공을 바꿀까 고민한다.
- 군 복무 중 말에서 떨어져 가슴에 심한 부상, 5개월간 치

료를 받고 제대한다.

- 56세 바그너와 만나 음악과 철학에 관한 진지한 토론, 아버지 같은 바그너에게 완전히 매료, 후에 《즐거운 학문》에서 279번이나 언급할 정도로, 일명 "별들의 우정"이 시작된다.

1869년/25세

- 지도교수 리츨의 적극적인 추천으로 학위논문도 없이 바젤대학 원외교수로 초빙. 연봉 3000프랑.
- 스위스 국적을 취득하지 않은 채, 프로이센 국적을 포기. 이후 죽을 때까지 무국적자가 된다.
- 〈호메로스와 고전문헌학〉에 관한 교수취임 강연. 그때까지의 연구를 인정받아 박사학위를 받는다.
- 르네상스의 거장, 34세 연상의 야콥 부르크하르트의 수업을 청강, 마지막까지 동료이자 선배로 니체의 의지처가 된다.
- 근교 트립센에 있는 바그너의 집에 초대, 이후 성탄과 신년을 함께 보낸다. 상시 방문할 수 있도록 저택에 니체를 위한 방이 따로 마련된다.

1870년/26세

- 정교수가 되고 연봉 4,000프랑으로 승급. 신학 교수로 부임한 프란츠 오버베크과 함께 하숙한다.
- 《비극의 탄생》 집필.
- 휴직하고 독불전쟁에 간호병으로 참전. 질병에 걸려 대학으로 돌아온다.

1872년/28세

- 첫 작품 《비극의 탄생》 출간. 바그너의 과찬에도 불구하고 지도교수뿐 아니라 학회의 혹평으로 크게 상심한다.
- 바그너의 이념을 전파할 생각을 하며 바그너가 주관하는 바이로이트의 극장 기공식에 참석한다. 바그너가 쓴 편지: 정확하게 말해 당신은 내 아내 다음으로 삶이 내게 허락한 유일한 소득이다.

1874년/30세

- 《반시대적 고찰》 출간, 바그너와 냉랭한 기류 형성된다.
- 수업에 청강생 3명만 참석한다.
- 신년과 성탄을 2년째 나움부르크에서 가족과 보낸다.

1875년/31세

- 음악가 H. 쾨젤리츠가 니체의 강의를 듣고, 이후 충실한 제자이자 절친이 된다. 니체로부터 페터 가스트라는 예명을 받고, 사후에도 가스트가 니체의 원고를 교정하고 정서한다.

1876년/32세

- 마틸데 트람페다흐에게 갑작스레 구혼했다가 거절당한다.
- 도덕심리학자이자 파울 레와 친교가 시작된다.
- 3월 제노바에 있는 계몽주의 사상가 볼테르의 집을 방문.
- 1년간 병가를 얻음. 편지글: 내가 다시 살아난다고 해도 자유와 반항을 존중할 것이며, 낙담하고 회의적으로 되는 것을 경멸할 것이다.

· 소렌토에서 바그너와 마지막으로 함께 보낸다.

1877년/33세

· 건강 악화로 퇴직을 결심했으나 친구들이 만류한다.
· 의사가 앞으로 몇 년간 읽고 쓰는 것을 금지한다.
· 페터 가스트가 《인간적인 너무나 인간적인》을 받아 적는다.

1878년/34세

· 바그너의 <파르지팔>을 보고 니체의 평: 너무 그리스도교적이고… 실속은 없고 피만 난무한다.
·《인간적인 너무나 인간적인》 바그너에게 증정하자 부인 코지마의 평: 이 책에서 惡이 승리했다는 것을 나는 안다.
· 바그너와 완전히 결별하게 된다.

1879년/35세

· 건강 악화로 퇴직. 이 해는 118일 동안 병상 신세.
· 매년 3천 프랑의 연금 수령자가 된다.
·《인간적인 너무나 인간적인》 2권을 출간한다.

1880년/36세

· 가스터와 베네치아에서 요양. 겨울을 제노바에서 지낸다.
·《아침놀》 집필. 도덕, 윤리, 자연과학 서적을 탐독한다.
· 편지글: 내 삶을 끔찍한 짐이다. 이런 고통과 절망의 상태에서, 교훈적 시험과 실험을 하지 않는다면 나는 오래전에 내 삶을 내던져 버렸을지도 모른다. 이러한 지적

활동은 나를 고양하여 모든 고통과 절망을 극복하게 한다.

1882년/38세

- 《즐거운 학문》 출간. 시력 악화로 타자기 구매한다.
- 로마에서 루 살로메 소개받는다. 그녀와 함께 여행하며 2번 청혼하고 모두 거절당한다. 살로메를 두고 친구 파울 레와 삼각관계에 빠진다.
- 계속되는 휴양여행, 알프스의 신선한 공기도 이탈리아의 온화한 기후도 고통을 경감시키지 못한다. 라팔로에서 겨울을 보내면서 심한 좌절감을 경험한다.

1883년/39세

- 《차라투스트라》 Ⅰ부를 10일 만에 쓰고 출간. 이어서 Ⅱ부와 Ⅲ부 집필한다.
- 바그너의 죽음으로 매우 상심. 여동생과 사이가 나빠진다.
- 편지글: 인류의 미래를 상의할 사람이 없다는 것을 생각하면 화가 난다. 다른 사람과 오랫동안 교제하지 않은 것이 나에게 병과 상처를 준다.

1885년/41세

- 《차라투스트라》 Ⅳ부까지 완결 짓고 편지글: 오전은 버틸 수 있는데, 오후가 되면 정말 견디기 힘들다. 건강이 점점 악화하고 있지만, 할 일을 다 했으므로 이제는 명예롭게 사라져도 되지 않을까.
- 동생과 화해했으나, 反유대주의자와 결혼하자 다시 사이가

악화. 결혼식에 참석하지 않는다.

1886년/42세

- 동생 부부가 식민지를 건설하기 위해 파라과이로 이주.
- 《善惡을 넘어서》 자비로 출간. 서평: 이 책은 알프스 철도 건설에 사용될 만큼 많은 다이너마이트를 적재한 매우 위험한 책", "이 책의 철학은 유치한 수준이다.
- 새 출판사와 손을 잡고, 독자에게 가까이 접근하기 위해 그때까지 출판된 모든 저서에 대한 서문을 새롭게 쓴다.
- 《권력의지; 가치전도의 시도》라는 제목으로 대표작을 쓸 계획을 세운다.

1887년/43세

- 연인 살로메의 결혼 소식에 우울증이 심화, 하지만 의식은 명료해진다. 일기: 난 지금 43살인데, 태어날 때처럼 지금도 혼자다.
- 《도덕의 계보》 자비로 출판한다.
- 덴마크의 게오르크 브란데스 교수와 서신 교환, 코펜하겐 대학에서 니체 작품을 강의한다.

1888년/44세

- 여러 차례 수정을 거치면서 《권력의지》를 작업했으나 스스로 포기한다.
- 4월: "모든 가치의 전도"에 대한 책을 구상하고 그 일부를 《안티크리스트(*The Antichrist*)》 제목으로 출간한다.
- 9월: 《바그너의 경우》 출간, 바그너 추종자들이 분노하지

만 소수는 공감하고 열광한다.

- 11월: 자서전이자 작품들에 대한 해설서인 《이 사람을 보라》 완성. 편지글: 내가 누구이냐는 질문에 대한 답을 나는 곧 출판할 책에서 완전히 설명했다. 앞으로 나에 대해서가 아니라 내가 존재하는 이유에 관해서만 관심을 가져야 한다.
- 《우상의 황혼》, 《니체 대 바그너》, 《디오니소스 송가》 출판사로 보냈다.

1889년/45세

- 1월 3일, 마부가 채찍질하는 것을 보고, 통곡하며 말의 목을 안고 혼절한다.
- 1월 6일, 부르크하르트에게 보낸 편지: 결국에는 내가 神이 되느니 차라리 바젤대학 교수로 남고 싶었다. 그러나 내가 세상의 창조를 중단할 정도로 내 사적 이기심을 추구하지는 않았다. 아시다시피 우리가 어디서 어떻게 살든지 희생을 감수하며 살아야 한다. 편지를 받은 부르크하르트가 오버베크에게 즉시 니체에게 가볼 것을 부탁했다.
- 오버베크가 부르크하르트에게 보낸 편지: 나는 소파 구석에 쪼그리고 무엇인가 읽고 있는 니체를 보았다…… 다른 사람과 비교할 수 없는 표현의 대가가 제정신이 아니었다. 기쁨을 저속하게 표현하고, 괴이쩍은 춤을 추었다.
- 정신병원에 입원, '진행성 마비' 치료 불가능이라 진단받는다.

1889년 이후

· 정신병원에서 1년 머문 후, 어머니가 고향 나움부르크로 데리고 가 돌본다. 1897년 어머니가 사망 후 여동생이 <니체 문고>가 설치된 바이마르 저택에서 돌보았다.

· 마지막 방문자 기록: 이제 니체의 모습을 찾아볼 수 없다. 그런데도 그와 함께 한 시간은 내 삶의 가장 소중한 기억이 될 것이다. … 눈동자가 풀리고 사지를 비틀면서 아무런 힘도 없이 어린아이처럼 누워 있었지만, 그에게서 발산되는 강렬한 기운은 여전했다. 그의 모습에서 당당함이 느껴지기도 했는데, 이런 기운을 나는 다른 사람에게서는 한 번도 느낀 적이 없었다.

· **1900년 8월 25일 정오경, 삶의 옹호자 니체가 세상을 떠났다.**

▪참고문헌▪

Friedrich Nietzsche, **《니체전집》 1-21권, 책세상.**

- 전집 1권, 《〈언어의 기원에 관하여〉, 〈플라톤 대화 연구 입문〉, 〈플라톤 이전의 철학자들〉, 〈아리스토텔레스 수사학〉, 〈예수의 생애에 관하여〉》 외 김기선 옮김, 책세상, 2003.
- 전집 2권, 《비극의 탄생》, 《반시대적 고찰》, 이진우 옮김, 책세상, 2005.
- 전집 3권, 《유고(1870년~1873년), 「그리스 비극 시대의 철학」 외》, 이진우 옮김, 책세상, 2001.
- 전집 4권, 《유고(1869년 가을~1872년 가을)》 -그리스 비극작자들 외. 최상욱 옮김, 책세상, 2001.
- 전집 5권, 《유고(1872년 여름~1874년 말)》, 이상엽 옮김, 책세상, 2002.
- 전집 6권, 《〈바이로이트의 바그너〉, 유고(1875년 초~1876년 봄)》 최문규 옮김, 책세상, 2005.
- 전집 7권, 《인간적인 너무나 인간적인Ⅰ》, 김미기 옮김, 책세상, 2001.
- 전집 8권, 《인간적인 너무나 인간적인Ⅱ》, 김미기 옮김, 책세상, 2002.
- 전집 9권, 《유고(1876년~1879년 11월)》, 강용수 옮김, 책세상, 2005.
- 전집 10권, 《아침놀》, 박찬국 옮김, 책세상, 2004.
- 전집 11권, 《유고(1880년 초~1881년 봄): 맹신에 관해 외》, 최성환 옮김, 2004.

• 전집 12권, 《즐거운 학문》, 《유고(1881년 봄~1882년 여름)》. 안성찬·홍사현 옮김, 2005.
• 전집 13권, 《차라투스트라는 이렇게 말했다》 , 정동호 옮김, 2017.
• 전집 14권, 《선악의 피안》, 《도덕의 계보》, 김정현 옮김, 2002.
• 전집 15권, 《바그너의 경우》, 《우상의 황혼》, 《안티크리스트》, 《이 사람을 보라》, 《디오니소스 송가》, 《니체 대 바그너》, 백승영 옮김, 2002.
• 전집 16권, 《유고(1882년 7월~1883/84년 겨울)》, 박찬국 옮김, 2001.
• 전집 17권, 《유고(1884년 초~가을)》, 정동호 옮김, 2004.
• 전집 18권, 《유고(1884년 가을~1885년 가을)》, 김정현 옮김, 2004.
• 전집 19권, 《유고(1885년 가을~1887년 가을)》, 이진우 옮김, 2005.
• 전집 20권, 《유고(1887년 가을~1888년 3월)》, 백승영 옮김, 2005.
• 전집 21권, 《유고(1888년 초~1889년 1월 초)》, 백승영 옮김, 2006.
• Friedrich Nietzsche, 《차라투스트라는 이렇게 말했다》, 이진우 옮김, 휴머니스트 출판, 2020.
• Friedrich Nietzsche, 《차라투스트라는 이렇게 말했다》, 강대석 옮김, 한길사, 2011.
• Friedrich Nietzsche, *Also sprach Zarathustra*, trans. Walter Kaufman, *Thus spoke Zarathustra*, Viking Penguin, 1978.
• Friedrich Nietzsche, *Der Wille zur Macht*, Hrsg: Peter Gast und Elisabeth Förster-Nietzsche, Stuttgart:

Kröner 1996.

- Friedrich Nietzsche, Werk. "Kritische Studienausgabe" (KSA) in 15 Banden, hrsg., G. Colli und M. Montinari, Walter de Gruyter Berlin/New York 1999.
- Sämtliche Briefe, Kritische Studienausgabe in 8 Bänden, hrsg., Giorgio Colli und Mazzino Montinari, Walter de Gruyter, Berlin/New York 1999.

- 강대석, 《니체의 고독》, 중원문화, 2014.
- 게랄트 휘터, 《존엄하게 산다는 것》, 박여명 옮김, 인플루엔설, 2019.
- 김정현, 《니체, 생명과 치유의 철학》, 책세상, 2006.
- 김정현, 《니체의 몸 철학》, 철학과 현실사, 2000.
- 권터 볼파르트, 《놀이하는 아이 예술의 신 「니체」》, 정해창 옮김, 담론사, 1997.
- 그레고리 나지, 《고대 그리스의 영웅들》, 우진하 옮김, 시그마북스, 2015.
- 니코스 카잔차키스, 《그리스인 조르바》, 이윤기 옮김, 열린책들, 2008.
- 니코스 카잔차키스, 《영혼의 자서전》1 · 2, 안정효 옮김, 열린책들, 2008.
- 데이비드 헨리 소로, 《월든Walden》, 김석희 옮김, 열림원, 2017.
- 랄프 왈도 에머슨, 《위인이란 무엇인가》, 동서문화사, 2016.
- 랄프 왈도 에머슨, 《자기신뢰》, 전미영 옮김, 도서출판 창해, 2016.
- 레지날드 홀링데이, 《니체, 그의 철학과 삶》, 김기복 · 이원진

옮김, 이제이북스, 2004.
• 루 안드레아스 살로메, 《살로메, 니체를 말하다》, 김정현 옮김, 책세상, 2021.
• 루이 꼬르망, 《깊이의 심리학자 니체》, 김응권 옮김, 어문학사, 1996.
• 루드비히 포에르바흐, 《기독교의 본질》, 박순경 옮김, 종로서적, 1982.
• 뤼디거 자프란스키, 《니체》, 오윤희·육혜원 옮김, 꿈결, 2018.
• 마르틴 하이데거, 《니체》, 박찬국 옮김, 도서출판 길, 2010.
• 마르틴 하이데거, 〈"神은 죽었다"는 니체의 말〉, 《숲길》, 신상희 옮김, 나남, 2008.
• 박찬국, 《차라투스트라, 그에게 삶의 의미를 묻다》, 세창, 2020.
• 백승영, 《니체, 디오니소스적 긍정의 철학》, 책세상, 2005.
• 정낙림, 《놀이하는 인간의 철학》, 책세상, 2017.
• 정낙림, 〈놀이에 대한 철학적 연구〉, 《니체연구》14, 한국니체학회, 2008.
• 정동호, 《니체: 차라투스트라는 이렇게 말했다 해설서》, 책세상, 2021.
• 질 들뢰즈, 《니체, 철학의 주사위》, 신범순·조영복 옮김, 인간사랑, 1993.
• 아리스토텔레스, 《니코마코스 윤리학》, 강상진 외, 길, 2011.
• 아루투어 쇼펜하우어, 《의지와 표상으로서의 세계》, 홍성광 옮김, 을유문화사, 2009.
• 알렉산더 네하마스, 《니체, 문학으로서의 삶》, 김종갑 옮김, 책세상, 1994.
• 알베르 카뮈, 《시지프 신화》, 김화영 옮김, 카뮈전집4, 책세상, 2012.

• 알베르 카뮈, 《페스트》, 김화영 옮김, 카뮈전집7, 책세상, 1999.
• 알베르 카뮈, 《작가수첩》Ⅰ, 김화영 옮김, 카뮈전집13, 책세상, 2017.
• 어니스트 헤밍웨이, 《노인과 바다》, 이정서 옮김, 세움출판, 2019.
• 어니스트 헤밍웨이, 《노인과 바다》, 이수정 옮김, 더 클래식, 2018.
• 에른스트 캇시러, 《인간이란 무엇인가》, 최명관 옮김, 서광사, 1977.
• 엘런 슈리프트, 《니체와 해석의 문제》, 박규현 옮김, 푸른숲, 1997.

• 정달용·이경희, 〈Nietzsche哲學에 대한 Heidegger의 解釋〉-神의 죽음을 中心으로-, 《形而上學》10, 토마스학회, 이문호 교수 추모논문집, 2018.
• 이경희, 〈니체의 《차라투스트라》에 드러나는 《성경》〉, 《哲學硏究》153, 대한철학회, 2020.
• 이경희, 〈니체철학에서 幸福의 문제〉, 《니체연구》31, 한국니체학회, 2017.
• 이경희, 〈善惡에 대한 반성적 고찰〉, 《철학논총》71, 새한철학회. 2013.
• 이경희, 〈운명애의 사도: 니체〉- 차라투스트라를 중심으로, 《哲學硏究》118, 대한철학회, 2011.
• 이경희, 〈철학치료사: 차라투스트라〉, 《철학논총》55, 새한철학회, 2009.
• 이경희, 〈니체, 도덕철학의 토대〉, 《니체연구》9, 한국니체학회. 2006.

- 이상엽, 〈니체의 삶의 예술철학〉, 《니체연구》17, 한국니체학회, 2010.
- 이진우, 《인생에 한번은 차라투스트라》, 휴머니스트 출판그룹, 2020.
- 이진우, 《니체: 알프스에서 만난 차라투스트라》, arte, 2018.
- 이진우, 《니체의 인생 강의》, 휴머니스트 출판그룹, 2015.
- 이진우, 《니체의 차라투스트라를 찾아서》, 책세상, 2010.
- 이태호, 《노자가 묻는다》, 이문출판, 2020.
- 오쇼 라즈니쉬, 《오쇼의 차라투스트라》, 젠토피아, 2015.
- 오토 볼노브, 《실존철학이란 무엇인가》, 최동희 옮김, 서문당, 1996.
- 요한 하위징아, 《호모 루덴스》, 이종인 옮김, 연암서가, 2018.
- 유흥태, 《에스파한》-제국의 흥망성쇠를 담고 있는 이란의 진주 -, 살림, 2008.
- 최상욱, 《차라투스트라는 이렇게 말했다 메타포로 읽기》, 서광사, 2015.
- 한국가톨릭대사전편찬위원회, 《한국가톨릭대사전》, 분도출판사, 2004.
- 해블록 엘리스 헨리, 《니체의 긍정철학》, 최선임 옮김, 도서출판 지식여행, 2010.
- 홍사현, 〈니체와 헤라클레이토스의 변화의 개념은 동일한가?〉, 《니체연구》16, 한국니체학회, 2009
- Norma Delancy, *A Bridge for Zarathustra,* Trans. Annie Francoeur, Lulu Publishing rev, 2014.
- Karl Jasper, *Nietzsche: An Introduction to the Understanding of His Philosophical Activity*, Trans. Charles F. Wallraff, The Johne Hopkings

University Press, 1997.

- M.Kathleen Higgins, *Nietzsche's Zarathustra,* Lexington Books, UK, 2010.
- J.Ren Pouteau, *Nietzsche: The Silence of Zarathustra,* Create Space Independent Publishing Platform, 2012.
- Stanley Rosen, *The Mask of Enlightenment- Nietzsche's Zarathustra,* Cambridge University Press, 1995.